기업사무실무

송석명 저

pnc
publishing and culture
피앤씨미디어

머•리•말

이 책은 사무직(事務職)으로 근무하려는 예비취업자들을 위하여 실무(實務) 중심으로 엮었다. 전문대학의 사회실무계열에서 공부하는 학생들, 곧 경영과, 금융과, 회계과, 세무과, 세무회계과, 유통과, 사회복지과 등 학과의 명칭에 관계없이 졸업 후 사무직으로 근무하려는 학생들이 반드시 알아야 할 실무는 서류 작성이다. 물론 4년제 대학의 상경계열, 법학계열, 인문사회계열에 속하는 학생들에게도 전적으로 해당되는 말이다. 그래서 이 책의 앞부분 세 장(chapter)을 문서사무의 이해, 공문서의 작성, 사내문서의 작성이란 이름으로 지면을 할애하였다. 이 부분만 제대로 학습하여도 사무직으로 근무하는 데 큰 애로는 없을 것이다.

그리고 이 책은 공무원, 금융기관, 의료기관, 공기업체 및 사기업체(회사)에 사무직(화이트칼라)으로 근무하려는 예비취업자들에게 꼭 필요한 내용을 중심으로 구성하였다. 특히 기업체의 사무직인 총무, 인사, 경리, 구매, 자재, 영업관리, 기획, 경영관리 부서는 물론이고 홍보실, 비서실, 품질관리실, 연구소 등에서 서류를 다루는 사무직이라면 두루 섭렵해야 하는 회사에서 취급하는 다양한 업무를 실무 중심으로 접근하였다. 졸업을 앞 둔 취업준비생들이 꼭 알고 간다면 주어진 업무에 두려움이나 불안감을 없애기에 충분한 내용을 골고루 다루었다. 이 책에 예시한 서식들은 실제로 대기업, 중견기업 및 중소기업에서 사용하고 있는 서식 및 자료를 예시하였다. 이 책의 구성상 특징은 다음과 같다.

1. 근무 부서에 관계없이 사무직원으로서 기업체 현장에서 부딪칠 수 있는 실무를

중심으로 관련 업무를 소개하고, 업무의 개요, 업무의 흐름(flow-chart) 및 내용, 산출물(실습할 서식) 순서로 기술하였다.

2. 사무직 근로자로서 언제 어디서든 맞닥뜨리게 될 업무를 사전에 익혀 기업체 현장에서 수행해야 할 업무의 이해를 높일 수 있도록 업무의 개요, 업무흐름 및 업무의 내용, 산출물(실습할 서식)을 체계적으로 요약정리하였다.
3. 이 책은 이론서가 아니라 실무서이다. 그래서 기업체 현장에서 취급하는 실제 업무 및 자료를 사전에 학습하고 실습할 수 있도록 업무의 개요, 업무흐름(flowchart) 및 업무의 내용, 그리고 산출물(실습할 서식)을 제시하였다.
4. 기업체의 사무실, 공장 및 현장(field)에서 실제로 이루어지고 있는 업무를 중심으로 업무담당 뿐만 아니라 결재 라인에 있는 관리자가 알아야 할 내용을 각 장마다 본문의 도표 및 박스 안에 요약정리하였다.
5. 한 가지 아쉬운 점은 실무를 다룰 수 있는 컴퓨터 프로그램을 탑재하지 못한 점이다. 이 책의 4장 이하에 자주 등장하는 통합정보시스템은 실제로 한 상장법인에서 업무처리에 사용되는 전산프로그램이다.
6. 그러므로 이 책에 서술한 업무의 흐름 및 내용을 이해하고 각종 서식을 직접 작성하는 가운데 통합정보시스템의 구성을 어느 정도 추정할 수 있으리라 생각한다. 업무의 흐름(flowchart)에 따라 업무담당으로서 자료를 입력하고, 품의를 하고, 결재라인을 따라 결재하고, 결과물을 출력하고, 그것을 실행하고 보관하는 일련의 과정을 상상해보라. 그러면 분명 기업체에서 사무직이 어떤 일을 해야 하는지를 알 수 있을 것이다. 이것이 저자가 기대하는 학습목표이다.

이 책의 구성 내용을 놓치지 않고 잘 이해하고 학습할 서식을 부지런히 작성하다 보면 기업사무와 관련된 업무처리에 많은 도움이 될 것이라 확신한다. 끝으로 이 책의 구성에 필요한 회사의 실무 자료를 건네준 분들께 감사를 드린다. 그리고 어려운 경영여건 가운데서도 이 책의 출판을 기꺼이 맡아준 피앤씨미디어의 박노일 사장에게 깊은 감사를 드린다. 끝으로 이 책을 열심히 학습하는 학생들이 본인이 원하는 회사에 꼭 취업할 수 있기를 기도한다.

2016년 염천의 더위를 이기며
태전골 연구실에서
저자 송 석 명 쓰다.

목 차(Contents)

제4장 문서수발 및 발급 업무

제5장 국내외 출장 업무

제6장 당직 및 휴가 관련 업무

제7장 차량관리 업무

제8장 사무실관리 업무

제9장 동호회관리 및 근태관리 업무

제10장 4대 보험관리 업무

제11장 도서구입 및 관리 업무

제12장 물품·자산관리 업무

제13장 직원채용 업무

제14장 근무평가 및 상벌 업무

제15장 구매 및 입찰 업무

제16장 경리 업무

第17장 정산 및 자금처리 업무

第18장 결산 및 세무회계 업무

제 1 장
문서사무의 이해

1. 문서의 의의

문서(文書 document)란 조직(組織 system)이나 기관(機關 organization)의 구성원 및 다른 조직에게 의사(意思)를 전달할 목적으로 문자(文字)나 기호(記號)를 사용하여 자신의 의사/관념/사상을 나타낸 것 또는 사물의 상태/현상/관계 등을 표시하여 기록한 것으로 정의할 수 있다. 따라서 종이에 기록한 것뿐만 아니라 전자기록매체(디스켓, 테이프, USB), 광디스크, 마이크로필름 등도 일정한 요건을 갖춘 경우에는 문서로 인정받을 수 있다.

그러면 문서는 언제 필요하며, 왜 필요한가? 사무처리(事務處理) 결과에 대한 증빙자료가 필요한 경우, 사무처리 형식상 또는 체제상 기준이 필요한 경우, 사무처리에 대한 의사소통이 불충분한 경우, 사무처리 결과를 일정기간 보존할 필요가 있는 경우 등 조직의 대내외(對內外)에 의사를 전달할 도구(道具)로서 문서가 필요하다. 따라서 문서의 기능으로는 의사 기록 및 구체화, 의사 전달 및 보존, 자료 제공, 사무의 연결/조정/협조 등을 들 수 있다.

□ 문서의 필요성

- 사무처리(事務處理) 결과에 대한 증빙자료가 필요한 경우
- 사무처리 형식상 또는 체제상 기준(基準)이 필요한 경우
- 사무처리에 대한 의사소통(意思疏通)이 불충분한 경우
- 사무처리 결과를 일정기간 보존(保存)할 필요가 있는 경우
- 내용이 복잡하여 문서가 없이는 당해 사무의 처리가 곤란한 경우

□ 문서의 기능

- 의사 기록 및 구체화
- 의사 전달 및 의사의 보존
- 자료의 제공 및 기억의 수단
- 사무의 연결/조정/협조
- 조직의 대내외(對內外)에 의사전달(意思傳達) 도구(道具)

□ 문서처리의 원칙

① **즉일처리의 원칙** : 문서는 내용 또는 성질에 따라 그 처리기간이나 방법이 다를 수 있지만 효율적인 업무수행을 위해 그 날로 처리하는 것이 바람직하다.

② **책임처리의 원칙** : 문서는 정해진 사무분장에 따라 각자가 직무 범위 내에서 책임을 가지고 관련 규정에 따라 일정한 형식 및 요건을 갖추어야 함은 물론 권한 있는 자에 의하여 작성, 처리해야 한다.

2. 문서의 종류

- 문서를 작성하는 주체(主體)에 따라 : 공문서(公文書), 사문서(私文書)
- 유통(流通) 여부에 따라 : 유통대상문서, 내부결재문서
- 문서를 처리(處理)하는 단계(段階)에 따라 : 접수문서, 배포문서, 기안문서, 시행문서, 이첩문서, 공람문서, 보관문서, 보존문서, 폐기문서
- 처리 및 결재(決裁) 여부에 따라 : 처리문서, 미처리문서, 완결문서, 미완결문서, 미결문서
- 문서의 성질에 따라(사무처리규정상 분류) : 법규문서, 지시문서, 공고문서, 비치문서, 민원문서, 일반문서

① **공문서(公文書)** : 행정기관 내부 또는 행정기관 상호간이나 대외적으로 공무(公務)상 작성 또는 시행된 문서 및 행정기관에서 접수한 모든 문서를 말한다(사무관리규정 제3조). 공문서에는 일반문서, 도면, 사진, 디스크(CD), 테이프, 필름, 슬라이드, 전자문서 등이 포함된다. 그리고 공문서는 그 성질에 따라서 법규문서, 지시문서, 공고문서, 비치문서, 민원문서, 일반문서로 구분된다.

② **사문서(私文書)** : 개인이 사적(私的) 목적을 위해 작성한 문서를 말한다. 다시 말해 개인의 사사로운 의사나 의견을 표시하는 안내장, 인사장, 소개장, 추천장, 초대장, 청첩장 등을 말한다. 그러나 개인이 사적 목적을 작성했을지라도 각종 신청서, 신고서, 인·허가서, 증명서, 진정서, 질의서 등과 같이 행정기관에 제출하여 접수된 것은 공문서로 취급된다.

③ **내부결재문서(內部決裁文書)** : 조직체나 기관에서 내부적으로 계획 수립, 처리방침 결정, 업무보고, 소관사항 검토 등의 목적으로 결재를 받기 위해 작성한 문서로서, 외부로 발신(發信)되지 않고 유통되지 않는 문서를 말한다.

④ **사내문서(社內文書)** : 「내부용 문서」로서 조직(기관) 내부에서 업무의 연락/지시/명령/협조/보고/통지 및 정보를 전달할 목적으로 작성하는 문서를 말한다. 사내문서는 조직체 내부의 지시/명령/협조를 위하여 또는 보고/통지를 위하여 작성된다. 사내문서로는 품의서/보고서/지시서/협조전/업무연락서/회보/

전언통신문/명령서/인사발령서 등이 있다.

⑤ **대외문서(對外文書)** : 조직체나 기관 이외에 다른 조직체, 기관, 단체 및 개인에게 수발(受發)하는 문서를 말한다. 대외문서에는 의례문서와 거래문서로 구분할 수 있다. **의례문서(儀禮文書)**에는 인사장/안내장/초대장 등이 있다. **거래문서(去來文書)**에는 상거래에 직접 필요한 주문서/송장/청구서/영수증/신청서/통지서/조회서 등이 있다.

⑥ **전자문서(電子文書)** : 정보처리능력을 갖춘 컴퓨터를 이용하여 전자적인 형태로 작성, 송수신, 저장된 문서를 말한다. 전자문서는 전산망(인터넷)을 활용하여 시행하거나 접수된다. 전자우편을 통한 기록물고 전자문서에 해당한다.

- 전자문서(electronic document)란 컴퓨터 등 정보처리능력을 가진 장치에 의하여 전자적인 형태로 작성되어 송수신되거나 저장된 문서형식의 자료로서 표준화된 것을 말한다(정보통신망 이용촉진 및 정보보호 등에 관한 법률 제2조 제5호).
- 전자문서란 정보처리시스템에 의하여 전자적 형태로 작성, 송신, 수신 또는 저장된 정보를 말한다(전자거래기본법 제2조 제1호).
- 전자문서란 정보처리시스템에 의하여 전자적 형태로 작성되어 송신 또는 수신되거나 저장된 정보를 말한다(전자서명법 제2조 제1호).

⑦ **미처리문서(未處理文書)** : 접수문서나 배포문서로 어떠한 처리도 하지 않은 문서를 말한다.

⑧ **미완결문서(未完決文書)** : 기안문서로 결재에 이르지 않았거나 결재를 받고도 시행되지 않은 문서를 말한다.

⑨ **미결문서(未決文書)** : 기안문서 중 보조기관의 검토를 거쳤으나 아직 최종결재권자의 결재가 남아 있는 상태 또는 기안문서에 대한 내용의 확인 과정 및 협의가 미비하여 결재가 보류(保留)된 문서를 말한다.

⑩ **법규문서(法規文書)** : 법규사항을 규정하는 문서로서 헌법, 법률, 대통령령, 총리령, 부령, 조례 및 규칙 등이 이에 속한다.

⑪ **지시문서(指示文書)** : 행정기관이 그 하급기관 또는 소속공무원에 대하여 일정한 사항을 지시하는 문서로서 훈령/지시/예규/일일명령 등이 이에 속한다.

- **훈령(訓令)** : 상급기관이 하급기관에 대하여 상당히 장기간에 걸쳐 그 권한의 행사를 일반적으로 지시하기 위하여 발(發)하는 명령
- **지시(指示)** : 상급기관이 직권으로 또는 하급기관의 문의에 의하여 하급기관에 개별적·구체적으로 발하는 명령
- **예규(例規)** : 행정사무의 통일을 기하기 위하여 반복적 행정사무의 처리기준을 제시하는 법규문서 외의 문서
- **일일명령(一日命令)** : 당직, 출장, 시간외근무, 휴가 등 일일업무에 관한 명령

⑫ **공고문서(公告文書)** : 행정기관이 일정한 사항을 일반에게 알리기 위한 문서로 고시(告示)와 공고(公告)가 있다.

- **고시** : 법령이 정하는 바에 따라 일정한 사항을 일반에게 알리는 문서를 말하며, 일단 고시된 사항은 개정(改正)이나 폐지(廢止)가 없는 한 효력이 지속된다.
- **공고** : 일정한 사항을 일반에게 알리는 문서로서 그 내용의 효력이 단기적으로거나 일시적인 것을 말한다. 예) 입찰공고, 시험시행공고

⑬ **비치문서(備置文書)** : 행정기관이 일정한 사항을 기록하기 위하여 행정기관 내부에 비치하면서 업무에 활용하는 비치대장, 비치카드 등의 문서이다.

⑭ **민원문서(民願文書)** : 민원인이 행정기관에 허가(許可)·인가(認可)·기타 처분 등 특정한 행위를 요구하는 문서 및 그에 대한 처리문서

⑮ **일반문서(一般文書)** : 일반적으로 처리되는 문서로, 특수한 일반문서로는 회보(回報) 및 보고서(報告書)가 있다.

- 회보 : 행정기관의 장이 소속공무원 또는 하급기관에 업무연락, 통보 등 일정한 사항을 알리기 위한 경우에 사용하는 문서
- 보고서 : 특정한 사안에 관한 현황 또는 연구, 검토결과 등을 보고하거나 건의하고자 할 때 작성하는 문서

3. 문서의 성립요건과 효력발생시기

1) 문서의 성립요건

문서(文書)로서 성립하려면 정당한 권한(權限)이 있는 자가 법규(法規)에서 정한 직무 범위 내에서 절차에 따라 공무상 작성하고, 이에 다라 결재권자가 결재한 의사표시가 명확한 문어여야 한다. 문서의 성립요건을 요약하면 다음과 같다.

ⅰ. 기관의 적법한 권한이 있는 조직원이 직무 범위 내에서 문서를 작성해야 하고, ⅱ. 기관의 의사표시가 명확하게 표현되어야 하고, ⅲ. 문서의 내용이 위법(違法), 불법(不法), 부당(不當)하다거나 시행(施行) 불가능한 것이 아니어야 한다.

그리고 다른 법령(法令)에 특별한 규정이 있는 경우를 제외하고는 당해 문서에 대한 **결재권자(決裁權者)**의 서명(署名)에 의한 결재가 이루어진 시점에 문서로서 성립한다(전자이미지서명에 의한 전자결재 포함). '결재권자' 라 함은 행정기관의 장 또는 행정기관의 장으로부터 결재권을 위임(委任)받은 자 및 대결권자(代決權者)를 말한다.

법률의 체계 : ○○법(법률) > ○○법 시행령 > ○○법 시행규칙 > 예규(例規)

2) 문서의 효력발생시기

(1) 일반문서의 효력발생시기

문서의 효력발생시기를 정하는 원칙에는 표백주의/발송주의/요지주의/도달주의 등이 있으며, 일반문서의 효력발생시기는 **도달주의(到達主義)**를 택하고 있다(사무관리규정 제8조). 따라서 공문서의 효력발생시기는 다른 법령에 특별한 규정이 없는 한 수신자에게 도달함으로써 효력이 발생한다. 즉, 민법(民法)상의 도달주의를 원칙으로 하고 있다. 그러므로 분쟁(紛爭)이 야기될 수 있는 문서는 수령증/등기우편/배달증명/내용증명 등 도달을 증명할 수 있는 발송방법을 활용하는 것이 좋다.

[표 1-1] 문서의 효력발생시기

표 백 주 의	문서가 성립한 때, 즉 결재로서 문서 작성이 끝난 때
발 송 주 의	성립한 문서가 상대방에게 발신된 때
도 달 주 의	시행문서가 수신인에게 도달되었을 때
요 지 주 의	시행문서가 수신인에게 도달된 후 수신인이 문서 내용을 알게 된 시점

(2) 공고문서의 효력발생시기

효력발생시기가 미리 규정되어 있거나 공고문서에 특별히 명시(明示)되어 있는 경우를 제외하고는 고시(告示)나 공고(公告)가 있은 후 5일이 경과(經過)한 날부터 효력이 발생한다.

(3) 전자문서의 효력발생시기

전자문서(電子文書)의 경우 수신자의 컴퓨터 파일(file)에 기록된 때에 문서의 효력이 발생함을 원칙으로 한다[도달주의]. 전자문서에서는 서명이나 낙인의 경우 전자서명으로 대체(代替)하며, 수신자의 컴퓨터에 파일로 등록(登錄)된 때부터 효력이 발생한다.

(4) 민원문서의 효력발생시기

민원문서(民願文書)를 전산망을 활용하여 접수·처리한 경우, 당해 민원사항을 규정한 법령(法令)에서 정한 절차에 따라 처리된 것으로 본다.

4. 문서작성의 일반사항

1) 문서작성의 기본원칙

① **정확성(바른 글)** : 「6하 원칙」(언제, 어디서, 누가, 무엇을, 어떻게, 왜)에 의거하여 필요한 내용을 빠지지 않도록 작성하되, 애매한 표현이나 과장된 표현을 피하고, 용어 및 문장부호를 정확하게 사용한다.

② **신속성(이해하기 쉬운 글)** : 문장은 짧게 끊어서 개조식으로 쓰며, 가급적 먼저 결론을 쓰고, 그 다음에 이유 및 설명을 쓴다.

③ **간결성(쉬운 글)** : 읽기 쉽고 알기 쉬운 말로 쓰며, 한자나 어려운 전문용어는 피한다. 한자나 전문용어를 써야 할 경우에는 ( ) 안에 쓰거나 해설을 붙인다.

④ **경제성** : 일상 반복적인 업무는 표준 기안문을 활용하며, 용지의 규격(規格), 지질(紙質), 서식(書式)을 표준화하고 통일한다. 수신자(수신처)가 두 곳 이상일 경우에는 수신기호를 사용한다.

2) 용지

① **기본 규격(規格)** : 가로 210㎜, 세로 297㎜ → A4용지

② **용지의 여백(餘白)** : 문서의 편철(編綴) 위치나 용도에 따라 각 여백을 달리할 수 있으나 일반적인 공문서의 여백은 다음과 같다.

위 3㎝, 아래 1.5㎝, 왼쪽 2㎝, 오른쪽 1.5㎝

③ **용지의 색상(色相)** : 흰색

④ **글자의 색채(色彩)** : 검은색 또는 푸른색으로 하되, 도표(圖表)의 작성이나 수정, 강조 등 특별한 표시를 하고자 할 때는 다른 색을 사용할 수 있다.

3) 문서의 용어 표기 방법

① **글자** : 국어기본법(한글맞춤법)에 맞게 한글로 작성하되, 특별한 사유가 있는 경우를 제외하고는 가로로 쓴다. 그리고 내용을 쉽고 간명하게 표현하고 뜻을 정확하게 전달하기 위해 필요한 경우 괄호 안에 한자나 외국어를 병기(倂記)할 수 있다.

② **숫자** : 아라비아 숫자를 쓴다.

③ **날짜** : 숫자로 표기하되 연(年), 월(月), 일(日)의 글자는 생략하고 그 자리에 온점(.)을 찍어 표시한다.
예) 2017년 8월 15일 → 2017. 08. 15.

④ **시간(時間)** : 시(時)와 분(分)의 표기는 「24시각제」에 따라 숫자로 하되, 시와 분의 글자는 생략하고 그 사이에 쌍점(:)을 찍어 구분한다.
예) 오후 3시 30분 → 15:30

⑤ **금액(金額)** : 아라비아 숫자로 쓰되 숫자 다음에 괄호를 하고 한글로 병기한다.
예) 일금156,785,120원(一金일억 오천육백칠십팔만 오천일백이십원)

⑥ **기타** : 문서에 음성(音聲) 정보나 영상(映像) 정보 등이 수록되거나 연계된 바코드 등을 표기할 수 있다.

4) 문서의 면수 표시 방법

(1) 문건별 면수 표시

- 문서가 2장(매) 이상으로 이루어진 경우, 문서의 중앙 하단(下段)에 면(面 page)의 수를 표시한다.
- 양면(兩面)에 기재된 문서는 양면 모두에 면수를 표시하여야 한다.
- 면수를 표시하는 방법은 당해 문서의 전체 면수와 그 면의 일련번호를 붙임표(-)

로 이어 표시하며, 첨부서류(添附書類)는 하나의 문건(文件)으로 보고 계속 이어서 면수를 표시한다.

예) 전체 문서가 첨부서류를 포함하여 5면인 경우: 5-1, 5-2, 5-3, 5-4, 5-5

(2) 문서철별 면수 표시

- 문서철별 면수 표시는 당해 문서철(文書綴)의 첫 번째 면에서 시작한 그 면의 일련번호를 우측(右側) 하단에 표시한다.
- 문서철별 면수는 표지(表紙)와 색인목록(索引目錄)을 제외한 본문부터 시작하여 면수를 부여하며, 맨 윗 장부터 아래로 일련번호를 부여한다.
- 문서철 단위 면 표시는 임시로 지워지는 연필 등으로 표시했다가 정리가 끝나면 지워지지 않는 필기구를 이용하여 확정 표시한다.
- 동일한 문서철을 2권(券) 이상으로 분리하여 편철(編綴)한 경우에는 두 번째 권 이하의 문서철면 면수는 전권(前卷) 마지막 면수에 이어서 그 다음의 일련번호(연번)로 시작한다. 이 경우에도 표지(表紙) 및 색인목록은 면수 부여 대상에서 제외한다.

5) 항목의 구분

(1) 개요

- 문서의 내용을 둘 이상의 항목(項目)으로 구분하여 작성하고자 할 경우에는 글머리 기호 구분에 따라 표시한다.
- 항목 구분이 숫자인 경우에는 「오름차순」으로, 한글인 경우에는 「가나다순」으로 표시한다.
- 기안문(起案文) 작성시 하나의 항목만 있을 경우에는 항목 구분을 할 필요가 없으므로 번호를 기재하지 않는다.

(2) 항목 부호 표시 위치

- 첫째 항목 부호는 제목의 첫 글자와 같은 위치에서 시작한다.

- 하위(下位) 항목은 앞 항목의 위치에서 2타(한글은 1자, 영문 및 숫자는 2타)씩 띄어서 오른쪽에서 시작한다.
- 항목 부호와 그 항목의 내용 사이에는 1타를 띄운다.
- 하나의 항목만 있을 경우에는 항목 구분을 생략한다.

(3) 항목부호 표시 방법

[첫째 항목] 1 2 3 4 5 …
[둘째 항목] 가 나 다 라 마 …
[셋째 항목] 1) 2) 3) 4) 5) …
[넷째 항목] 가) 나) 다) 라) 마) …
[다섯째 항목] (1) (2) (3) (4) (5) …
[여섯째 항목] (가) (나) (다) (라) (마) …
[일곱째 항목] ① ② ③ ④ ⑤ …
[여덟째 항목] ㉮ ㉯ ㉰ ㉱ ㉲ …

- 「가, 나, 다, … 하」 다음에는 「거, 너, 더, …」로 이어 표시한다.
- 필요한 경우에는 항목의 구분을 본질적으로 벗어나지 않는 범위 내에서 □, ■. ○, ◇, ♣ 등과 같은 특수기호를 쓸 수 있다.

6) 문서의 '끝' 표시

① 문서의 본문에서 끝났을 경우 : 2타를 띄우고 '끝' 자를 표시

반드시 참석하시기 바랍니다.∨∨끝.

② 붙임(첨부)이 있을 경우 : 붙임 표시 끝에 2타를 띄우고 '끝' 자를 표시

붙임: 참석대상자 명단 1부.∨∨끝.

붙임: 1. 직무교육프로그램(안) 1부. 2. 참석대상자 명단 1부.∨∨끝.

③ 본문 내용이나 붙임(첨부)에 적은 사항이 오른쪽 한계선(마진)에서 끝났을 경우
: 다음 줄 왼쪽 기본선에서 2타를 띄우고 '끝' 자를 표시

(본문 내용) …그러므로 모든 부서(팀)에서 반드시 1명 이상씩 참석하시기 바랍니다.
∨∨끝.

④ 본문 내용이 표로 끝나는 경우(1) : 기재사항이 표(서식)의 마지막까지 모두 채워진 경우에는 표 밖의 아랫줄 왼쪽 기본선에서 2타를 띄우고 '끝' 자를 표시

연번	제품명	주문량	단 가	금 액
1	P/T Roller	10EA	50,000	500,000
2	S/T valve	20EA	60,000	1,200,000

∨∨끝.

⑤ 본문 내용이 표로 끝나는 경우(2) : 기재사항이 표 중간에서 끝나는 경우(표에 빈 줄이 있는 경우)에는 '끝' 표시를 하지 않고 기재사항의 마지막 자의 다음 칸에 '이하빈칸' 이라고 표시

연번	제품명	주문량	단 가	금 액
1	P/T Roller	10EA	50,000	500,000
2	S/T valve	20EA	60,000	1,200,000
	이하빈칸			

∨∨끝.

제 2 장
공문서(기안문) 작성

1. 기안의 일반사항

1) 기안의 의의

기안(起案)이라 함은 기관의 의사를 결정하기 위하여 문안(文案)을 작성하는 것을 말한다. 분장(分掌)업무에 대하여 그 업무를 맡은 자는 직위나 직급에 관계없이 기안할 수 있으므로 기안자는 기안에 앞서 안건에 관련된 문제를 파악하고 관계법규나 규정을 숙지(熟知)하고 있어야 한다. 나아가 기안의 목적과 필요성, 현황 등을 파악하고 자료를 수집, 분석하며 필요한 경우에는 회의 등을 통하여 의견을 청취해야 한다.

문서의 기안은 정기보고, 수시보고, 경미한 사항의 인가·허가, 증명서 교부, 기타 비치 문서 등을 제외하고는 일정한 형식의 기안용지(起案用紙)에 의하여 전자문서로 기안함을 원칙으로 한다. 특히 시행을 전제로 한 문서는 반드시 기안용지를 사용해야 한다.

☞ 기안을 해야 하는 경우

○ 접수한 문서를 처리하기 위한 경우 ○ 상급자의 지시사항을 처리하기 위한 경우 ○ 순수한 자기 발안 ○ 법령이나 훈령, 예규 등의 근거에 의하여 기안하는 경우

2) 기안의 종류

기안에는 기안용지를 사용하는 일반기안, 일괄기안, 공동기안이 있고, 기안용지를 사용하지 않는 수정기안, 서식에 의한 처리 등이 있다.

- 기안용지를 사용하는 경우 : 일반기안, 일괄기안, 공동기안
- 기안용지를 사용하지 않는 경우 : 수정기안, 서식에 의한 처리

① **일반기안(一般起案)** : 기안문의 가장 일반적인 형태로 하나의 안건(案件)을 처리하기 위한 기안으로 정해진 기안용지에 해당 문안을 작성한다. 기안문 양식(서식)에는 일반기안문, 전자기안문, 간이기안문 세 가지가 있다.

② **일괄기안(一括起案)** : 상호 관련성이 있는 두 개 이상의 안건을 동시에 일괄(一括)하여 처리하는 기안으로 각각의 기안문에 작성한다. 일괄기안은 전자문서에 한하며, 각각의 기안문에 두문, 본문, 결문에 들어갈 각각의 구성요소가 모두 포함되어야 한다. 그리고 일괄기안은 각 안의 내용이나 성격에 따라 다르게 설

정할 수 있으며, 각각 다른 생산등록번호를 사용하여 같은 일시에 시행하여야 한다.

③ **공동기안(共同起案)** : 둘 이상의 기관장의 결재를 받아 공동의 명의로 시행하는 문서를 기안하는 경우를 말한다. 공동기안은 관계기관간의 긴밀한 협조가 요구되는 사안이므로 관계기관장의 결재를 받기 전에 그 기관의 보조기관(補助機關) 등과 사전에 충분히 협의를 할 필요가 있다.

☞ 공동기안문의 결재 표시

공동기안문서는 그 문서의 처리를 주관하는 기관에서 기안하여 먼저 그 기관장의 결재를 받은 후 관계된 기관장의 결재를 받는다. 결재 표시 방법은 주관기관을 왼쪽, 관계기관을 오른쪽에 표시한다.

☞ 공동기안문의 발신명의 표시

당해 문서의 처리를 주관하는 기관장 명의(名義)를 위에, 관계기관장 명의를 아래에 표시한다. 관계기관이 여러 곳일 경우에는 상위 직급의 관계기관장의 명의부터 먼저 표시한다. 결재 후 시행문으로 작성될 때 문서처리를 주관(主管)하는 기관의 발신명의에만 직인(관인)을 날인한다.

④ 수정기안

수신한 문서를 신속하게 시행하고자 할 때 내용의 일부만 간단하게 수정하거나 필요한 사항을 추가하여 수정하는데, 이것을 **수정기안(修訂起案)**이라고 한다. 수정기안을 하면 발신기관의 결재정보와 관인정보 및 수신기관의 공람정보, 결재정보, 관인정보 등이 혼합되어 혼동을 줄 우려가 있으므로 수정기안보다는 별도의 기안문을 작성하여 시행하는 것이 좋다.

수정기안은 수신한 문서와 다른 색깔(주로 청색)의 글자로 수정 부분을 기재한 후 기안자, 검토자, 결재자의 직위 또는 직급 및 서명란을 수정하여 그 위의 여백(餘白)에 결재를 받거나 적당한 여백에 「**간이결재인**」을 찍어 결재를 받는다.

☞ 간이결재인의 예시

기 안 자 직위(직급)	검 토 자 직위(직급)	검 토 자 직위(직급)	결재권자 직위(직급)
서 명	서 명	서 명	서 명

☞ 문서수정 및 수정기안 표시방법

- 수정할 글자 중앙에 가로로 두 선을 그어 수정(修訂) 또는 삭제(削除)한다.
- 문서의 일부를 수정 또는 삭제하는 경우, 수정 또는 삭제한 사람이 그 부분에 서명(署名) 또는 날인(捺印)한다.
- 문서의 중요한 내용을 수정 또는 삭제하는 경우, 여백에 수정 또는 삭제한 자수(字數)를 표시하고 서명 또는 날인한다.
- 시행문을 정정(訂正)하는 경우, 여백에 정정한 자수를 표시하고 직인으로 날인한다.
- 전자문서의 경우, 수정한 내용대로 재작성(再作成)해서 결재를 받아 시행한다.
- 수정 전의 문서를 기안자, 검토자, 결재권자 등이 보존(保存)할 필요가 있다고 판단하면 원안(原案)을 보존한다.

☞ 문서의 간인(間印)

- 전후관계를 명백히 할 필요가 있는 문서 : 인사발령, 규정/훈령/예규 개정, 고시/공고 문서, 중요정책/계획/방침의 수립 및 조정, 계약체결
- 사실 또는 법률관계의 증명에 관계되는 문서 : 허가, 인가, 등록 등에 관계된 문서
- 간인용 결재인 비치 : 기관장 및 전결권자

[표 2-1] 일반기안문의 예

중소기업협동조합중앙회

수신 수신자 참조
경유
제목 전문대학 졸업생 인턴사원 채용 안내

---

1. 귀사의 무궁한 발전을 기원합니다.
2. 당 기관에서는 청년 취업률을 높이기 위하여 2017년도 전문대학 졸업예정자를 인턴사원으로 채용하는 회원사에 대하여 아래와 같이 지원하기로 하였으니 많은 참여를 바랍니다.

아 래

가. 사업내용

규 모	지 원 금 액	지 원 기 간
10인 미만 사업장	1인당 50만원	입사후 10개월
10인 이상 사업장	1인당 45만원	입사후 10개월

나. 신청방법 : 지원신청서(붙임 서식) 제출
다. 신청마감 : 2016년 9월 30일(우편은 당일 접수분에 한함)

붙임 1. 청년취업자 지원 대책 1부
2. 지원신청서 1부 끝

중소기업협동중앙회장

수신자 회원업체, 국가산업관리공단, 지방산업인력관리공단

대리 김철수 국장 박영희 부회장 박근해 회장 송명선
협조자 재정지원국장
시행 재정지원과 - 160282(2016. 09. 15.) 접수
우 41978 대구시 중구 남산로 13길 17 /http://www.smcc.org
전화 (053)263-2638 전송 (053)263-2639 /ever91@smcc.org / 공개

[표 2-2] 공동기안문의 예

중소기업협동조합중앙회

수신 수신자 참조
(경유)
제목 전문대학 졸업생 인턴사원 채용 안내

---

1. 귀사의 무궁한 발전을 기원합니다.

2. 당 기관에서는 청년 취업률을 높이기 위하여 2017년도 전문대학 졸업예정자를 인턴사원으로 채용하는 회원사에 대하여 아래와 같이 지원하기로 하였으니 많은 참여를 바랍니다.

아 래

가. 사업내용

규 모	지 원 금 액	지 원 기 간
10인 미만 사업장	1인당 50만원	입사후 10개월
10인 이상 사업장	1인당 45만원	입사후 10개월

나. 신청방법 : 지원신청서(붙임 서식) 제출
다. 신청마감 : 2016년 9월 30일(우편은 당일 접수분에 한함)

붙임 1. 청년취업자 지원 대책 1부
2. 지원신청서 1부 끝

중소기업협동중앙회장
청년일자리창출위원회위원장

수신자 회원업체, 국가산업관리공단, 지방산업인력관리공단.

대리 김철수 국장 박영희 부회장 박근해 회장 송명선 위원장 문재남
협조자 재정지원국장
시행 재정지원과 - 160282(2016. 09. 15.) 접수
우 41978 대구시 중구 남산로 13길 17 /http://www.smcc.org
전화 (053)263-2638 전송 (053)263-2639 /ever91@smcc.org / 공개

2. 공문서의 구성

공문서(公文書)를 살펴보면 제법 많은 내용이 나온다. 그 많은 내용을 요약해보면 두문, 본문, 결문 세 부분으로 구성되어 있음을 알 수 있다.

발신기관명 수신 참조 경유	**두문**
제목 내용 붙임	**본문**
발신명의 기안자/검토자/결재권자의 직위 또는 직급 및 서명 협조자의 직위 또는 직급 및 서명 생산등록번호와 시행일자 / 접수등록번호와 접수일자 발신기관 우편번호, 주소, 홈페이지 주소 발신기관 전화번호, 모사전송번호, 담당자 전자우편번호, 공개구분	**결문**

① 발신기관명

문서의 기안부서가 속한 기관명으로 용지의 위에서 3cm를 띄우고 중앙에 기재한다. 글자 크기는 본문의 글자보다 크고 진하게 표시하되, 너비는 용지 폭의 1/3 정도가 적당하다.

- 기안문에는 기관의 로고(logo), 상징(symbol), 마크(mark), 홍보문구 등을 표시하여 기관의 이미지를 높일 수 있다.
- 로고는 가로 2cm 세로 2cm 범위 내에서 왼쪽 상단에 표시하되, 시작 부분은 왼쪽 기본선이다.
- 상징은 가로 2cm 세로 2cm 범위 내에서 오른쪽 상단에 표시하되, 끝나는 부분은 오른쪽 한계선이다.
- 홍보문구는 발신기관명 바로 위에 표시한다.

② 수신

수신란에 수신기관명을 쓰고 이어서 ( ) 안에는 처리할 보조기관(補助機關) 또는 보조기관의 직위를 쓴다. 예) 수신 현대로템(방산과장)

☞ 보조기관(補助機關)이란?

기관(조직)의 의사 또는 판단의 결정이나 표시를 보조하는 기관으로 기관의 결정 또는 집행에 직접 참여한다. 일반적으로 직무상 직선적 계선체계(라인조직)을 말한다. 결재권자인 대표이사 아래 부사장, 전무이사, 상무이사 등

- 수신기관(受信機關)이 두 개 이상일 경우, 수신자란에 '수신자 참조' 라고 기재한 후, 결문의 발신명의란 아래 수신자란을 만들어 수신기관명을 표시한다.

예) 수신 수신자 참조 ← 두문 **발신명의** 수신자 현대로템, 현대자동차, 현대모비스 ← 결문

- 수신기관이 두 개 이상이라 하더라도 불특정 다수일 경우, 두문의 수신 부분에 표시한다.

예) 수신 **각 학교장** ← 두문

- 민원(民願) 회신문서의 경우, 수신자란에 민원인의 성명을 쓰고 ( ) 안에는 우편번호와 주소를 쓴다.

예) 수신 **홍길동 귀하(우 41978 대구시 중구 남산로 13길 17)**

- 내부결재문서는 수신자란에 '내부결재' 라고 쓴다.

예) 수신 **내부결재**

- 수신자 옆의 ( ) 안의 처리할 자의 직위가 불분명할 경우, **'OO업무 담당자'** 등으로 쓴다.

예) 수신　각 학교장(**장학업무담당자**)

③ 경유

경유기관(經油機關)이 없는 경우에는 빈 줄로 남겨 두고, 경유기관이 있는 경유 문서는 (경유)란에 「**이 문서는 경유기관의 장은 ○○이고, 최종 수신기관의 장은 □□입니다.**」 라고 표시한다. 경유기관은 시행문서가 수신기관에 앞서 중간에 거쳐 가는 기관을 말한다.

- 경유기관에서 문서를 접수한 경우, 문서의 검토를 마친 후 다른 경유기관 또는 최종수신기관에게 보내는 때에는 반드시 결재를 받아야 한다.
- 경유기관장의 명의로 발송하는 문서에는 경유문서를 붙여 보내고, 의견이 있을 경우에는 의견서(意見書)를 첨부하여 보낸다.

[최초 발신기관] **중소기업협동조합중앙회** 수신　수신자 참조 **(경유) 이 문서의 경유기관의 장은 대학총장협의회이고, 최종 수신기관의 장은 각 대학교입니다.**

[경유기관] **대학총장협의회** 수신　수신자 참조 **(경유) 이 문서의 경유기관의 장은 대학총장협의회이고, 최종 수신기관의 장은 각 대학교입니다.**

④ 제목

본문의 내용을 함축(含蓄)하여 전달하고자 하는 내용을 쉽게 알 수 있도록 명확하게 대체로 한 줄을 넘지 않게 간결하게 표시해야 한다. 제목의 끝은 「… 통보/… 요청/… 개최/… 보고/… 안내/… 의뢰」 등의 결구(結句)로 표시한다.

⑤ 내용(본문)

문서의 내용이 복잡하여 2개 이상의 항목으로 구분하여 작성할 필요가 있는 경우에는 항목을 구분하여 작성한다. 각 항목의 내용이 두 줄 이상일 경우에는 각 항목의 둘째 줄부터는 들여쓰기를 하지 않고 왼쪽 기본선에서 시작한다.

- 전문(前文) : 의례적인 인사말로서 사내문서인 경우에는 생략해도 좋다.
- 주문(主文) : 문서의 목적과 내용 등을 정확하고 간결하게 표현한다.
- 말문(末文) : 마무리하는 인사말이나 지원을 당부하는 내용을 표현한다.

⑥ 붙임(첨부)

본 문서에 참고서류, 참고자료, 서식, 금전 등 기타의 물품이 첨부(添附)되는 때에는 본문의 내용이 끝난 다음 줄에 「붙임」으로 표시한다. 붙임이 2가지 이상일 경우에는 항목을 구분하여 표시한다.

(본문내용) … 붙임을 참고하시어 제출하여 주시기 바랍니다. **붙임　1. 시행문(대학총장협의회 경유문서) 1부** **　　　2. 의견서 1부　끝.**

⑦ 발신명의

외부로 보내는 **대외문서(對外文書)**는 당해 기관의 장(長)의 명의(名義)로 발신하고, 기관 내 보조기관 상호간에 발신하는 **내부문서(內部文書)**는 당해 보조기관의 명의로 발송한다. 한편 기관 내부적으로 업무계획 수립, 업무보고, 소관사항 검토 및 처리방침 결정 등의 의사결정을 위한 내부결재문서는 대외적 시행이 필요하지 않으므로 발신명의를 표시하지 않는다.

- 기관장(機關長)의 권한을 대행(代行)하거나 직무를 대리(代理)하는 사람이 발신명의와 함께 본인의 성명을 적는 경우, 「권한대행」 또는 「직무대리」의 표시를 하고, 그 직위를 적는다.

☞ 권한대행/직무대리 발신명의 표시

㈜현대모비스 대표이사 직무대리 부 사 장	송 주 원

⑧ 수신자

수신처(수신기관)가 두 군데 이상인 경우, 두문(頭門)의 수신자란에는 「수신자 참조」라고 기재하며, 발신명의란 다음 줄에 수신기관들을 적는다. 수신기관들 사이는 쉼표(,)로 구분하며, 마지막 수신기관 끝에는 마침표(.)를 찍는다.

수신 수신자 참조
(경유)
제목 전문대학 졸업생 인턴사원 채용 안내

중소기업협동중앙회장

수신자 회원업체, 국가산업관리공단, 지방산업인력관리공단.

⑨ 기안자

기안자(起案者)의 범위에 관하여는 아무런 제한이 없으므로 분장(分掌) 받은 업무에 대하여 그 업무를 담당하는 자는 직위(職位)나 직급(職級)에 관계없이 깅나할 수 있다. 기안자는 기안문의 기안자란에 직위 또는 직급 및 이름을 적고 서명란에 서명(署名)한다. 이 때 「기안자」의 용어는 생략한다. 그리고 발의자와 보고자도 알 수 있도록 표시한다. 직위가 있는 경우에는 직위를 쓰고 직위가 없는 경우에는 직급을 쓴다.

대리 김철수 국장 박영희 부회장 박근해 회장 송명선

- 발의자 : 기안하도록 지시한 자 또는 기안자가 스스로 입안한 자를 말하며, 발의자의 직위나 직급 앞 또는 위에 ★ 표시를 한다.
- 보고자 : 결재권자에게 직접 보고하는 자로서 보고자의 직위나 직급의 앞 또는 위에 ◎ 표시를 한다.
- 보고자와 발의자가 동일한 경우, ★◎ 표시를 한다.
- 전자문서로 결재하거나 결재권자에게 직접 보고하지 않는 경우는 보고 표시를 생략한다.
- 검토(檢討) 및 결정(決定)을 요하지 않는 문서, 의사록이나 회의록과 같이 단순 사실을 기록한 문서 및 일상적 반복적인 업무로서 경미한 사항에 관한 문서는 발의자와 보고자의 표시를 생략할 수 있다.

⑩ 검토자

검토자(檢討者)는 보통 결재권자를 보좌(補佐)하는 직속(直屬) 하급자(下級者)이다. 기안문은 결재권자의 결재를 받기 전에 보조기관의 검토가 필요하다. 따라서 검토자는 직제(職制)상 기안한 내용을 점검하고 수직적 합의와 동의 여부를 결정한 후 검토자란에 직위 또는 직급을 쓰고 서명란에 서명한다. 이 때 '검토자' 의 용어는 생략한다.

- 신속한 의사결정을 위하여 검토자의 수는 가능한 한 결재권자의 결재에 이르기까지 2인이 넘지 않도록 한다.

- 좌에서 우로 하위 직급(職級)부터 상위 직급 순으로 적는다.
- 결재권자를 대신하여 보조기관에서 전결(專決)이나 대결(代決)을 하는 경우, 전결권자 또는 대결권자가 자신의 직급과 「전결」 또는 「대결」을 기입한 후 이어서 서명한다.
- 출장 등의 사유로 검토를 받을 수 없는 경우, 결재를 생략하며 검토자의 서명란에 사유를 명기(明記)한다.

⑪ 결재권자

결재권자(決裁權者)는 기관(조직·회사)에서 이루어지는 안건을 허가(許可)하거나 승인(承認)할 수 있는 최종 권한(權限)을 가진 사람을 말하며, 당해 기관장의 직명(職名)을 기재하고 이어서 결재일을 기재한다.

대리 김철수 국장 박영희 부회장 박근해 **회장 송명선**
협조

⑫ 협조

기안문서의 내용과 관련이 있는 타부서의 업무 협조(協助)를 받고자 할 경우, 결재권자의 서명(署名)을 받기 전에 관계부서장의 협조를 먼저 받아야 한다. 협조는 라인의 수직적 합의(合意)가 아니라 타부서와의 수평적 합의이기 때문에 결재권자의 결재를 받기 전에 받아야 한다.

대리 김철수 국장 박영희 부회장 박근해 회장 송명선
협조 재정지원국장

- 협조자는 협조자란에 「협조」라는 용어를 표시한 후 자신의 직위 또는 직급을

쓰고(대부분의 경우 기안자가 표기함) 그 옆에 서명을 한다.
- 기안부서와 협조부서에서 동일 직급 간에 교차(交叉)로 서명하거나 기안부서의 검토를 모두 마친 후 협조부서의 협조를 거쳐 결재권자의 결재를 받는다.
- 협조의 표시방법 : 기안문의 협조란에 협조부서의 부서장이 자신의 직위(職位) 또는 직급을 쓰고 서명한다,

☞ 검토과정에서의 다른 의견을 표시하는 방법

기안문을 검토 또는 협조함에 있어서 그 내용과 다른 의견이 있는 때에는 당해 문서 본문의 마지막에 의견을 적거나 별지에 의견을 표시할 수 있다. 의견을 표시하는 방법은 **'의견 붙임'** 또는 **'의견 있음'** 으로 표시한다.

- 의견 붙임 : 협조자의 의견을 별지(別紙)에 표시하는 경우
- 의견 있음 : 협조자의 의견을 당해 문서의 본문의 마지막에 표시하는 경우로서 의견 내용과 함께 의견을 표시한 자의 소속, 직위(직급), 성명을 표시한다.

(본문내용) … 주시기 바랍니다. 끝. **본문내용에 대한 의견 있음** **1. 의견내용** : … **2. 경영지원국 국장 박영희** 대리 김철수 국장 박영희 부회장 박근해 회장 송명선 협조 재정지원국장 **(의견 있음) 소순해**

- 「의견 있음」 또는 「의견 붙임」 사항은 결재권자가 결재를 하거나 담당자가 참고하도록 하기 위한 것이므로 시행문에는 그 내용을 표시하지 않도록 한다.
- 기안자, 검토자, 협조자의 의견이 다를 경우 하나의 의견으로 조정하고 합의하여 문안(文案)을 수정하거나 재작성할 수 있다.
- 검토자는 기안 사안이 자신들의 소관(所管) 업무이므로 기안문의 문안을 직접 수정, 재작성하거나 반려(返戾)할 수 있다.

- 협조자는 당해 사안에 대하여 직접적으로 수정, 재작성, 반려할 수 없다.

⑬ **처리과** : 발신기관에서 당해 문서를 처리한 처리과정을 표시한다.

대리 김철수 국장 박영희 부회장 박근해 회장 송명선 위원장 문재남

⑭ 생산(접수)등록번호

문서의 처리과 및 문서등록 일련번호를 기입하되, 생산문서는 생산등록번호로 접수번호는 접수등록번호를 기입한다. 전자문서의 경우, 검색(檢索)이 용이하도록 문서 생산(접수)부서를 숫자로 관리하기도 한다.

⑮ 시행일자/접수일자

시행일자는 문서가 효력(效力)을 발생하는 날짜로서, 내부결재 공문서인 경우에는 최종 결재가 되는 날부터 효력을 발생하는 것이 일반적이다. 표시방법은 「년, 월, 일」 사이에 온점(.)을 찍어 숫자로 표시한다.

시행 **재정지원과 - 160282(2016. 09. 15.)** 접수

⑯ 발신기관 연락처 및 담당자

㉮ 우편번호, 주소 및 홈페이지 주소

- 우편번호는 「우」를 적은 다음 1타를 띄우고 우편번호(5자리)를 적는다.
- 주소는 기관(조직)이 위치한 도로명주소를 표시하고, ( ) 안에 층수 및 호수를 적는다.

- 주소가 길면 도·광역시·시·군 등의 글자는 생략하고 적을 수 있다.
- 주소 다음에 빗금(/) 표시를 하고, 기관의 홈페이지 주소를 적는다.

우 41978 대구 중구 남산로 13길 17(2층 203호) /http://www.smcc.org 전화 (053)263-2638 전송 (053)263-2639 /ever91@smcc.org /공개

⑭ 전화번호 및 모사전송(팩스)번호

- '전화' 다음에 1타를 띄우고 ( ) 안에 지역번호를 적고, 여백 없이 국번과 번호를 적는다. 국번과 번호 사이에는 붙임표(-)를 사용하며, 붙임표 앞뒤에 여백을 두지 않는다.
- 내부문서인 경우, 구내(構內) 전화번호[내선번호]를 기입한다.

⑮ 담당자 전자우편(이메일) 주소

- 발신기관 내 당해 문서의 처리 및 문의에 응대(應對)할 사람, 곧 업무담당자의 전자우편(e-mail) 주소를 적는다.

⑰ 공개 여부

문서의 공개(公開) 여부는 「공개, 부분공개, 비공개」로 구분하여 표시한다. 공개 여부의 판단은 기안자/검토자/결재권자가 한다.

전화 (053)263-2638 전송 (053)263-2639 /ever91@smcc.org /공개

3. 기안문의 결재

기안문의 **결재(決裁)**란 당해 사안(事案)에 대하여 기관(조직)의 의사를 결정할 권한을 가진 자, 곧 결재권자가 직접 그 의사를 결정하는 행위를 말한다. 따라서 보조기관의 검토 및 관계부서의 협조는 결재라고 볼 수 없다.

- 결재 표시는 날인(捺印)을 사용하거나 지워지지 않는 필기구(만년필, 볼펜 등)로 서명(署名)을 하며, 필요에 따라서는 결재일자를 표시할 수 있다,
- 결재의 종류 : 정규결재, 전결, 대결, 후결

① 정규결재

정규결재(正規決裁)는 기안자로부터 최고결재권자(기관장)까지 정상적인 절차를 거려 결재를 하는 형태를 말한다. 기관장의 직위를 표시하고, 서명란에 서명일자를 적고 서명한다.

대리 김정은 팀장 박근해 부사장 남상희 사장 송주원 7/15

② 전결

전결(專決)은 사무를 신속하고 능률적으로 처리할 목적으로 업무 내용에 따라 기관장으로부터 결재권한을 위임받은 자가 행하는 결재를 말한다. 전결권자는 그 직무를 수행하기 위해 필요한 권한을 가지며 위임된 전결사항에 대해서는 전결권자가 책임을 진다.

- 전결 표시 : 전결권자는 전결권자의 서명란에 「전결」을 표시하고(일반적으로 「전결」 고무인 사용), 이어서 서명을 한다.
- 서명하지 않는 사람의 결재란은 표기할 필요가 없다.

대리 김정은 팀장 박근해 부사장 **전결 남상희 7/15**

③ 대결

대결(代決)은 조직 내부의 결재권자가 유고(有故)를 당하거나 출장, 휴가, 기타 사유로 상당한 기간 부재(不在) 중일 때 긴급한 결재를 위해 그 직무를 대행(代行)하는 자가 행하는 결재를 말한다.

- 각 기관에서는 직무상 공백을 없애고 그 책임 소재를 명백하게 하기 위해 직무대리에 관한 사항을 「직무대리규정」을 통해 미리 정하고 있다.
- 직무대리자가 대결한 문서 중 그 내용이 중요한 문서에 대해서는 사후(事後)에라도 최종결재권자에게 보고해야 하는데, 이것을 **후열(後閱)**이라고 한다.
- 후열(後閱)의 표시방법 : 직무대리자가 대결하고 사후에 결재권자에게 보여주기를 원하는 경우, 결재란에 '후열' 표시를 하고 나중에 결재권자 서명을 받는다.

㉮ 최고결재권자(기관장)를 대결하는 경우

대결(代決)하는 사람의 서명란에 '대결' 표시를 하고 서명한다. 서명하지 않는 기관장의 결재란은 표시하지 않는다.

대리 김정은 팀장 박근해 부사장 **대결 남상희 7/15**

㉯ 위임전결사항을 대결하는 경우

기관장의 결재란을 표기하지 않고 전결권자의 서명란에 「전결」을 적어서 전결문서임을 표시한다. 전결권자를 대신해서 대결하는 사람의 서명란에 「대결」을 표시하고 대결권자가 서명한다.

대리 김정은 팀장 **대결 박근해 7/15** 부사장 전결

④ 후결

후결(後決)이란 결재권자가 부재중이거나 특별한 사정 때문에 결재를 할 수 없을 때 또는 결재할 시간적 여유가 없을 때, 최종결재권자의 차하위자의 결재로서 우선 시행하게 하고, 사후에 최종결재권자의결재를 받는 조건부 대결을 말한다.

- 후결은 최종결재권자의 사후 결재가 있어야 완전히 효력을 발생한다.
- 후결문서를 시행한 후 결재권자가 수정할 경우 수정사항을 통보해야 한다.
- 최근에는 후결을 거의 사용하지 않는 추세이다.

쉼터(1) 로마자 표기법

ㄱ	ㄲ	ㄴ	ㄷ	ㄸ	ㄹ	ㅁ	ㅂ	ㅃ	ㅅ	ㅆ	ㅇ	ㅈ	ㅉ
g,k	kk	n	d,t	tt	r,l	m	b,p	pp	s	ss	ng	j	jj
ㅊ	ㅋ	ㅌ	ㅍ	ㅎ		ㅏ	ㅐ	ㅑ	ㅒ	ㅓ	ㅔ	ㅕ	ㅖ
ch	k	t	p	h		a	ae	ya	yae	eo	e	yeo	ye
ㅗ	ㅚ	ㅘ	ㅙ	ㅛ	ㅜ	ㅟ	ㅝ	ㅞ	ㅠ	ㅡ	ㅢ	ㅣ	
o	oe	wa	wae	yo	u	wi	wo	we	yu	eu	ui	i	

○ 우리말 고유명사를 외국어로 표기하는 방법은 국어 표준발음을 기준으로 표시한다.

○ 낯선 부호(符號)의 사용을 줄이고 소리 나는 대로(음운 변화) 단순하게 표시한다.

예) 울릉도(울능도)→Ulneungdo, 종로[종노]→Jongno, 정릉(정능)→Jeongneung 신라[실라]→Silla

○ 인명(人名)은 성(姓)과 이름의 순서로 띄어 쓴다. 이름은 붙여 쓰는 것이 원칙이나 음절 사이에 붙임표(-)를 허용한다.

예) 임꺽정 Im Kkeongjeong(Kkeong-jeong)

○ 행정구역단위(도, 시, 군, 구, 읍, 면, 동, 리, 가)의 표기는 do, si, gun, gu, eup, myeon, dong, ri, ga로 적고, 그 앞에는 붙임표(-)를 넣는다.

예) 서울시 서초구 양재동 3가 123 → 123, 3-ga, Yangjae-dong, Seocho-gu, Seoul-city

Q. 각자의 주소(住所 address)를 영어로 적어 보세요.

4. 시행문 작성

예전에는 기안문과 **시행문(施行文)**의 양식이 별도로 작성되었으나 2004년부터는 기안문과 시행문이 하나로 통합되었다. 그러므로 별도의 시행문을 작성할 필요가 없이 결재가 끝난 기안문에 **관인(官印)** 또는 **직인(職印)**을 찍으면 시행문이 될 수 있다. 따라서 문서의 시행절차는 결재를 마친 기안문을 복사하여 직인을 **날인(捺印)**하고, 문서를 발신(發信)하는 과정을 거쳐 문서의 효력을 발생하게 된다.

(결재 받은 기안문) + (직인/관인 날인) ⇨ 시행문

그리고 기안자가 경미(輕微)한 내용의 문서라고 결정한 경우, 일일명령(一日命令)과 같이 단순 업무의 처리에 관한 지시문서, 기관 간의 단순한 자료 요구, 업무연락, 통보 등을 위한 문서에는 직인의 **날인(捺印)**을 생략할 수 있다.

- 직인은 기관장의 명으로 발송 교부하는 문서에 사용하는 도장(圖章)을 총칭하는 말로써 전자이미지관인(직인)도 포함한다.
- 직인은 발신명의 표시의 마지막 글자가 **인영(印影)** 가운데 오도록 찍는다.
- 직인을 생략하는 경우, 발신명의 오른쪽에 「직인생략/관인생략/서명생략」 등을 표시한다.

[그림 2-1] 직인생략

<----- 3cm ------->

직 인 생 략	↑ 1cm ↓

5. 문서 수발 및 공람

1) 문서의 발신

종이문서의 **시행문(施行文)**은 직인(職印)을 관리하는 사람이 직인을 찍은 후 처리과(주로 총무과)에서 발송(發送)한다. 전자문서의 경우에는 기안자 또는 문서수발업무 담당자가 전자이미지관인(직인)을 찍고, 처리과에서 발송한다.

- 종이문서는 복사하여 발송하고, 전자문서는 전자문서시스템의 정보통신망을 이용하여 발송한다.
- 우편으로 발송하는 경우에는 등기우편으로 발송하고, 팩스로 발송하는 경우에는 발신 사실을 증명할 수 있는 방법으로 발송한다.
- 인편, 전신, 전송으로 발송하는 경우에는 문서발송대장에 문서의 접수사항을 명확하게 기재한다.
- 단순한 업무 관련 지시 및 자료 요구, 업무연락, 통보, 공지사항, 일일명령 등의 문서는 업무관리시스템, 전자게시판, 홈페이지 등에 게시하여 시행할 수 있다.

2) 문서의 접수

문서는 처리과에서 접수한다. 접수한 문서는 접수일시, 접수등록번호를 접수란에 표시한다. 접수란이 없거나 전자적으로 표시할 수 없는 문서의 경우, 두문의 오른쪽 여백(餘白)에 「**접수인(接受印)**」을 찍고, 접수일시와 접수등록번호를 적는다.

접 수	- (201×. . . :)

- 2개 이상의 보조기관이 관련된 문서는 관련성이 가장 높은 보조기관에서 당해 문서를 접수한다.
- 문서를 접수한 처리과는 관련이 있는 보조기관에서 해당 사항을 처리할 수 있도

록 문서 내용을 처리과의 장(책임자)의 명의(名義)로 통보한다.

- 경유문서를 접수한 기관은 해당 기관장이 명의로 다른 경유기관의 장이나 최종 수신자에게 경유문서를 첨부하여 발신한다. 해당 기관의 의견이 있을 경우, 그 의견을 시행문 본문에 표시하거나 첨부하여 발송한다.

3) 문서의 공람

공람대상문서에 해당하는 경우, 업무처리담당자가 공람할 자의 범위를 정하여 공람한다. 문서수발업무 담당자는 접수한 문서를 처리담당자에게 인계(引繼)하고, 처리담당자는 해당 문서에 대한 **공람(供覽)**을 거친 후 처리한다. 이 때 공람을 하는 결재권자는 처리과에 문서의 처리기한 및 처리방법을 지시할 수 있다.

☞ 공람대상문서

○ 결재권자로부터 처리지침을 받아야 할 경우가 있는 문서 ○ 보조기관의 업무협조에 관한 문서 ○ 접수된 문서의 처리를 위해 미리 검토가 필요한 문서

① 공람순서

- 상급자순 또는 하급자순으로 공람한다. → 순차공람
- 직위에 관계없이 무순으로 공람한다. → 병렬공람

② 공람방법

- 종이문서 : 접수문서의 적당한 여백에 공람자의 직위 또는 직급을 표시하고 서명
- 전자문서 : 전자문서시스템에 공람하였다는 기록이 자동으로 표시되게 한다.

4) 문서의 경유

경유기관(輕油機關)은 접수한 경유문서에 대해 검토를 마친 후 다른 경유기관이나 최종 수신자에게 경유기관의 장(長)의 명의로 발송한다. 경유기관의 의견이 있을 경우에는 그 의견을 본문에 표시하거나 붙임으로 보내도록 한다.

경유기관 발신기관명

수신
경유 **이 문서는 경유기관의 장은 홍길동이고, 최종 수신기관의 장은 임꺽정입니다.**
제목 **경유문서의 이송**

---

1. (본문내용) ---

붙임 1. 시행문(○○경유문서) 1부
2. 의견서 1부 끝.

경 유 기 관 발 신 명 의

주1. 붙임 1의 ○○은 최초발신기관명
주2. 붙임 2의 의견서는 있는 경우에만 첨부

【기안문서 작성연습 1】 다음 자료를 보고 기안문을 작성하시오. 내용은 문서의 목적을 최대한 달성하기 위해여 문구를 적절하게 수정하거나 보완하여도 무방함.

발신기관	중소기업중앙회		
수신기관	한국공업대학교, 한국과학기술대학교, 한국세무대학교, 한국전통산업대학교		
문서등록번호	2016-18	시행일자	2016. 9. 15.
전화번호	(053)235-1234	전송번호	(053)235-1233
주소	우 41978 대구시 중구 남산로13길 17(황실빌딩 17층 3호)		
발신기관장	회장	발신기관 처리과	인사혁신팀
수신기관장	총장	수신기관 처리과	취업지원팀
발신기관 담당자	본인 이름/이메일	공개여부	공개
발신기관 홈페이지	http://www.kbiz.or.kr		
결재라인	담당자 > 팀장 > 상무 > 부회장 > 회장		

제목: 인턴사원 채용 안내

본문: 1. 인사말(각자 기안)

2. 중소기업중앙회에서는 대학생들에게 취업 기회를 제공하고자 다음과 같이 인턴사원을 모집하오니 귀교의 유능하고 성실한 학생을 추천하여 주시기 바랍니다.

가. 지원대상 : 2016년 졸업자 및 2017년 2월 졸업예정자(나이 제한 없음)
나. 원서접수기간 : 2016년 9월 13일(화) 17:00(우편접수는 당일도착분에 한함)
다. 원서접수방볍 : 우편 또는 인터넷 접수
라. 채용규모 : 30명
마. 기타 문의사항은 중소기업중앙회 홈페이지를 참조하시기 바랍니다.

붙임 : 인턴사원채용 안내서 5부, 입사지원서 5부, 자기소개서 5부, 추천서 5부

[문제 1] 위 내용대로 작성하시오.
[문제 2] 부회장 전결로 작성하시오.
[문제 3] 직인 생략으로 작성하시오.

수신
(경유)
제목

1.
2.

수신자

담당
협조
시행 - (. . .) 접수
우
전화 전송 / /

【기안문서 작성연습 2】 다음 자료를 보고 기안문을 작성해 보자. 내용은 문서의 목적을 최대한 달성하기 위해여 문구를 적절하게 수정하거나 보완하여도 무방함.

발신기관	한국세무사회		
수신기관	한국대학교, 대한대학교, 자유대학교, 평등대학교, 평화대학교, 행복대학교, 민주대학교, 통일대학교, 하나대학교		
문서등록번호	2016-119	시행일자	2016. 9. 10.
전화번호	(02)521-9451	전송번호	(02)597-2945
주소	우 06660 서울시 서초구 명달로 105(서초3동 1497)		
발신기관장	회장	발신기관 처리과	연구기획팀
수신기관장	지회장, 총장	수신기관 처리과	세무회계학과장
발신기관 담당자	본인 이름/이메일	공개 여부	공개
발신기관 홈페이지	http://www.kacpta.or.kr		
결재라인	담당자 〉 팀장 〉 상무 〉 부회장 〉 회장		
협조자	조세정보팀장, 한국조세연구소장		

제목: 조세정책 개선을 위한 워크숍 개최

본문: 1. 인사말(각자 기안)

2. 기획재정부 2013-130(2013. 01. 15) 관련입니다. 한국세무사회에서는 국가 부채비율을 줄이고 국민 행복을 증진시키기 위한 국민적 요구를 충족시키기 위하여 지난 3년간 관계기관과 공동으로 조세정책의 개선 방안을 연구하였습니다.

3. 조세정책 개선 방안을 기재부에 전달하기에 앞서 세무회계학과장들을 모시고 조세정책에 개선 방안에 관한 고견을 청취하고자 다음과 같이 워크숍을 실시하고자 하오니, 관련 학과장이 꼭 참석할 수 있도록 협조를 부탁드립니다.

가. 일시 : 2016년 9월 20일(화) 10:00 ~ 18:00

나. 장소 : 신라호텔 2층 봉숭아학당 ☎ (02) 6234-5678

다. 기타 : 행사 시작 20분까지 도착하시어 사전 접수하시기 바라며, 참석 여부는 사전에 통보 바랍니다. 연구기획팀 장미란 대리 ☎ (02)521-9455

붙임 : 워크숍 브로슈어 1부

수신
(경유)
제목

1.

수신자

담당자
협조자
시행 - (. . .) 접수
우
전화 전송 / /

【기안문서 작성연습 3】 다음 자료를 보고 기안문을 작성해 보자. 내용은 문서의 목적을 최대한 달성하기 위해여 문구를 적절하게 수정하거나 보완하여도 무방함.

발 신 기 관	한국대학교		
경 유	각 교육청(과학기술과장)		
수 신 기 관	서울상업고등학교, 부산상업고등학교, 인천상업고등학교, 대구상업고등학교, 울산상업고등학교, 대전상업고등학교, 광주상업고등학교, 세종상업고등학교, 제주상업고등학교		
문서등록번호	2016-135	시 행 일 자	2016. 9. 28.
전 화 번 호	(053)320-1421	전 송 번 호	(053)320-1430
주 소	우 41453 대구시 북구 영송로 15(태전동)		
발 신 기 관 장	총장	발신기관 처리과	세무회계과
수 신 기 관 장	학교장	수신기관 처리과	연구과
발신기관 담당자	본인 이름/이메일	공 개 여 부	공개
발신기관 홈페이지	http://www.dhc.ac.kr		
결 재 라 인	담당자 > 학과장 > 교무처장 > 부총장 > 총장		
협 조 자	입학처장		

제목: 전산회계 경진대회 개최

본문: 1. 인사말(각자 기안)

2. 우리 대학 세무회계과는 취업률 100%를 달성하고자 산업체 맞춤형 세무회계 인력을 양성하고자 실무중심의 현장형 교육을 실시하고 있습니다.

3. 우리 대학 세무회계과에서는 상업계고등학교 학생들의 회계와 세무에 대한 관심과 학습의욕을 고취시키고자 전산회계경진대회를 다음과 같이 개최하오니, 귀교의 학생들이 많이 참석할 수 있도록 적극적인 홍보와 협조를 부탁드립니다.

가. 일시 : 2016년 9월 20일(화) 10:00 ~ 18:00

나. 장소 : 한국대학교 세무회계과(인당관 7605호)

다. 시상 : 1등 장학금 100만원, 2등 80만원, 3등 50만원, 장려상(5명) 각 30만원, 참가자 전원에게 소정의 기념품 지급

라. 기타 : 참가신청은 서면으로 통보 바리며, 궁금한 사항은 전화로 연락바랍니다. ☎ (053)320-1421(진주만조교) 010-3527-7158(송석명교수)

붙임 : 전산회계 경진대회 요강 1부, 참가신청서 1부

수신
(경유)
제목

1.
2.

수신자

담당자
협조자
시행 - (. . .) 접수
우
전화 전송 / /

쉼터(2) 외래어(外來語) 표기법

- ㅇ 파열음(破裂音) 표기에는 된소리(ㄲ, ㄸ, ㅆ, ㅉ)을 쓰지 않는 것을 원칙으로 한다.
  예) 돈까스→돈가스, 까페→카페, 삿뽀로→삿포로
- ㅇ 받침에는 'ㄱ, ㄴ, ㄹ, ㅁ, ㅂ, ㅅ, ㅇ' 을 쓴다. 예) 커피숖→커피숍, 케잌→케익
- ㅇ 현지음(現地音)을 원칙으로 한다. 예) 이태리→이탈리아, 불란서→프랑스, 칸느→칸, 비엔나→빈
- ㅇ 중모음(重母音) '오우(ou)' 는 '오' 로 적는다. 예) 윈도우→윈도, 보우트→보트
- ㅇ 영어 어말의 쉬(ʃ)는 '시' 로 적고, 자음 앞의 쉬(ʃ)는 '슈' 로 적는다.
  예) 잉글리쉬→잉글리시, 플레쉬→플레시, 아인쉬타인→아인슈타인
- ㅇ 약어(略語)는 우리말 풀이 다음 괄호 안에 넣는다. 예) 세계무역기구(WTO), 국제연합(UN)

Q. 다음은 틀리기 쉬운 외래어(外來語) 표기이다. 둘 중에 맞는 것을 고르시오.

센타	센터	쥬스	주스	발란스	밸런스	메세지	메시지
포탈	포털	타겟	타깃	레포트	리포트	아울렛	아웃렛
째즈	재즈	앵콜	앙코르	팜플렛	팜플릿	팡파레	팡파르
샤시	새시	돈까스	돈가스	리플렛	리플릿	싱가폴	싱가포르
타올	타월	스위취	스위치	플레쉬	플레시	악세사리	악세서리

Q. 다음 문장을 올바르게 띄어서 고치시오.

(1) 증인은그당시에그곳에서본그대로말해야합니다.

→ ______________________________

(2) 나는맞아죽을지언정차라리양심을지키겠소!

→ ______________________________

(3) 그저께20만원을주고산옷을10만원에세일하다니…!

→ ______________________________

제 3 장
사내문서 작성

1. 사내문서의 개요

1) 사내문서의 의의

사내문서(社內文書)는 회사 내에서 부서간의 연락 및 통지 등의 목적으로 사용되는 모든 문서를 말한다. 사내문서는 대외적인 업무처리에 필요한 공문서(公文書)와 달리 회사 내부의 업무처리에 필요한 사항을 전달하기 위한 것이 주목적이므로 신속하고 효율적인 업무처리를 위해 의례적인 인사말은 생략하고, 본문 위주로 간결한 형식과 내용으로 구성된다.

2) 사내문서의 유형

사내문서는 크게 지시문서, 보고문서, 연락문서 및 기록문서로 구분한다.

- 지시문서 : 명령서, 지시서, 통지서, 기획서
- 보고문서 : 업무보고서, 출장보고서, 영업보고서, 조사보고서, 행사보고서
- 연락문서 : 업무연락서, 통지서, 조회문서, 확답문서
- 기록문서 : 인사기록카드, 회의록, 장표(각종 장부와 전표), 지출결의서

3) 사내문서의 구성

사내문서(社內文書)도 공문서와 마찬가지로 두문, 본문, 결문으로 구성된다. 6하(何)원칙[누가(who)/언제(when)/어디서(where)/무엇을(what)/어떻게(how)/왜(why)]에 따라 간결하게 작성하며, 대부분 첫인사나 마지막 인사는 생략한다.

구분	내용
두 문	문서번호, 발신연월일, 수신자(부서/직위/성명), 발신자(부서/직위/성명)
본 문	제목, 내용(취지, 목적, 진행방볍, 진행과정)
결 문	붙임, 담당자명 및 연락처(내선번호, 휴대폰번호, 이메일)

4) 사내문서 작성요령

- 사안(事案)이 생길 때마다 즉시 작성한다. 정보는 타이밍이 생명이다.
- 의사가 충분히 전달되도록 이해하기 쉽고 정확한 문장으로 간결하게 작성한다.
- 인사말은 생략하고, 부서명 등은 약호(略號)나 약칭(略稱)을 사용할 수 있다.
- 관련부서의 책임자, 업무진행경로, 수신자, 결재라인 등을 정확하게 표시한다.
- 문장의 끝나는 말은 간결하고도 일관성(一貫性)있게 사용한다. 예) 했음. 했다.
- 문장의 길이는 가능하면 두 줄을 넘지 않도록 한다.

2. 보고서의 개요

1) 보고서의 의의

보고서(報告書 report)란 기관(조직)에서 특정 사건의 현황이나 연구 또는 조사 결과를 체계적이고 객관적으로 요약하고 정리하여 보고하거나 건의할 때 작성하는 문서를 말한다. 다시 말하면 보고서는 업무에 관련된 특정 사건이나 사안에 기초한 정보를 전달하는 방법으로 상사(上司) 또는 상급(上級) 부서에 업무에 관한 일의 내용이나 결과를 전달하는 시각적인 의사소통수단으로 사용되며, 업무의 효율을 높이는 역할을 한다.

그리고 보고서는 관리자의 정책결정이나 전략수립의 방향 설정을 위해 사전에 상황을 파악하기 위한 중요한 자료로 활용되며, 사업추진 상황을 분석적으로 확인함으로써 합리적인 조정 및 통제가 가능한 관리도구로 활용된다.

☞ 주식회사의 **임원(任員)**이란?

- 상법상 임원이란 주식회사에서 업무를 집행·감시·감독하는 이사회를 구성하는 이사(理事)와 감사(監事)를 지칭하며, 이사와 감사는 주총에서 선임한다.
- 이사와 감사는 회사와 위임관계에 있으며, 상법상 임원은 등기(登記)하여야 한다.
- 회사와 이사의 관계는 「민법」의 위임에 관한 규정을 준용(準用)한다.
- 법인세법상 임원의 범위는 ① 법인의 회장·사장·부사장·이사장·대표이사·전무이사·상무이사 등 이사회의 구성원 전원과 청산인, ② 합명회사·합자회사 및 유한회사의 업무집행사원 또는 이사, ③ 감사, ④ 기타 이에 따르는 직무에 종사하는 자로 규정하고 있다.(법인법령 20조)

2) 보고서의 유형

- 보고업무의 내용 및 시기에 따라 : 일상적보고서, 의견제시보고서, 돌발적보고서
- 보고서를 작성하는 목적에 따라 : 정보제공보고서, 정보분석보고서, 설득·제안보고서

일상적인 보고서	업무일지(업무보고서), 일일/주간/월간/연간보고서, 출장보고서, 회의보고서, 연수보고서
의견제시 보고서	조사보고서, 제안서, 기획서, 분석보고서, 상황보고서
돌발적인 보고서	사고보고서, 사건처리보고서, 시말서, 클레임보고서

① **정보제공보고서** : 정보 제공을 목적으로 하는 작성하는 보고서는 수신자에게 사실적 근거가 명확한 자료를 제공하여야 하며, 자료의 출처를 반드시 밝혀야 한다. 수신자의 이해를 돕기 위하여 시각적 자료(그림, 도표, 차트 등)를 활용할 수 있다.

② **정보분석보고서** : 정보 분석을 목적으로 작성하는 보고서는 문제의 배경을 제시하고, 관련된 정보와 대안(代案 alternatives)을 제시함과 동시에 반드시 최종적인 문제 해결책이나 해결 방법을 제시하여야 한다.

③ **설득/제안보고서** : 수신자를 설득할 목적으로 작성하거나 새로운 사업 제안을 목적으로 작성하는 보고서는 새로운 사업계획, 프로젝트, 투자 등에 긍정적 호의적인 의사결정을 할 수 있도록 기대되는 수익이나 효과를 구체적으로 제시한다.

3) 보고서 작성요령

어떤 유형의 보고서이든지, 어떤 목적의 보고서이든지 보고서에는 보고서의 수신자(기관장)가 조직의 관리(경영)에 필요한 자료(data)와 정보(information)를 담고 있어야 하며, 수신자의 요구를 충족시킬 수 있는 내용을 담고 있어야 한다. 그러므로 보고서는 일반적으로 다음과 같은 과정을 거쳐 작성된다.

[1] **검토배경** : 현재의 문제 및 시장 환경 등을 요약정리하고, 보고서를 작성하는 목적 및 추진 경위 등을 기술한다.[인식]
[2] **상황분석** : 현재의 상황을 야기한 원인 및 제반 문제점을 분석한다.[도입]
[3] **해결방안** : 객관적, 과학적, 논리적, 합리적 근거에 의한 개선방안이나 해결방

안을 제시한다.[전개]

[4] 기대효과 : 객관적 자료에 근거한 예상되는 기대효과 또는 조치상황 및 작성자의 의견을 서술한다.[결론]

보고서에는 수신자(기관장)의 요구를 충족시킬 수 있는 자료나 정보를 담고 있어야 하므로 다음과 같은 요령으로 보고서를 작성한다.

① 목적에 적합하도록 수신자의 요청이나 기대에 부응하도록 작성한다.

② 객관적인 사실과 주관적인 의견을 명확하게 구분하여 작성한다.

○ 현황 및 분석 내용을 기재하고 마지막 부분에 자신의 의견을 적는다. ○ 결론을 먼저 제시하고 이에 대한 근거를 표현하는 방식을 사용한다. ○ '… 때문에 … 해야 한다.' 라는 표현보다는 '… 해야 한다. 그 이유는 … 때문이다.' 라는 표현 방식이 좋다. ○ 사실적 자료를 기초로 현황 및 분석 내용을 기록할 때는 객관적인 입장에서 작성해야 한다. ○ '…로 생각된다.' 또는 '… 인 것으로 보여진다.' 등의 개인적 의견은 피하는 것이 좋다.

③ 요점을 명확하게 전달하도록 이해하기 쉽고 간결하게 작성한다.

○ 이해하기 쉬운 문구를 사용하여 내용을 충분히 전달하도록 작성한다. ○ 시각적인 효과와 설득력을 높이기 위해 도표를 사용한다.

④ 사안별로 항목을 구분하여 작성한다.

○ 각 사안별로 문장을 나누어 대항목, 중항목, 소항목으로 구분하여 작성한다. ○ 내용을 항목화하면 시각적 효과를 극대화하여 쉽게 이해시킬 수 있다.

4) 보고서 작성 절차

보고서(報告書)를 작성하는 절차는 다음과 같다.

작성 준비 ⇨ 자료 수집 ⇨ 자료의 서류화 ⇨ 자료 정리 ⇨ 자료의 시각화 ⇨ 보고서 제출

(1) 작성 준비

보고서 작성 준비단계는 프로젝트(project)의 정의와 보고서 작성 목적을 살핀 후 목적에 적합한 보고서를 작성하기 위한 제반 준비과정을 말한다. 먼저 보고서의 목적을 정한 후에 보고서의 분량, 보고 대상, 보고 기한 등을 명확히 한다.

- 프로젝트의 정의는 보고서의 범위, 목적 달성을 위한 방법에 따라 달라진다.
- 보고서의 목적은 보고서의 목표, 중요성, 한계점에 따라 달라진다.

(2) 자료 수집

보고서의 목표와 핵심 내용이 정해지면 관련 자료를 적극적으로 수집한다. 자료를 수집하는 원천(源泉 source)에 따라 「일차적 자료원」과 「이차적 자료원」으로 구분할 수 있다.

일차적 자료원	회사의 기록(영업실적, 재무제표, 판매보고서), 인터뷰(소비자나 직원의 면담을 통한 정보 수집), 현장조사(설문조사를 통한 현장 정보 수집)
이차적 자료원	기존에 출간된 자료(논문, 서적, 간행물)를 이용하는 방법으로 주로 도서관을 이용한다.

(3) 자료의 서류화

공식보고서에 대한 신뢰성을 확보하기 위해서는 수집한 자료를 각주(脚注)나 참고문헌(參考文獻)으로 처리하는 서류화 작업을 거친다.

(4) 자료 정리

보고서를 읽기 쉽고 이해하기 쉽도록 자료를 체계적으로 잘 요약하고 정리하여야 한다. 자료를 정리하는 방법에는 연역법과 귀납법이 있다.

연 역 법	결론을 먼저 기술하고 세부사항을 접근하는 방식으로 정보전달을 목적으로 하는 보고서를 작성할 때 주로 이용된다.
귀 납 법	사실과 토론을 먼저 기술하고 권고사항을 나중에 제시하는 방법으로 수신자가 해당 사안에 대해 잘 모르는 경우 또는 수신자를 설득시키려고 하는 경우에 주로 이용한다.

(5) 자료의 시각화

정보를 명료하게 표현하는 데는 그림, 표, 차트 등으로 표시하는 것이 가장 효과적이다. 보고서의 목적에 따라 가장 적합한 표현 방법을 선택하여야 시각적(視覺的) 효과를 극대화할 수 있다. 따라서 보고서에 무엇을 나타내고자 하는가를 스스로에게 질문해 보고 목적에 맞는 시각화(視覺化) 작업을 진행하여야 한다.

① **시각화 자료의 배치** : 시각화(視覺化) 자료는 그 내용을 쉽게 이해할 수 있도록 반드시 표나 차트의 번호 및 제목을 만들어야 한다. 표나 차트는 본문의 해당 설명과 가장 가까운 곳(주로 내용 아래)에 배치시킨다. 본문에는 표나 차트의 번호 및 제목을 표시한 후 이를 활용하여 내용을 설명하도록 한다.

- 표나 차트의 데이터를 외부자료에서 인용(引用)할 경우, 표나 차트 아래에 주석(注釋)을 달거나 해당 페이지(쪽) 하단에 각주(脚注)를 달아 그 출처(出處)를 표시한다.
- 차트를 포함한 그림이나 표는 한 쪽에 3-4개를 넘지 않도록 한다.

② **자료의 도해** : 도해(圖解)를 효과적으로 사용하면 좋은 보고서를 만들 수 있다. 주로 도해로 사용되는 것은 구조, 순서 및 절차, 수량 및 크기의 비교, 일람표,

비유 등이다.

③ **그래프(graph) 작성** : 차트의 작성은 숫자만으로 간과하기 쉬운 문제점을 시각적으로 명확하게 표현하여 내용의 요지나 해결방안을 파악하기 쉽도록 한다. 수량(數量)이나 크기를 비교하는 데는 주로 그래프가 이용된다. 그래프는 문장(텍스트)에 비해 이해하기 쉽다는 이유만으로 보고서에 자주 등장한다. 차트에서 데이터의 수치는 정확하게 기입해야 하나 소수점 이하가 미치는 영향이 크지 않을 경우에는 반올림 또는 버림으로 처리한다.

㉮ **막대그래프** : 비교가 쉽도록 통계량을 막대(bar) 모양의 길이로 나타낸 그래프이다. 비교 항목은 3-5개가 적당하며, 항목별 막대 간의 간격은 막대 너비만큼 띄워서 쉽게 내용을 파악할 수 있게 한다.

- 가로축(x축)의 비교항목이 많은 경우 막대 간의 간격을 막대 너비의 1/2로 할 수 있다.
- 비교 항목의 이름이 긴 경우는 세로막대그래프(▯) 대신에 가로막대그래프(▭)를 사용하는 것이 효과적이다.

㉯ **선그래프** : 수량(數量)의 변동 상태를 점으로 찍고, 그 점들을 선으로 이은 선그래프는 시계열분석에서 시간의 흐름에 따라 하나 또는 그 이상의 항목들의 변화를 한 눈에 보여 준다. 월별 매출액의 변동, 시간당 고개수의 변동 등 비교분석 대상 수량의 시간별 변동 추이를 알아보기 위해 작성한다.

- 두 종류 이상의 데이터를 표시할 때는 실선, 점선, 굵은 선, 가는 선 등으로 구분하여 선의 색을 다르게 표시하여 비교 수량을 구분한다.
- 수량을 나타내는 눈금의 자릿수(y축)는 4개를 넘지 않도록 하며, 이를 초과할 경우 단위를 표시하여 줄여 쓴다.

㉰ **원그래프(밴 다이어그램)** : 전체 통계량에 대한 비교통계량(부분)의 비율(%)을 하나의 원 안에 원의 중심을 기준으로 부채꼴로 구분하여 부분과 부분의 비율을 쉽게 이해할 수 있도록 표시한 것이다.

- 구성을 차지하는 각 항목의 합이 반드시 100이 되도록 하며, 항목의 순서는 시계 방향으로 돌아가며 비율이 높은 순서대로 나열한다.
- 여러 개의 항목은 각 파이(크기)로 표시하고, 다양한 색깔로 항목을 구분한다.

㉣ **기타 그라프** : 띠그래프, 방사형그래프, 누적막대그래프, 혼합그래프 등

(6) 최종보고서 제출

서문, 본문, 결문(부록 포함)의 세 부분으로 구성된 최종보고서를 작성한다.

구분	내용
서 문	타이틀(title) 페이지, 회상서한, 목차(contents), 초록(abstract)
본 문	배경, 발견사항에 대한 논의, 요약, 결론, 권고사항(개선책, 해결방안)
결 문	미주, 참고문헌, 부록

쉼터(3) 맞춤법 - 띄어쓰기(1)

- ○ 성과 이름, 성과 호는 붙여 쓴다. 예) 송석명, 이퇴계, 충무공 이순신, 망우당 곽재우, 신사임당
- ○ 성과 이름, 성과 호를 구분할 필요가 있는 경우는 띄운다. 예) 제갈 공명, 남궁 억
- ○ 성명 뒤에 붙는 호칭어, 관직명 등은 띄어 쓴다. 예) 김유신 장군, 홍길동 대표이사
- ○ 첩어 또는 준첩어는 붙여 쓴다. 예) 차례차례, 하루하루, 듬성듬성, 가만가만히
- ○ 둘 이상의 낱말이 결합하여 한 낱말처럼 된 것 예) 어느새, 난데없이, 쥐죽은듯하다, 이집저집 붉으락푸르락, 터무니없다, 보잘것없다, 온데간데없다, 결론나다, 결론짓다, 소문나다, 한숨짓다

3. 일상적 보고서 작성

1) 업무보고서(업무일지)

업무보고서(業務報告書)는 담당자가 본인의 업무를 계획적으로 수행하기 위해 당일 업무처리 현황(미종료업무 포함)을 기재하는 문서이다. 담당자는 업무보고서(업무일지) 작성을 통해 직무에 대한 시간관리 및 업무에 대한 목표관리가 가능하다.

- 업무의 진행상항에 대한 근거를 남기므로 향후 업무의 하자를 방지할 수 있다.
- 작성자의 성과 측정, 업무활동 보고, 목표관리 등의 자료로 활용할 수 있다.
- 부서원 상호간의 업무활동에 대한 이해를 위한 자료로 활용할 수 있다.
- 후임자를 위한 업무의 이해 및 인수인계 보조자료로 활용할 수 있다.

① **일일 업무보고서** : 하루 동안 누가 무슨 일을 어떻게 얼마나 했는지를 상사에게 보고하는 기록이다. 따라서 일일업무 보고서에는 작성자 정보, 금일(今日)과 익일(翌日)의 주요 업무내용, 전일의 미종료 업무, 당일 업무현황(업무의 진척상황), 활동내용, 당일 미종료(未終了) 업무 등을 기록된다. 경우에 따라서는 문제점이나 건의사항을 보고할 수도 있다.

② **주간 업무보고서** : 1주일 단위로 한 주 동안 누가 무슨 일을 얼마나 했는지를 상사에게 보고하는 기록이다. 주간업무보고서는 1주일 단위로 진행한 업무의 내용, 즉 지난 주(週)에 수행한 업무(종료사항, 진행사항)와 금주(今週)에 진행된 업무의 비교를 가능하게 하고, 담당자의 업무 실적 및 업무의 효율성을 점검(체크)하는 데 도움을 줄 수 있다.

- 1주간 수행한 업무내용, 진척사항(진척도), 문제점, 개선할 내용 등을 정리하여 보고함으로 업무 흐름을 개선할 기회를 갖는다.
- 업무수행계획과 실적의 대비를 통해 업무개선을 위한 자료로 활용할 수 있다.

③ **월간 업무보고서** : 1개월간 수행한 업무의 진척도 및 진척사항, 도출한 성과, 미완료(未完了) 업무, 업무 수행에 따른 문제점 및 개선사항 등을 상사에게 보

고하는 기록이다.

- 월초(月初)에 세운 계획이나 목표(생산량, 작업량, 업무)를 기록하고, 이에 대한 시행활동의 내용(결과)을 기록한다.
- 목표량(계획)과 활동내용(결과)를 비교 분석하며, 성과(생산량), 개인소견, 전망, 다음 달의 계획 등을 기록한다.

쉼터(4) 맞춤법 - 띄어쓰기(2)

○ 의존명사(간, 내, 데, 등, 바, 수, 시, 외, 적, 전, 중, 지, 채)는 띄어 쓴다.
예) 기한 내, 진행 중, 알 바 아니다. 떠난 지 오래다. 먹는 데 사용한다. 나도 할 수 있다.
○ 단위를 나타내는 명사는 띄어 쓴다. 예) 나무 한 그루, 인부 열 명, 버스 세 대, 콩 서 말
○ 의존명사가 붙어서 차례를 나타내는 경우나 아라비아 숫자 뒤의 의존명사는 붙인다.
예) 제일과, 삼층, 일학년, 3년 6개월, 제1연구실, 12번지
○ 연월일 및 시각은 붙여 쓸 수 있다. 그러나 '개년(월), 일(간), 시간' 앞은 띄운다.
예) 유월 이십오일 네시 삼십분에, 이십오시, 삼 개년 개근, 이십이 개월 복무, 사십 일간 금식
○ 숫자의 만, 억, 조, 경, 해, 자 단위로 띄워 쓴다. 예) 구십구억 칠천육십이만 오천원정
○ 숫자(수)에 접미사 '여, 가량, 쯤' 이 붙을 때는 붙여 쓴다. 예) 10여 미터, 다섯 시쯤
○ 기간을 나타내는 말 뒤에 붙는 '간(동안의 뜻)' 은 접미사이므로 앞말과 붙여 쓴다.
예) 이틀간 결석, 한 달간 작정하고, 십여 연간 사귄 친구

Q. 다음 중 띄어쓰기가 가장 적절한 것은?

① 송석명선배님 ② 송 석명 선배 님
③ 송 석명 선배님 ④ 송석명 선배님

Q. 다음 중 맞춤법과 어법이 가장 옳은 것은?

① 싸움은 말리고 흥정은 부친다. ② 마케팅 비용을 주린다.
③ 절대로 회의를 늦추는 일은 않하겠다. ④ 택시와 버스가 마주 부딪쳤다.

[표 3-1] 주간업무보고서

<table>
<tr><td colspan="2" rowspan="2">주간업무보고서</td><td>과 장</td><td>부 장</td><td>상 무</td><td>부사장</td><td>사 장</td></tr>
<tr><td></td><td></td><td></td><td>전결</td><td></td></tr>
<tr><td>기 간</td><td colspan="2">201 . . . ~ . .</td><td>작성일</td><td colspan="3">년 월 일( )</td></tr>
<tr><td>소 속</td><td></td><td>직 위</td><td></td><td>작성자</td><td colspan="2"></td></tr>
<tr><td>구 분</td><td colspan="4">주 요 활 동 내 용</td><td colspan="2">비 고</td></tr>
<tr><td>금 주 주 요 업 무</td><td colspan="4"></td><td colspan="2"></td></tr>
<tr><td>다 음 주 주 요 업 무</td><td colspan="6"></td></tr>
<tr><td>특 기 사 항</td><td colspan="6"></td></tr>
</table>

[표 3-2] 교육훈련보고서

<table>
<tr><td colspan="2">■ 사내</td><td colspan="2" rowspan="2">교육훈련 보고서</td><td>작 성</td><td>검 토</td><td>승 인</td></tr>
<tr><td colspan="2">□ 사외</td><td></td><td></td><td></td></tr>
<tr><td colspan="2" rowspan="2">교육훈련명</td><td rowspan="2">상생협력 및 동반성장을
위한 임직원 윤리교육</td><td rowspan="2">강 사</td><td>사 내</td><td colspan="2">-</td></tr>
<tr><td>사 외</td><td colspan="2">김 도 울</td></tr>
<tr><td colspan="2">작 성 자</td><td>강 반 석</td><td>교육장소</td><td colspan="3">구 내 식 당</td></tr>
<tr><td colspan="2">참 석 인 원</td><td>15명</td><td>교육기관</td><td colspan="3">국제경영전략연구소</td></tr>
<tr><td colspan="2">교 육 일 시</td><td colspan="5">201×. 05. 06. 17:00 ~ 201×. 05. 06.18:00(1시간)</td></tr>
<tr><td colspan="7">주 요 교 육 내 용</td></tr>
<tr><td colspan="7">1. 뇌물 수수로 인한 경쟁력 저하
2. 향응 수수로 인한 폐해
3. 금전 거래 피해 사례
4. 업체 폐해로 인한 경영 손실
5. 업체 특혜로 인한 손실
6. 지분투자에서 야기된 분쟁
7. 성추행 실태 및 잘못된 회식문화</td></tr>
<tr><td colspan="2">전달교육계획</td><td colspan="5">■ 있 음(시행예정일: 201×. 09. 28.) □ 없 음</td></tr>
<tr><td rowspan="7">참
석
자</td><td>성 명</td><td>서 명</td><td>성 명</td><td>서 명</td><td>성 명</td><td>서 명</td></tr>
<tr><td>전태준</td><td></td><td></td><td></td><td></td><td></td></tr>
<tr><td>윤재훈</td><td></td><td></td><td></td><td></td><td></td></tr>
<tr><td></td><td></td><td></td><td></td><td></td><td></td></tr>
<tr><td></td><td></td><td></td><td></td><td></td><td></td></tr>
<tr><td></td><td></td><td></td><td></td><td></td><td></td></tr>
<tr><td colspan="6">[특기사항]</td></tr>
</table>

2) 출장보고서

출장보고서(出張報告書)는 출장업무를 마친 후에 출장을 명한 상사에게 보고하기 위하여 작성한다. 의미 있는 보고서가 되기 위해서는 일정(日程)과 비용(費用)을 열거하는 것보다는 출장을 통하여 무엇을 달성하였는지, 출장 중에 발견한 문제점 및 그 해결방안에 초점을 맞추어 작성하도록 한다.

☞ 출장보고서의 내용

- ○ 출장 목적, 일정, 장소
- ○ 동행인의 수, 인적사항
- ○ 수행 내용 : 주요 논의사항, 방문기관 개요, 주요활동내용, 주요상담내용, 최신정보, 최근동향
- ○ 출장 성과 : 기대효과, 발전방안, 제도개선사항, 사내활용방안
- ○ 기타 : 건의사항, 문제점 등

3) 연수보고서

연수보고서(硏修報告書)는 신입사원 연수회, 신기술 세미나, 직무능력 개발을 위한 워크숍 등과 같은 각종 연수(硏修)나 교육훈련(敎育訓練)을 받은 후 그 수강 내용이나 습득 기술의 구체적인 내용 및 습득한 지식과 기술을 사내에서 어떻게 활용할 것인가[활용방안] 등에 대한 것을 구체적으로 기록한 문서이다.

☞ 연수보고서의 내용

- ○ 연수 목적, 일정, 장소
- ○ 동행인의 수, 인적사항
- ○ 주최 및 강사
- ○ 연수 내용 : 연수내용 요약, 습득기술, 최신정보, 최근동향
- ○ 연수 성과 : 기대효과, 발전방안, 제도개선사항, 사내활용방안
- ○ 기타 : 건의사항, 문제점 등

[표 3-3] 출장보고서

<table>
<tr><td colspan="4" rowspan="2">출장보고서</td><td>과 장</td><td>부 장</td><td>상 무</td><td>부사장</td></tr>
<tr><td></td><td></td><td></td><td></td></tr>
<tr><td>문서번호</td><td colspan="4"></td><td>작성일자</td><td colspan="2"></td></tr>
<tr><td>부 서</td><td></td><td>직 위</td><td></td><td>출 장 자</td><td colspan="3"></td></tr>
<tr><td>출장기간</td><td colspan="4"></td><td>출 장 지</td><td colspan="2"></td></tr>
<tr><td>출장목적</td><td colspan="7"></td></tr>
<tr><td colspan="8"></td></tr>
</table>

[표 3-4] 회의결과보고서

<table>
<tr><td>회의일자</td><td colspan="3">201×년 월 일( )</td><td>장 소</td><td colspan="2"></td></tr>
<tr><td>회의구분</td><td colspan="3"></td><td>주관부서</td><td colspan="2"></td></tr>
<tr><td>작 성 자</td><td colspan="3"></td><td>작성일자</td><td colspan="2"></td></tr>
<tr><td rowspan="10">참 석 자</td><td>부 서</td><td>성 명</td><td>서 명</td><td>부 서</td><td>성 명</td><td>서 명</td></tr>
<tr><td></td><td></td><td></td><td></td><td></td><td></td></tr>
<tr><td></td><td></td><td></td><td></td><td></td><td></td></tr>
<tr><td></td><td></td><td></td><td></td><td></td><td></td></tr>
<tr><td></td><td></td><td></td><td></td><td></td><td></td></tr>
<tr><td></td><td></td><td></td><td></td><td></td><td></td></tr>
<tr><td></td><td></td><td></td><td></td><td></td><td></td></tr>
<tr><td></td><td></td><td></td><td></td><td></td><td></td></tr>
<tr><td></td><td></td><td></td><td></td><td></td><td></td></tr>
<tr><td></td><td></td><td></td><td></td><td></td><td></td></tr>
<tr><td colspan="7">※ 회의내용 : 구체적으로 적으시오.</td></tr>
<tr><td>확 인 자
(서 명)</td><td></td><td></td><td></td><td></td><td colspan="2"></td></tr>
</table>

4. 의견제시 보고서 작성

1) 조사보고서

조사보고서(調査報告書)는 본 조사가 어떤 조사인지를 정확하게 전달해야 하므로 간단명료하고 이해하기 쉽도록 작성해야 한다. 업계의 시장상황이나 트랜드(trend)의 변화 등을 분석할 때는 수집한 자료에 입각하여 객관적·사실적 현황을 서술하고, 결론이나 제안 부분에서 본인의 의견을 밝히도록 한다.

조사보고서는 요약보고서와 종합보고서로 구분할 수 있다. 요약보고서(要約報告書)는 조사의 중요 부분만을 발췌(拔萃)하여 총평(總評)으로 보고하고, 종합보고서(綜合報告書)는 표지(表紙), 목차(目次), 조사 내용(목표/개요/결과/대처방안/해결방안)을 세부적으로 보고한다.

- 제목 페이지에는 문서의 제목(○○○보고서), 작성자 부서명/이름/직위, 문서종류, 작성일자 등을 표시하여야 한다.
- 필요한 경우 문서의 열람(閱覽) 범위를 제한하기 위해 '문서의 제한' 이라 문구를 표기한다.
- 숫자와 문자만으로 작성하지 말고 도표나 그래프 등 시각적 자료를 활용하여 작성하는 것이 이해하는 데 효과적이다.

[표 3-5] 조사보고서 예시(1)

보고자 : 영업관리과 대리 임꺽정 보고일 : 2016. 10. 04.(화)

3/4분기 영업소별 매출 보고서

1. 현황보고

* 시각적 효과를 극대화하도록 도표나 그래프를 사용하여 설명할 것
* 도표나 그래프에 반드시 제목을 붙일 것
* 계량화된 수치(판매량, 매출액, 인원수 등)를 정확하게 나타낼 것

2. 전분기 대비 영업소별 매출실적 변동 원인 분석
가.
나.
다.

* 객관적인 자료를 가지고 구체적으로 설명할 것

3. 의견(소견)
가.
나.
다.

[표 3-6] 조사보고서 예시(2)

<표지>

신제품 K-500의 광고효과 조사보고서 2016. 07. 05. 영업전략팀 과장 홍길동 p. 1

<목차>

목 차 1. 조사 목적 2. 조사 개요 가. 조사 대상 나. 조사 방법 다. 조사 기간 라. 조사 항목 3. 조사 결과 4. 향후 마케팅 전략 p. 2

<조사내용>

1. 조사 목적 2. 조사 개요 가. 조사 대상 가. 조사 대상 나. 조사 방법 다. 조사 기간 라. 조사 항목 3. 조사 결과 가 나. 4. 향후 마케팅 전략 p. 3, 4, 5, …

2) 제안서

제안서(提案書)는 특정 문제(업무/작업/기술/서비스/전략)의 해결을 목적으로 제안자의 아이디어나 노하우를 채집(採集)하기 위해서 작성하는 보고서이다. 제안서에는 왜 새로운 방법이나 방안을 제시하는지를 설득할 수 있는 내용을 담아야 한다. 이를 위해서는 업무(task)나 프로젝트(project)에 대한 진행 방향 및 형태를 언급하고, 해결방안을 논리적으로 제시해야 한다. 제안서는 그 내용에 따라 업무개선형과 사업계획서형이 있다.

① 업무개선형 제안서

업무개선형 제안서는 업무의 진행방식/처리방법/처리내용 등과 관련하여 개선책(개선방안)을 제안하는 문서이므로, 여기에는 구체적인 개선책의 제안을 주 내용으로 담아야 한다.

- 기본구성 : 제안일자, 제안자 부서/직위/성명
- 제안목적 : 간결·명료하게 기술
- 제안내용 : 제안 이유, 현재의 문제점, 개선책이나 해결방안을 적시(摘示)
- 기대효과 : 제안 내용을 채택하여 수행하면 어떤 효과가 있을지를 기술

② 사업계획서형 제안서

사업계획서형 제안서란 특정 기업(기관)에서 프로젝트를 수주(受注)하거나 투자자들로부터 투자(投資)를 유치(誘致)하고자 할 때 수주업체의 개발 경험이나 능력, 기술적 특징, 프로젝트 진행 방향 등을 발주업체에 어필하기 위해 작성하는 문서이다. 따라서 여기에는 제안자(제안업체)의 정보는 물론 사업개요/법률개요/시장분석(사업환경분석)/사업내용(차이점·비교우위)/사업전략(마케팅계획·운영계획·사업추진일정)/조직/필요예산/단계별(연차별)사업계획/수익분석/비용편익분석/손익분기점/기대효과/문제점/예상위험 등을 담아야 한다.

☞ 사업계획서형 제안서 작성 5단계

[1단계] 제안서 기본방향 설정(제안요청서에 제시된 방침 참조)
[2단계] 제안서 작성 계획 및 일정 수립
[3단계] 제안서 작성에 필요한 자료와 정보 수집 및 첨부서류 준비
[4단계] 제안서 형식 결정 및 제안서 작성
[5단계] 발주기관에 제안서 제출

쉼터(5) 맞춤법 - 띄어쓰기(3)

- 이상, 이후, 이내, 이전, 전, 후, 동안, 때, 안 등은 앞말과 띄운다. 예) B학점 이상
- 몇 : 수를 나타내는 말 앞에는 붙이고, 보조명사 앞에서 띄운다.
  예) 몇십 년간 하루도 거르지 않고, 몇 사람만 제외, 몇 과목은 학점이 날아갔다.
- 두 말을 이어주거나 열거할 때 쓰이는 말은 띄어 쓴다. 예) 열 내지 스무 명
- 보조용언은 띄어 씀을 원칙으로 하고, 붙여 쓰는 것을 허용한다.
  예) 꽃이 시들어 간다(시들어간다). 아기가 울어 댄다(울어댄다). 모습을 그려 본다(그려본다).
- 의존명사 '양, 척, 체, 만, 뻔, 법, 듯' 등에 '하다, 싶다' 가 결합하여 된 보조용언은 앞말에 붙여 쓸 수 있다. 예) 비가 올 듯하다(올듯하다). 일을 할 만하다(할만하다).
- 다만, 의존명사 뒤에 조사가 붙는 경우는 보조용언을 붙여 쓰지 않는다.
  예) 아는 체를 한다. 그이가 올 듯도 하다.
- 보조용언의 앞말이 합성동사인 경우는 보조용언을 앞말에 붙여 쓰지 않는다.
  예) 들여다보지 마라. 날아갈 듯하다. 집어삼켜 버렸다.
- 본동사와 조동사가 어울려 한 동작이나 한 개념을 나타낼 경우 복합어로 붙여 쓴다.
  예) 숨긴 것을 찾아내다. 해가 솟아오르다. 지난날을 돌이켜보다.
- 명사에 접미사 '하다' 가 붙은 말이라도 그 앞에 명사를 꾸미는 관형어가 올 경우에는 '하다' 를 띄어 쓴다. 예) 남의 말 하기는 쉽다. 무슨 생각 하고 있니?

Q. 다음 문장의 틀린 부분을 찾아 맞춤법에 맞게 고치시오.

(1) 우리회사가 주최한 신제품전시회에 겨우 몇사람만 참석하였다.
(2) 내친구 순이는 6년동안 월급을 꼬박 꼬박 저축해서 1억원을 모았다.

[표 3-7] 제안서

<table>
<tr><td colspan="7">제 안 서</td></tr>
<tr><td rowspan="2">제 안 자</td><td>성 명</td><td></td><td>직 급</td><td></td><td>작성일</td><td></td></tr>
<tr><td>소 속</td><td></td><td>사 번</td><td></td><td>연락처</td><td></td></tr>
<tr><td>제안유형</td><td colspan="6">1. 경영·사무개선 2. 현장관리 3. 교육홍보 4. 계약 5. 기타</td></tr>
<tr><td>제안제목</td><td colspan="6"></td></tr>
<tr><td>제안배경</td><td colspan="6"></td></tr>
<tr><td>제안내용</td><td colspan="6"></td></tr>
<tr><td>개선효과</td><td colspan="6"></td></tr>
<tr><td>첨부서류</td><td colspan="6"></td></tr>
</table>

5. 연락문서 작성

1) 안내문(게시문)

안내문(案內文)은 객관적인 정보를 상대방에게 전달하기 위해 작성하는 문서로서 상대방의 의사결정(意思決定 decision-making)을 도울 수 있게끔 핵심 내용을 간결하면서도 정확하게 표현해야 한다. 안내문은 업무와 직접 관련된 내용보다는 창사기념일 행사, 사내체육대회, 동호회 모임, 결혼식이나 장례식 같은 길흉사 등 회사 내부의 행사 및 복리후생에 관한 사항이 주종을 이룬다.

게시문(揭示文)은 광범위한 다수의 사람을 대상으로 알리고 싶은 사항이나 연락사항을 공유하기 위해 만든 문서를 말한다. 사내의 복도나 식당에 게시하는 경우도 있지만 최근에는 회사 홈페이지나 카톡방을 이용하여 게시하는 경우가 많다. 게시문의 내용은 안내문과 유사한 형식으로 내용을 쉽게 알 수 있고 사람들의 관심을 끌 수 있도록 시각적으로 눈에 띄게 작성한다.

2) 회람문

회람문(回覽文)은 특정의 사람들에게 읽힐 목적으로 각 부서 혹은 한 부서의 전원이 읽도록 하기 위해서 작성하는 문서이다. 단기간에 여러 사람에게 내용을 전달해야 하는 경우에는 여러 장을 복사하여 동시 다발적으로 배포(配布)하여 전달하지만 보안등급이 높은 문건이나 수신자의 의견을 개별적으로 수렴해야 하는 경우에는 회람문에 **회람표(回覽票)**를 첨부하여 회람시킨다.

- 회람표에 성명/직위/직급/부서를 기록하여 서명하도록 한다.
- 회람문서관리자는 회람표에 회람순서를 명기하여 회람과정을 관리한다.
- 회람문서관리자는 회람표에 회람기한을 명시하여 회람절차를 관리한다.
- 회람과정에 회람문서의 분실 가능성에 대비하여 복사본을 준비한다.

[표 3-8] 안내문/게시문

201×. 10. 01.

㈜우리정공 임직원 제위

우리정공가족 친선산행 및 걷기 대회 안내

천고마비의 계절을 맞이하여 우리정공가족의 화합과 친선을 도모하기 위하여 전임직원이 참석하는 '우리정공가족 친선산행 및 걷기 대회'을 다음과 같이 개최합니다.

다채로운 프로그램으로 진행되는 '친선산행대회 및 걷기대회'에 많이 참석하여 즐겁고 보람된 시간이 될 수 있기를 기대합니다.

다 음

1. 대회일시 : 201×. 10. 8.(토) 09:00~16:00
2. 대회장소 : 팔공산 동봉 및 둘레길(집결지 : 수태골 주차장)
3. 대회코스 : 약 2시간 30분 소요
   가. 산행코스 : 수태골 - 동봉 - 수태골
   나. 둘레길 걷기코스 : 수태골 - 파계사 - 노태우대통령 생가 - 수태골
4. 대회일정

시 간	행 사 내 용
09:00 ~ 09:30	개회식(개회사, 대회규정 소개)
09:30 ~ 09:40	안전사고 방지를 위한 준비운동
09:40 ~ 12:10	산행 및 둘레길 걷기
12:10 ~ 13:30	점심(도시락 배부)
13:30 ~ 16:00	우리정공가족 화합 한마당 및 시상식

5. 대회평가 : 부서별 단결력 및 협동심 등 종합평가
6. 대회시상 : 우승 1팀, 준우승 2팀, 장려상 3팀
7. 대회진행 : 대한산악연맹 등산학교, CJ엔터테인먼트
8. 기타
   가. 참가자 전원에게 기념품(10만원 상당) 및 중식 제공
   나. 참가자 전원 상해보험에 가입해야 하므로 부서별 참가자 명단을 10월 5일 17시까지 총무팀으로 제출할 것
   다. 문의사항 : 총무팀 문재일과장(☎ 내선 123)

[표 3-9] 회람표

<table>
<tr><td colspan="8" align="center">회 람 목 록</td></tr>
<tr><td colspan="8" align="center">발 신 사 항</td></tr>
<tr><td>성 명</td><td colspan="2">강 부 자</td><td>부 서</td><td colspan="2">–</td><td>직 급</td><td>대표이사</td></tr>
<tr><td>발 신 일</td><td colspan="2">201×. 9. 18.</td><td>연 락 처</td><td colspan="4">richman@hanmail.net</td></tr>
<tr><td>내 용</td><td colspan="7">신제품(K–500) 출시에 따른 광고모델 선정안 회람</td></tr>
<tr><td colspan="8" align="center">회 람 수 신 부 서</td></tr>
<tr><td>연번</td><td>성 명</td><td>직위/직급</td><td>부 서</td><td>서 명</td><td>접수일</td><td colspan="2">비 고</td></tr>
<tr><td>1</td><td>홍길동</td><td>부사장</td><td>–</td><td></td><td>201×. 09. 20.</td><td colspan="2"></td></tr>
<tr><td>2</td><td>임꺽정</td><td>전무이사</td><td>–</td><td></td><td>201×. 09. 20</td><td colspan="2"></td></tr>
<tr><td>3</td><td>이항복</td><td>상무이사</td><td>–</td><td></td><td>201×. 09. 21</td><td colspan="2">의견붙임</td></tr>
<tr><td>4</td><td>김유신</td><td>이사</td><td>기획관리</td><td></td><td>–</td><td colspan="2">해외출장</td></tr>
<tr><td>5</td><td>이순신</td><td>이사</td><td>자금담당</td><td></td><td>201×. 09. 22</td><td colspan="2">의견분침</td></tr>
<tr><td>6</td><td>감감찬</td><td>부장</td><td>기획관리</td><td></td><td>201×. 09. 25</td><td colspan="2"></td></tr>
<tr><td>7</td><td>지문덕</td><td>부장</td><td>영업관리</td><td></td><td>201×. 09. 25</td><td colspan="2">의견붙임</td></tr>
<tr><td></td><td>총 7명</td><td></td><td></td><td></td><td></td><td colspan="2"></td></tr>
<tr><td></td><td></td><td></td><td></td><td></td><td></td><td colspan="2"></td></tr>
<tr><td></td><td></td><td></td><td></td><td></td><td></td><td colspan="2"></td></tr>
<tr><td></td><td></td><td></td><td></td><td></td><td></td><td colspan="2"></td></tr>
<tr><td></td><td></td><td></td><td></td><td></td><td></td><td colspan="2"></td></tr>
<tr><td colspan="8">• 회람기한(201×. 09. 30.(수))까지 본 건의 회람을 마쳐 주시기 바랍니다.
• 문의사항 : 사장실 비서 박근해(☎ 내선 104)</td></tr>
</table>

[표 3-10] 이사회소집 통지서

이사회소집통지서

(01352) 서울특별시 강남구 테헤란로 406 전화 02-123-5678 팩스 02-123-1234

수　신 : 이사(감사) ○ ○ ○님 귀하
발　신 : (주) ○ ○ 대표이사 ○ ○ ○
발신일자 : ○ ○ ○ ○ 년 ○ ○ 월 ○ ○ 일
제　목 : 제○차 정기(임시)이사회 소집안내

1. 이사님 및 감사님의 평안과 발전을 기원합니다.

2. 우리정공주식회사는 제○차 이사회를 개최하고자 이사회규정 제○조에 의하여 다음과 같이 소집을 통지합니다.

다　음

가. 일 시 :
나. 장 소 :
다. 의 안 :

의안번호	제　　목
제 ○호	
제 ○호	
제 ○호	
제 ○호	

첨부 : 제 ○차 이사회 부의안건 ○쪽

201×년　월　일

(주) ○ ○ 대표이사　　㊞
이사회의 총무(총무부장)　　㊞

3) 업무연락문(업무협조문)

업무연락문(業務連絡文)은 회사 내 다른 부서에 내용을 전달하거나 협조(協助)를 요청할 때 작성하는 문서로서 **업무협조문(業務協助文)**이라고도 한다. 전화나 이메일(email)을 통해 비공식적 상황에서 업무연락이나 협조가 이루어졌다고 하더라도 정식 절차를 거친 공식문서를 통해 요청하는 것이 일반적이다. 업무의 연락이나 협조가 필요한 상황과 배경을 전달하여 업무의 취지를 밝히며 연락 내용이나 협조 요청 사항을 구체적으로 작성해야 한다.

쉼터(6) 맞춤법 - 띄어쓰기(4)

- ○ 접두사로 쓰이는 한자어(漢字語)는 뒷말에 붙여 쓴다. 예) 매시간, 전남편, 내년, 미사용
- ○ 그러나 붙여 써서 이해하기 어려운 경우 및 관형사로 인정되는 경우에는 띄어 쓴다.
  예) 매 회계연도, 전(현) 회장, 내 25일
- ○ 명사 아래 피동을 나타내는 '받다, 당하다'가 붙어 한 낱말이 된 것은 붙여 쓴다.
  예) 의로운 일로 핍박당하다. 이상한 사람으로 오해받다. 사랑하는 사람에게서 버림받다.

Q. 다음 중 틀린 말이나 표준어가 아닌 것을 골라 올바르게 고치시오.

(1) 아연질색	동분서주	방방곳곳	혈혈단신
(2) 조용히	깨끗이	꾸준히	곰곰히
(3) 윗쪽	심부름꾼	굴삭기	웅큼
(4) 오뚜기	산수갑산	웃돈	최대값
(5) 발생률	백분률	사망율	치사률

Q. 다음 낱말을 맞춤법 또는 표준어에 맞게 올바르게 고치시오.

(1) 그러고 나서	(2) 오랜만에
(3) 야단법석	(4) 깊숙이
(5) 귀거리	(6) 꺼림직하다

[표 3-11] 업무협조전

업무협조전

<table>
<tr><td>발신일자</td><td>201×. 09. 18.</td><td rowspan="5">수
신
자</td><td>기획부</td><td>부장</td><td>송유진</td></tr>
<tr><td>문서번호</td><td>201×-0124</td><td>총무부</td><td>부장</td><td>이세환</td></tr>
<tr><td>발신부서</td><td>인력개발부</td><td>영업무</td><td>부장</td><td>김제동</td></tr>
<tr><td>발 신 자</td><td>홍길동 부장</td><td>자금부</td><td>부장</td><td>강호동</td></tr>
<tr><td>전화번호</td><td>구내번호 103</td><td>회계부</td><td>부장</td><td>김정은</td></tr>
<tr><td>제 목</td><td colspan="5">인사관리 통합시스템 구축에 따른 만족도 조사 실시 협조 요청</td></tr>
</table>

우리 부서에서는 새로운 인사관리 통합시스템을 개발하여 전임직원이 수긍할만한 객관적이고 투명한 업적평가를 바탕으로 공정한 인사고과를 실시한 결과 일부 직원들의 불만이 제기되었습니다. 이에 따라 새로운 인사관리 통합시스템의 구축에 대한 만족도 조사를 아래와 같이 실시하고자 하오니 많은 협조를 부탁드립니다.

아 래

1. 조사기간 : 201×. 10. 01.(월) ~ 10. 15.(월)
2. 조사대상 : 전부서 과장급 이상 임직원
3. 조사방법 : 각 부서에서 설문지를 배포 후 수합하여 인력개발부로 제출
4. 제출일시 : 201×. 10. 16.(화) 18:00까지

담당자	인력개발부 대리 양귀비 ㊞	인력개발부 부장 하수일 ㊞

위와 같이 업무 협조를 부탁드리오니 바쁘시더라도 업무에 차질이 없도록 협조바랍니다.

4) 인수인계서

인수인계서(引受引繼書)는 직원의 퇴사(退社), 부서 변경, 업무 배치 변경 등으로 새로운 직원이 해당 업무를 넘겨받는 경우에 업무의 연속성을 확보하고 책임 소재를 가리기 위해 작성하는 문서이다. 인수인계할 업무로는 기본담당업무, 진행 중인 업무의 현황 및 계획업무, 미결사항, 예산 및 집행 실적, 담당업무상 중요 문제점 및 개선사항 등이다. 인수인계서에는 인수인계일자/인수자명/인계자명/입회인/인수인계할 서류 및 물품 목록 등을 기재한다. 마지막으로 기재내용을 인계인, 인수인, 입회인이 상호 확인하고 서명을 해야 한다.

쉼터(7) 맞춤법 - 띄어쓰기(5)

- ○ 접미사는 앞말에 붙여 쓴다. 예) 닷새분 식량, 서울발 KTX, 백원짜리 동전
- ○ 접두사는 뒷말에 붙여 쓴다. 예) 미사용, 미이수, 미제출, 연면적(延面積), 연인원(延人員)
- ○ '각(各), 본(本), 전(全)' + 독립성이 없는 단음절어와 어울려 한 낱말도 굳어진 말
  예) 각자↔각 사람이, 본교↔본 건물은, 전신↔전 부서는
- ○ 붙어서 굳어진 말 예) 길가, 우물가, 바닷가, 회전수, 매출액, 그때, 그곳, 그이, 이집 저집, 이말 저말

Q. 다음 문장을 자연스런 문맥으로 고치시오.

(1) 예상치 못한 갑작스러운 사드 배치 결정으로 중국과의 껄끄러운 관계가 앞으로 예상된다.

→ ______________________________

____

(2) 이미 지난주에 나간 입찰공고에 대하여 다시 재수정하는 것은 불가하다.

→ ______________________________

[표 3-12] 업무인수인계서

업무인수인계서

인 계 자	소속		직위		성명	
인 수 자	소속		직위		성명	

1. 인수인계 업무 목록
- 기본업무사항
- 진행업무
- 계획업무(미결사항)

2. 인수인계 서류 목록
- 주요 전달서류
- 결재를 진행 중인 서류

3. 인수인계 물품 목록 및 상태
- 보유 물품 및 상태

4. 기타 참고사항
- 문제점 및 개선사항

위와 같이 업무를 누락 없이 인수인계하였음을 확인함

201×년 ×월 ×일

인계자 : 장○○ ㊞
인수자 : 이○○ ㊞
입회인 : 박○○ ㊞

제 4 장
문서수발 및 발급 업무

1. 문서업무의 개요

1) 사무직과 문서업무

사무직(事務職)으로 일하고 싶어 하는 학생들에게 어떤 일(사무/직무)을 하고 싶은지를 물어보면 명쾌하게 답을 하자 못하는 경우가 많다. 왜 그럴까요? 그 이유는 간단하다. 사무직에 대한 개념이 바르지 않거나 사무직이 하는 일(업무)을 제대로 알지 못하기 때문이다. 관공서/교육기관/금융기관/병원/복지법인/기업체(회사) 등

사람이 모여 일하는 곳에는 반드시 사무직원이 있다. 사무직원은 주로 책상에 앉아 일을 하는 화이트칼라다. 그 일이 바로 서류작업이다.

사무직의 핵심은 문서에 의하여 문서로서 일하기 때문이다. 문서 작성은 물론 정리하고 보관하고 폐기하는 일까지 해야 한다. 회사의 조직 및 회사가 반드시 준수해야만 하는 의무사항을 알면 사무직(사무원·사무직원)이 하는 일(업무·직무 job)을 쉽게 이해할 수 있을 것이다.

기업의 경영조직을 간단하게 언급하면 총무/인사과/경리/회계/자금/재무/기획/관리/경영지원/자재/구매/공무/영업/영업관리/생산/품질관리/비서/고객서비스/고객상당/고충처리/연구소 등이다. 물론 기업 규모(規模)에 따라 얼마든지 다양한 조직이 존재할 수 있다. 여러분은 어떤 기업의 어떤 부서에서 어떤 일을 하고 싶은가?

쉼터(8) 맞춤법 - 띄어쓰기(6)

- ○ 둘 이상의 낱말이 결합하여 굳어진 말 예) 난데없이, 쓸데없이, 어느새, 겨우내, 붉으락푸르락, 머나먼 고향, 핵무기, 원운동, 광속도, 차례차례, 하루하루, 여기저기, 성큼성큼, 임진왜란, 갑오경장
- ○ 「명사 + 되다/시키다」는 붙여 쓴다. 예) 결정되다, 정리되다, 진행시키다, 왕따시키다
- ○ 「명사 + 있다/없다」 중 붙여 쓰는 말 예) 맛있다, 멋있다, 흥미있다, 거침없다, 온데간데없다, 틀림없다, 쓸데없다, 보잘것없다, 하잘것없다
- ○ 「명사 + 나다/들이다/삼다/짓다」 중 붙여 쓰는 말 예) 결론나다, 사고나다, 소문나다, 공들이다, 물들이다, 힘들이다, 문제삼다, 일삼다, 장난삼다, 결론짓다, 관련짓다, 한숨짓다

Q. 다음 밑 줄 친 부분을 맞게 수정한 것으로 옳지 않는 것은?

① <u>나에게 있어 낙방은</u> 고배가 아니라 새로운 도전이다. → 나에게 낙방은
② 이 문은 <u>열리지 않는다.</u> → 열려지지 않는다.
③ 사치품의 수입은 <u>자제되어야 한다.</u> → 자제해야 한다.
④ <u>과장님의 손에 의하여</u> 해결할 수 있다. → 과장님의 손으로

[표 4-1] 근로자 수별 의무사항

구 분	의 무 사 항	1~4인	5~9인	10~29인	30~49인	50~99인	100인 이상
회계 & 세무	회계장부 작성	○	○	○	○	○	○
	법인세·소득세 신고납부	○	○	○	○	○	○
	지방소득세 신고납부	○	○	○	○	○	○
사회 보험	건강보험	○	○	○	○	○	○
	고용보험	○	○	○	○	○	○
	산재보험	○	○	○	○	○	○
	국민연금	○	○	○	○	○	○
	임금채권부담금	○	○	○	○	○	○
노동 관계 법령	근로계약서 작성	○	○	○	○	○	○
	근로자명부 작성	○	○	○	○	○	○
	임금대장 작성	○	○	○	○	○	○
	해고예고 수당	○	○	○	○	○	○
	재해보상 의무	○	○	○	○	○	○
	건강진단 의무	○	○	○	○	○	○
	최저임금	○	○	○	○	○	○
	퇴직금	○	○	○	○	○	○
	연차휴가		○	○	○	○	○
	연장 · 야간 · 휴일근로수당		○	○	○	○	○
	휴업수당		○	○	○	○	○
	안전보건 교육		○	○	○	○	○
	취업규칙작성 신고			○	○	○	○
	성희롱예방 교육			○	○	○	○
	노사협의회 설치				○	○	○
	고충처리위원회 설치				○	○	○
	안전관리자 선임				○	○	○
	장애인고용 의무					○	○
	보건관리자 선임					○	○
	산업보건의 선임					○	○
	안전관리책임자 선임						○
	산업안전보건위 설치						○
	안전보건관리규정 작성						○

2) 문서의 관리절차

기업에서 **문서관리(文書管理)**는 작성/전달/사용/보관/보호에 있다. 문서업무담당은 쉽고 편리하고 간편하게 문서를 작성하고 전달할 수 있어야 하며, 언제 어디서나 보관된 문서를 열람(閱覽)하고 사용할 수 있어야 한다. 사무의 효율성을 높이고 경영의 합리화를 도모하기 위해서는 문서의 생산/보관/폐기에 이르기까지 일정한 기준(규칙)에 따라 문서관리가 이루어져야 한다.

쉼터(9) 문장의 기본원리(1)

- ○ 문장은 문법(文法)에 맞게 정확하게 써야 한다.
- ○ 주어와 서술어의 호응, 지시어/접속어/조사/어미/시제의 쓰임에 유의해야 한다.
- ○ 문장 구조를 단순화(單純化)하고, 문장 사이의 접속사는 용도에 맞게 사용한다.
- ○ 어구(語句)와 어구의 연결 : 및/또는/그리고

  예) 월요일 또는 금요일 / 가정, 학교 및 회사에 충실한 사람
- ○ 문말(文末)의 표현을 통일하고 시제(時制)를 일치시킨다.

Q. 다음 문장을 더 좋은 문장으로 다듬으시오.

(1) 지난 품평회에서 마케팅 부서는 소비자들의 요구를 더 반영할 수 있다.

→____

(2) 우리 팀의 미팅은 월요일이나 화요일 중 어느 한 쪽이 좋겠다.

→____

(3) 고객의 요구와 니즈를 무시한 마케팅전략으로 인해 매출이 확 줄었다.

→____

[표 4-2] 문서관리절차

절 차	종 류	주 관	관 리
생 산	생산문서	생산부서	생산 → 집행 → 보관
	발송문서	총무부	생산부서 → 총무부 → 발송
	접수문서	총무부	총무부 → 수신부서 →보관
↓			
분 류	경영문서	총무부	총무부 → 사장실 → 총무부
	계약문서	계약부서	계약부서 → 사장실 → 집행부서
	업무문서	생산부서	생산부서 → 집행 → 업무부서
	일반문서	생산부서	생산부서 → 집행 → 생산부서
	보존문서	생산부서	생산부서 → 분류 → 총무부
↓			
전 달	접수문서	총무부	총무부 → 수신부서 →보관
	발송문서	총무부	생산부서 → 총무부 → 발송
↓			
보 관	종이문서	생산부서	신청 → 승인 → 총무부 → 보관
	전자문서	총무부	
↓			
열 람	종이문서	총무부	신청 → 승인 → 열람
	전자문서	총무부	
↓			
폐 기	수시폐기	총무부	신청 → 승인 → 폐기
	정기폐기	총무부	

3) 문서의 분류와 등록

(1) 문서의 분류

전자문서든 종이문서든 분류원칙을 정하여 문서를 등록, 보관, 사용하면 편리할 뿐만 아니라 조직별 업무 분장(分掌), 직무분석, 업무관리에 도움이 될 것이다. 따라서 문서의 분류는 중요도, 업무의 내용 및 관련(처리) 부서에 따라 분류하여 업무처리의 효율성을 높여야 한다. 일반적으로 문서의 종류와 중요도에 따라 분류하거나 문서의 보관과 용도에 따라 문서를 분류한다.

- 부문별 분류 : 관리, 경리, 생산, 영업, 마케팅, 무역, 물류, …
- 중요도별 분류 : 경영문서, 계약문서, 업무문서, …
- 용도별 분류 : 경영문서, 계약문서, 업무문서, 일반문서, 보존문서, …

[표 4-3] 문서분류표

문서분류표					
부서 \ 문서	01 업무	02 경영	03 계약	04 일반	05 보존
0 총무부	001	002	003	004	005
1 인사부	101	102	103	104	105
2 경리부	201	202	203	204	205
3 자금부	301	302	303	304	305
4 영업부	401	402	403	404	405
5 무역부	501	502	503	504	505
6 기획부	601	602	603	604	605
7 전산부	701	702	703	704	705
8 생산부	801	802	803	804	805
9 자재부	901	902	903	904	905
10 물류부	1001	1002	1003	1004	1005

① **경영문서** : 회사의 설립 및 지속가능경영 요건을 충족하는 경영관리 문서

- 설립 : 사업자등록증, 법인설립인가, 주주명부, 이사등기, 영업허가신고, 영업품목허가
- 사업 : 경영계획서, 사업계획서, 자금계획서, 예산편성계획서
- 특허 : 특허/실용신안/의장권, 디자인/상표/서비스표등록
- 인사/총무 : 근로계약서, 연봉계약서, 신원조회서, 신용조회서, 인사평가서
- 감사 : 정기감사, 특별감사, 내부감사, 외부감사, 영업감사, 시설감사, 기술감사, 제조감사
- 규정 : 취업규칙, 복무규정, 인사규정, 급여규정, 연봉규정, 문서처리규정, 출장규정, 구매규정, 감사규정, 이사회규정, 임원규정
- 회의 : (부서별)회의록, 이사회 회의록. 주주총회 회의록
- 증명 : 사원증, 재직증명, 경력증명, 사용인감계, 출입증, 잔고증명서

② **계약문서** : 기업경영활동과 직결된 각종 계약

- 생산 :제품생산계약서, 외주생산계약서(OEM), 외주가공계약서
- 영업 : 판매계약서, 공급계약서, 대리점계약서, 수출입계약서, 선적계약서, 택배(서비스)계약서
- 관리 : 근로계약서, 연봉계약서, 임차계약서, 공사계약서, 구매계약서, 조달계약서, 차입금계약서, 외환계약서

③ **업무문서** : 기업의 영업활동 및 사원관리 관련 문서

- 생산(공장) : 생산계획서, 생산직근로자명부, 생산제품/시설/기술/품질/규격/인증/생산량/입고/출고 관련 문서, 검수보고서
- 영업(마케팅) : 영업계획서, 영업직근로자명부, 영업점명부, 상품명세, 거래처명부, 영업일지, 거래명세서, 채권관리대장, 실적보고서,
- 관리(총무/인사/경리) : 영업신고서, 4대보험신고서, 품의서, 확인서, 신청서, 협조문, 세무신고서, 근로자명부, 출퇴근기록부, 시간외근무대장, 근태관리대장, 회계장부, 임금대장, 세금계산서, 영수증, 법인카드영수증, 지급명세서, 결의서,

교육훈련보고서, 결산보고서

④ **일반문서** : 어느 부서에서나 공통으로 사용하는 문서

- 보고서 : 출장보고서, 회의보고서, 업무보고서, 현황보고서, 조사보고서
- 제안서 : 업무개선제안서, 아이디어제안서, 광고홍보제안서, 상품개발제안서
- 기획서 : 사업기획서, 상품기획서, 영업기획서, 생산기획서, 전시기획서, 홍보기획서
- 조사서 : 시장조사서, 마케팅조사서, 신제품조사서, 거래처조사서, 물류조사서, 경쟁제품조사서, 품질조사서, 동향조사서, 물류조사서

(2) 문서의 등록

문서관리시스템에 사원이 생산한 문서나 접수한 문서를 등록(登錄)하여 보관함으로써 어떤 문서를, 누가, 언제 생산하여, 언제 등록하였는지를 확인할 수 있으며, 문서의 사용자 및 업무의 인수자가 문서관리시스템에 등록된 인계자의 문서를 확인함으로써 인계받은 업무를 효율적으로 처리할 수 있다. 따라서 기업은 「**문서관리규정(文書管理規程)**」을 제정하여 문서 등록을 강제해야 한다. 「문서관리규정에」는 문서등록 기준 및 절차를 규정하여야 한다.

[그림 4-1] 문서등록절차

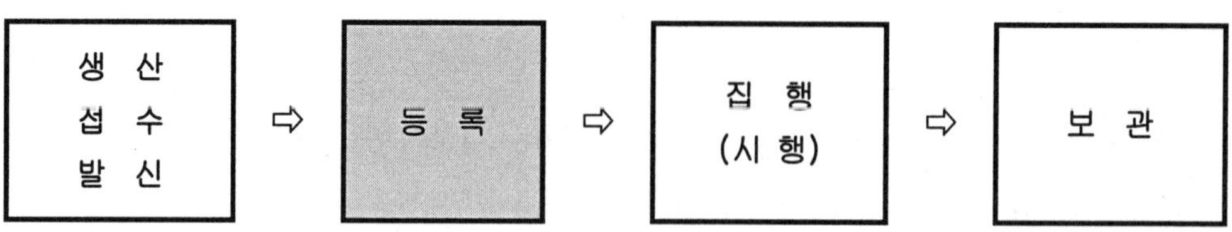

[표 4-4] 문서등록대장

문서등록대장

☐ 관리부서 : ☐ 책임 : ☐ 담당 :

문서번호	분 류	문 서 명	매체종류	등록자	등록일	비 고

4) 문서의 보관과 보존

(1) 문서의 보관

보관(保管)이 요구되거나 보관할 필요가 있는 문서는 업무처리를 위해 사용 중인 문서, 사용하고 난 뒤 참고자료로 활용하기 위한 문서, 법정기한까지 보관해야 하는 문서 등이 있다. 문서(전자문서와 종이문서 불문)는 중앙에서, 부서에서, 개별적으로 업무담당이 보관한다.

- 사용 빈도(頻度)가 낮은 문서는 중앙에서 보관한다.
- 사용 빈도가 높은 문서는 부서에서 보관한다.
- 특정인(업무담당)이 자주 사용하는 문서(개별취급문서)는 개별로 보관한다.
- 공용문서는 보관리스트(목록)을 작성하여 전사적으로 활용할 수 있게 해야 한다.

(2) 문서의 보존

보존문서(保存文書)는 법정문서, 문서관리규정에서 정한 보존문서 등이 있다. 보존문서는 총무부에서 일괄 보관하는 방법, 사용부서에서 보관하고 관리하는 방법이 있다. 총무부서는 총괄하여 「보존문서명세서」 또는 「보존문서대장」으로 총괄 관리한다. 보존문서는 대체로 총무부서에서 보관한다.

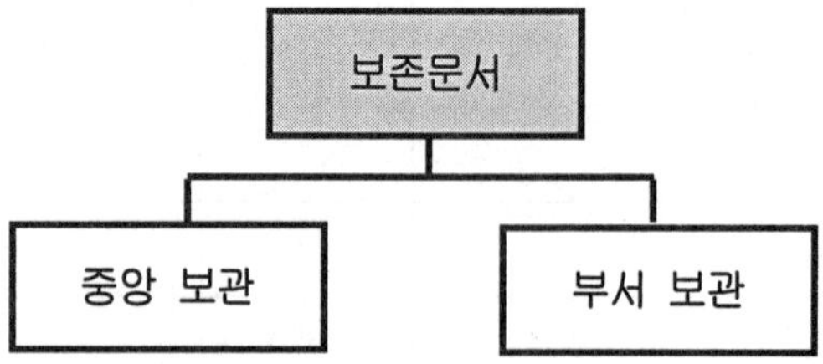

[표 4-5] 문서보관대장

문서보관대장

□ 관리부서 : □ 책임 : □ 담당 :

번 호	문 서 명	보 관 처	보 관 자	일 자	비 고

[표 4-6] 법정문서 보존기간

문 서	기 간	근거법령
1. 상업 장부나 영업에 관한 중요 서류(회계장부)	10년	상법 제33조 제266조
1. (전자/종이)세금계산서, (전자/종이)계산서, 신용카드 전표, 현금영수증, 적격증빙 영수증 2. 지출증빙서류 3. 기부금영수증 4. 재무제표(대차대조표, 손익계산서, 현금흐름표, 자본변동표) 및 부속서류, 이익잉여금처분계산서 또는 결손금처리계산서 5. 기타 거래 관련 서류	5년	법인세법 제116조 제112조
1. 근로계약서 2. 임금대장 3. 임금의 결정 및 지급 방법, 임금계산의 기초 자료 4. 고용·퇴직·해고에 관한 서류 5. 승급·감급에 관한 서류 6. 휴가에 관한 사항 7. 근로 관련 승인·인가·합의·증명 서류	3년	근로기준법 제42조 시행령 제22조
1. 재해보상(산재사고)에 관한 서류	2년	근로기준법 제91조

[표 4-7] 영구보존문서

보 존 문 서	비 고
1. 법인등기, 정관, 임원등기에 관한 문서 2. 주주명부, 주주총회, 영업보고에 관한 문서 3. 영업허가서 등의 면허·허가·인가 문서 4. 등기, 소송, 화해 등의 관한 문서 5. 계약서, 신청서, 원서, 신고서 6. 사규, 사칙, 규정 류	법인등기 주주총회 인허가
1. 품의, 결제에 관한 중요 문서 2. 중요통계문서, 중요회의 회의록, 업무감사보고서 3. 관계회사에 관한 중요 문서 4. 관련단체 가입 및 탈퇴에 관한 문서 5. 보험가입 관련 문서 6. 경영기본계획에 관한 중요 문서	경 영
1. 원본 문서 2. 제조생산계획서 3. 중요 시험연구보고서 4. 연차예산 관련문서 5. 법정관리대장	생 산 연 구
1. 임원에 관한 문서 2. 종업원 채용 및 인사에 관한 중요 문서 3. 종업원 명부, 사회보험, 급여에 관한 중요 문서 4. 포상 및 표창, 징계 등에 관한 중요 문서 5. 임원 및 종업원의 대부금에 관한 중요 문서	임 원 종업원
1. 노동조합과의 교섭에 관한 중요 문서 2. 단체협약 체결 및 운용에 관한 문서	노동조합

[표 4-8] 일반문서 보존기간

보 존 문 서	기 간
1. 간부회의 관련 문서 2. 사내 전체에 내리는 지시문서 3. 손해보험 관련 중요 문서 4. 복리 후생 관련 중요 문서 5. 세무신고 관련 문서 6. 광고 선전 관련 중요 문서 7. 시장조사 등 조사보고서	10년
1. 만기/해약에 관련 계약서 2. 중요한 회의록 3. 업무문서, 수발신대장, 일반품의서(기안문서) 4. 사고처리문서, 사무인계서 5. 급여 관련 문서 6. 교육 및 연수 관련 문서 7. 국민연금, 건강보험. 고용보험, 산재보험 관련 중요 문서 8. 건강진단 실시 및 결과 관련 문서	5년
1. 관공서 관련 문서 2. 관리 및 감사 관련 문서 3. 회의 관련 기록 4. 인사 관련 통지서 5. 신청서, 조사서, 통계문서 6. 근로 및 퇴직 관련 제반 제출서류 7. 동산 및 부동산 관련 문서	3년
1. 동시문, 일반사료, 참고사료 2. 사내 일보/주보/월보 3. 부본, 복사 문서 4. 기타 문서	1년

2. 문서 발송 업무

1) 업무의 개요

문서의 발송 또는 발신은 문서의 생산부서에서 직접 발송하거나 총무부서에서 일괄 발송한다. 발송부서(발송처/업무담당)가 어디든지 간에 반드시 **문서발송대장(文書發送臺帳)**에 기록하고 발송하여야 한다. **발송문서(發送文書)**는 사내(社內)에서 발생(생산)하여 사외(社外)로 발송(발신)하는 문서를 말하며, 주로 업무문서, 구매문서, 조달문서, 거래명세서, 견적서, 송장, 계약서, 보도자료, 홍보문서 등이다.

[그림 4-2] 문서 발송 절차

생 산 (업무담당) ⇨ 결 재 (결재라인) ⇨ 기 록 (발송대장) ⇨ 발 송

2) 업무흐름도 및 업무의 내용

문서 접수 ① → 문서 통제 ② → 문서 발송 ③

① 문서접수 : 발송문서 접수
- 기안문 품의(稟議) 후 결재
- 문서통제 담당자에게 가지고 옴
- 기안문 결재과정 확인

② 문서통제
- 통합정보시스템 문서수발 접속

- 문서발신관리 문서발신등록 입력

◦ 발신부서 : 발신을 요구하는 부서 선택 ◦ 문서번호 : 기안문서의 문서번호를 입력 ◦ 수신기관 : 대외기관 수신처(수신자)를 기록 ◦ 제　　목 : 발송을 요하는 문서의 제목을 입력

- 저장시 발신번호가 자동으로 출력됨
- 기안문 우측여백 하단에 문서통제 날인
- 시행문(결재 받은 기안문)에 직인 날일

③ 문서발송

- 기안부서에서 문서발송

3) 산출물(실습할 서식)

- 기안문
- 시행문(결재 받은 기안문에 직인 날인 받은 것)

[표 4-9] 문서발송대장

문서발송대장

☐ 관리부서 : ☐ 책임 : ☐ 담당 :

문서번호	분 류	문 서 명	수신자	발송자	발송일	비 고

3. 문서접수 업무

1) 업무의 개요

사외문서의 접수는 대체로 총무과에서 총괄 접수하거나 수신부서에서 직접 접수하고 문서접수대장에 기록한 후 관련(해당) 부서로 이송(송부)한다. **문서접수대장(文書接受臺帳)**은 총괄문서접수대장과 부서별문서접수대장이 있으나 총괄문서접수대장은 필수적으로 기록해야 한다. 사외문서의 접수 업무는 문서관리규정에 그 처리 내용을 규정하여야 한다.

총무과에서 접수한 문서는 접수인(고무인)을 찍고, 문서등록대장에 접수일시 및 접수번호를 기재한다. 다만 규정에 따라 해당(관련) 부서에서 직접 수령한 문서는 부서별문서관리대장에 기록한 후 총무과로 송부하여 접수 처리를 하게 한다. 다만 전자문서는 접수일시와 접수번호가 자동으로 표시되어 접수된다.

정보통신망(홈페이지)를 이용하여 접수한 전자문서는 총무과에서 일괄 접수할 수 있게 하여야 하며, 이 경우에도 반드시 문서관리규정에 따라 처리해야 한다. 다만 발신자의 주소, 성명 등이 불분명하여 스팸으로 의심되는 경우에는 접수를 하지 아니할 수 있다.

2) 업무흐름도 및 업무의 내용

접 수	→	문서 등록	→	문서 처리	→	문서 보관
①		②		③		④

① 접수 : 외부문서 접수

- 접수한 우편물/문서를 우편물/문서 접수대장에 기록
- 해당 부서에 접수한 문서를 배포

② 문서 등록 : 총무과 또는 수령부서에서 문서 등록

- 통합정보시스템 문서수발 접속
- 문서수신관리 → 문서수신등록 입력

◦ 발신기관 : 문서를 발신한 외부기관 입력 ◦ 발신기관 문서등록 : 발신기관의 문서번호 ◦ 제목 : 접수문서의 제목을 기록

- 문서를 실질적으로 보관하는 직원의 인적사항을 기록
- 통합정보시스템에 저장하면 접수된 문서번호 화면 출현
- 출현된 문서번호를 접수된 문서 결재란의 문서번호란에 기록
- 결재처리

③ 문서처리 : 외부문서 결재 완료 후 처리

- 결재가 완료된 원본은 총무과 문서접수 담당자에게 제출

④ 문서보관

- 문서접수대장에 편철(編綴)하여 보관
- 접수한 문서를 완전히 처리한 후 스캐닝(scanning)하여 보관

3) 산출물(실습할 서식)

- 우편물 접수대장
- 문서 접수대장

[표 4-10] 문서 접수대장

문서접수대장

☐ 관리부서 : ☐ 책임 : ☐ 담당 :

문서 번호	분 류	문 서 명	수신자	발송자	접수일	비 고

4. 증명서 발급 업무

1) 업무의 개요

본 업무는 각종 **증명서(證明書)**를 발급하는 업무이다. 직원의 요구로 재직증명서, 경력증명서 등을 수기(手記)로 또는 통합정보시스템에서 발급하게 되는데, 어느 경우든 내용을 정확하게 입력하여야 한다. 잘못 발급하여 법적인 책임을 지는 일이 없도록 증명을 요구하는 내용을 정확하게 확인해야 한다.

2) 업무흐름도 및 업무의 내용

신청	→	신청서 접수	→	결재	→	증명서 발급
①		②		③		④

① 신청 : 증명서 신청서 작성

발급신청자가 통합정보시스템의 [신청관리] 증명서신청 → 재직증명서신청 접속 → 신청내용 작성 및 결재 상신 : 증명신청서 화면 출력 → 결재선 지정 후 결재 상신

② 신청서 접수

통합정보시스템의 [문서수신함]에 신청서 접수 → 신청 내용 확인 : 반드시 사용 용도 및 제출처 확인 → 총무과장 결재 상신

③ 결재 : 총무과장 결재

④ 증명서 발급

- 원천징수영수증
- 재직/퇴직/경력 증명서

통합정보시스템 [인사관리] 신청 : 발급 접속 → 신청자 조회(검색 버튼 클릭) : 조회된 자 중에서 선택하여 출력 → 양식(樣式) 자동 출현 : 화면을 출력을 하여 내용 이상 유무 확인 → 출력 : 출력된 증명서에 직인 날인 → 신청자 소속부서의 문서함에 넣음

3) 산출물(실습할 서식)

- ○○신청서
- 재직증명서, 경력증명서, 원천징수영수증

쉼터(10) 문장의 기본원리(2)

○ 문장은 군더더기가 없이 간단명료(簡單明瞭)하게 낱말을 절약(節約)하여 표현한다. ○ 문장의 구조를 단순화(單純化)하여 가능한 한 짧게 표현한다. ○ 한 문장에는 하나의 개념, 하나의 사실, 한 가지 내용을 쓴다. ○ 문장의 구(句) 또는 절(節)의 중복을 피하고 무의미한 언어의 사용을 피한다. ○ 겹말(중복어)은 사용하지 않는다. 예) 역전앞→역전, 연구진들→연구진, 근래 들어→근래에, 맡은 바 임무→임무/맡은 바, 서로 상의하다→상의하다, 하고 있는 중이다→하는 중이다

Q. 다음 문장을 간단명료하게 고치시오.

(1) 이번 회의를 함에 있어서 가장 중요하다고 할 만한 이슈는 바로 이것이다.

→______________________________

(2) 어떤 제도에나 항상 좋은가 나쁜가라는 일장일단이 있다.

→______________________________

(3) 방학 기간 동안에 외갓집에 가서 보리 수확을 거두는 것을 도왔다.

→______________________________

[표 4-11] 재직증명서

증 제 호

재직증명서

<table>
<tr><td>성 명</td><td></td><td>주민등록번호</td><td></td></tr>
<tr><td>주 소</td><td colspan="3"></td></tr>
<tr><td rowspan="2">재직기간</td><td rowspan="2"></td><td>입사일자</td><td></td></tr>
<tr><td>퇴사일자</td><td></td></tr>
<tr><td>직 책</td><td></td><td>기 타</td><td></td></tr>
<tr><td>용 도</td><td colspan="3"></td></tr>
</table>

위와 같이 재직하였음을 증명합니다.

201×년 월 일

우리정공(주) 대표이사 송 주 원 (직인)

총무부장 유 영 수 ㊞

[표 4-12] 경력증명서

<table>
<tr><td colspan="5">증 제 호
경력증명서</td></tr>
<tr><td>성 명</td><td></td><td>주민등록번호</td><td colspan="2"></td></tr>
<tr><td>주 소</td><td colspan="4"></td></tr>
<tr><td rowspan="2">재직기간</td><td colspan="2" rowspan="2">년 월</td><td>입사일자</td><td></td></tr>
<tr><td>퇴사일자</td><td></td></tr>
<tr><td colspan="2">직 무</td><td colspan="2">기 간</td><td>직 책</td></tr>
<tr><td colspan="2"></td><td colspan="2"></td><td></td></tr>
<tr><td colspan="2"></td><td colspan="2"></td><td></td></tr>
<tr><td colspan="2"></td><td colspan="2"></td><td></td></tr>
<tr><td colspan="2"></td><td colspan="2"></td><td></td></tr>
<tr><td colspan="2"></td><td colspan="2"></td><td></td></tr>
<tr><td>용 도</td><td colspan="4"></td></tr>
<tr><td colspan="5">위와 같이 재직 중 경력사항을 증명합니다.

201×년 월 일

우리정공(주) 대표이사 송 주 원 (직인)

총무부장 유 영 수 ㉠</td></tr>
</table>

5. 신분증(사원증) 발급 업무

1) 업무의 개요

회사의 직원(사원)임을 증명하는 **신분증(身分證)**으로서의 **사원증(社員證)**은 근태관리, 시설물의 출입(出入), 보안(保安) 등에 사용하기 위하여 상의(上衣)에 부착(付着) 또는 목에 걸어서 사용한다. 사원증에는 정규직, 비정규직, 근무부서, 직위, 사원번호 등을 기호나 부호로 표기한다.

회사 마크가 인쇄된 사원증의 앞면에는 사진을 부착(付着)하고 소속/성명/사원번호 등이 표기되고, 뒷면에는 사용용도, 금지사항, 분실에 대비한 연락처 등이 표기되어 있다. 그리고 사원증의 발급(發給)/분실(紛失)/폐기(廢棄)시에는 반드시 「**사원증발급대장(社員證發給臺帳)**」에 사원의 성명/사원번호/발급일/발급사유/확인/서명 등을 기록하여 관리한다.

[그림 4-3] 사원증(견본)

(앞면)

(뒷면)

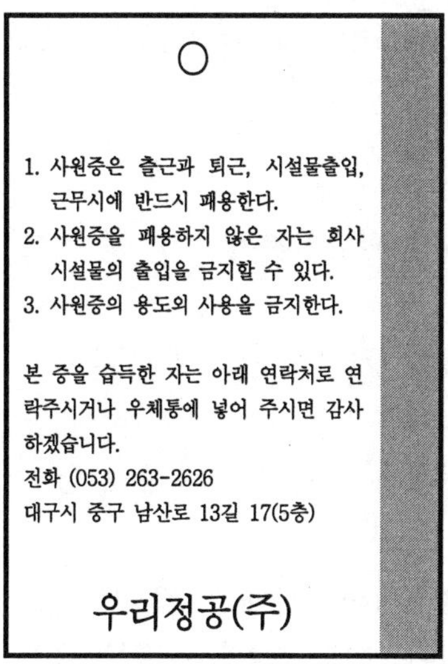

2) 업무흐름도 및 업무의 내용

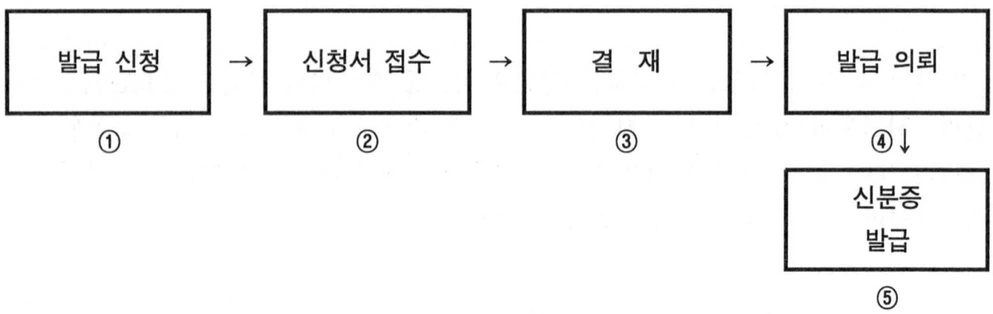

① 발급 신청 : 신분증(사원증) 발급 신청
- 신규채용자는 발령과 동시에 총무과에서 발급
- 분실(紛失)하거나 훼손(毁損)한 경우 통합정보시스템의 [문서양식판]에서 신분증 신청서를 작성하여 내부결재 후 발급 신청

○ 신청서 1부 ○ 서약서 1부 ○ 반명함판사진 2매 ○ 출입증 분실사유서 1부

② 신청서 접수
- 사원증 발급신청서 접수 및 신청 내용 확인

③ 결재 : 총무과장 결재
- 신청내용 및 첨부서류 미비시 반송(返送)
- 총무과장 결재 후 신분증 발급 의뢰

④ 발급 의뢰 : 신분증 발급 의뢰
- 총무과 구매 담당에게 발급 요청
- 소요시간 : ○일

⑤ 신분증 발급

- 외부업체로부터 신분증 인수
- 이상 유무 확인 및 사원증발급대장에 기록
- 전산 등록 및 신청자에게 배부

3) 산출물(실습할 서식)

- 신분증 발급신청서
- 신분증(사원증)
- 사원증 발급(관리)대장

쉼터(11) 문장의 기본원리(3)

○ 내용을 제대로 전달하기 위해서는 문장을 명료하고도 명확하게 표현해야 한다.
○ 수식관계나 비교대상이 불분명한 경우, 독자는 필자의 의도를 다르게 해석한다.
예) 송사장은 부인보다 여행을 더 좋아한다.
○ 능동의 주체를 분명하게 하고, 불필요한 수동형은 능동형으로 적는다
예) 문이 열려지지 않는다.→문이 열리지 않는다. / 벼가 수확될 예정이다.→벼를 수확할 예정이다.
○ 문장의 능동과 수동의 표현을 분명히 한다.
예) 우편으로 접수했다.→우편으로 접수시켰다. / 양해 말씀 드립니다.→양해 바랍니다.

Q. 다음 문장을 더 적절한 표현으로 고쳐보세요.

(1) 결국 그 문제는 해결되지 않았다.

→____

(2) 박근해 정부는 부정부패를 개혁시킬 만한 의지가 없었다.

→____

[표 4-13] 사원증 발급 관리대장

사원증 발급(관리)대장

□ 부서 : □ 책임 : □ 담당 :

사 번	성명	직급	발급일	분실일	폐기일	비고

제 5 장
국내외 출장 업무

1. 시내출장 신청 업무

1) 업무의 개요

출장(出張)을 갈 사원은 **출장계획서**(出張計畫書) 또는 **출장허가원**(出張許可願)을 작성하여 결재를 받은 후 출장근무를 수행하고, 출장 결과를 보고해야 한다. 출장 근무 중일지라도 출장 중인 사원은 출장 목적 달성을 위해 최선과 전력을 다해야 하며, 소속 부서장에게 중간보고를 하고, 출장을 마친 후에는 즉시 보고서를 제출하고 출장비용에 대하여 정산을 해야 한다. 물론 간단한 사항은 구두(口頭)로 보고할 수도 있다.

그리고 출장업무 관리부서(보통 총무과)는 사원들의 출장근무에 따른 근태관리, 출장비용의 가지급(假支給) 및 정산(精算), 「출장근무서약서」 징구(徵求) 등의 업무를 관리해야 한다. 대부분의 회사에서는 출장업무의 관리를 위해 「출장관리규정」을 두고 있다. 그 내용은 출장규율, 근무시간, 출장비용, 출장수당, 출장보고, 출장비용정산 등에 관한 규정이다.

☞ 출장업무의 범위

◦ 국내외 지점/지사/대리점/거래처 방문 ◦ 국내외 상품 전시 및 전시회(박람회) 참관 ◦ 국내외 회의/교육/세미나/워크숍 주최(주관) 및 참석 ◦ 기타 국내외 행사 참석 등

[그림 5-1] 출장관리절차

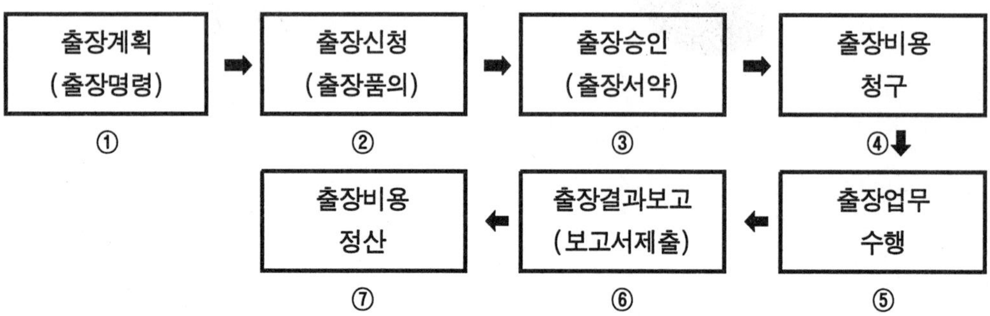

① 출장계획 : 출장업무를 효과적으로 수행하기 위해 출장 목적/사유/장소(지역)/일정/기간/비용/동행자 등에 대한 출장계획을 구체적으로 수립해야 한다.

② 출장신청 : 출장계획을 바탕으로 출장 목적/사유/장소(지역)/일정/기간/비용/동행자 등을 기재한 출장계획서를 첨부하여 출장신청을 한다. 간단한 출장은 출장계획서 첨부를 생략하고 출장신청서(출장허가원)만 작성한다. 출장신청은 사규

(社規)에 정한 기한을 지키도록 해야 한다.

③ 출장승인 : 부서장은 출장신청서(출장허가원)에 기재(記載)된 출장목적의 달성 여부, 출장기간 및 출장시기의 적정성, 출장비용 대비 기대되는 효과, 출장의 필요성, 출장자의 역량과 적합성 등을 검토하여 승인 여부를 결정한다. 이 때 출장에서 처리해야 할 사항을 출장자에게 지시사항으로 전달하기도 하며, 출장 중의 복무규정 준수를 위해 출장근무서약서를 징구(徵求)하기도 한다.

④ 출장비용 청구 : 출장근무자가 출장관리규정에 정해진 교통비, 숙박비, 식대, 접대비, 일비 등 출장업무에서 발생할 비용을 청구하거나 출장업무 관리부서에서 출장지, 출장기간, 숙박여부, 출장자의 직급 등을 참작하여 사규에서 정해진 출장비용을 개산(概算) 지급한다. 후자의 경우 현금지급분과 법인카드(신용카드)사용분의 한도를 정확하게 안내하여야 한다. 또한 모든 출장비용은 영수증 수취를 의무로 하며 개인 신용카드의 사용은 출장경비로 처리할 수 없음을 고지(告知)해야 한다.

⑤ 출장업무 수행 : 출장자는 출장 목적이나 사유에 따른 목표 달성을 위해 적시에 부서장과 협의하여 업무를 진행하고, 출장근무 중 전화나 팩스 또는 이메일로 중간보고를 해야 한다.

⑥ 출장결과 보고 : 출장근무가 종료(終了)되면 출장 결과(객관적인 업무결과)를 부서장에게 반드시 보고해야 한다. 주된 보고 내용은 출장 목적 달성 여부, 출장 결과 및 내용, 지점/지사/대리점/거래처 등과의 업무추진내용이나 협의사항, 향후 출ㅈ아에서 주의할 사항과 필요한 사항 등이다.

⑦ 출장비용 정산 : 출장근무를 종료하고 회사로 복귀(復歸)하면 출장업무 처리부서(주로 총무과)에 가지급된 출장비용에 대하여 **정산(精算)**해야 한다. 출장여비 교통비의 가지급한 현금지급분의 과지급 금액에 대해서는 추가로 지급 받아야 하고, 덜 사용한 부족 금액은 회사로 반납(返納)해야 한다. 그리고 총무과에서는 법인신용카드 영수증을 확인하여 사적인 용도로 사용하지는 않았는지를 점검(點檢)해야 한다.

2) 업무흐름도 및 업무의 내용

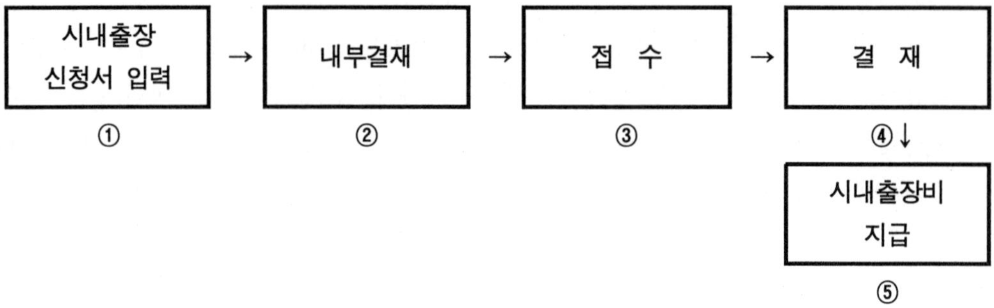

① 시내출장신청서 입력

통합정보시스템 접속 [공통메뉴] → 출장관리 → 시내출장 → 시내출장 신청 입력 → 결재 상신

② 내부결재 : 출장신청서 확인 후 결재라인에서 결재

통합정보시스템에서 출장신청서 결재선 지정 → 수신처 지정 → 결재 상신(신청자 서명시 자동 결재 상신) → 결재

③ 접수 : 총무과에 출장신청서 접수

통합정보시스템 접속 [통합정보] → 인사관리 → 시내출장 → 시내출장월정산 → 출장자 검색 → 출장자, 금액 확인 및 수정 → 지급신청 : 출장현황 누적관리

- 출장지 확인 금액의 적정성 검토 및 수정
- 매월 1일부터 말일까지 기준으로 익월 초에 지급신청서 작성
- 개인 수령확인서 별도 출력
- 출장비 지급시 서명 받은 후 출납담당에게 인계
- 지급신청서 총무과장 결재 상신

○ 차량보조비 지급 대상자는 시내출장비 없음(시외 출장시에는 지급 가능) ○ 시외출장지역 및 금액은 코드화하여 관리되고 있으므로 지역 누락시 추가 입력

④ 결재 : 총무과장 결재

⑤ 시내출장비 지급
- 결재 후 출납담당에게 신청서 이송
- 경리과에서 시내출장비 수령 : 시내출장현황 관리

3) 산출물(실습할 서식)

- 출장계획서/출장품의서/출장허가원/출장명령서
- 지급신청서/출장여비신청서
- 수령확인서/현금영수증/법인카드영수증

쉼터(12) 문장의 기본원리(4)

○ 동의어(同義語)를 사용하여 반복적 낱말을 다양하게 표현한다.
○ 문장의 뒷부분은 부정적 표현보다 긍정적 표현을 써야 의미를 쉽게 전달한다.
예) 10일 이전에는 말씀드릴 수 없습니다. → 10일 이후에 말씀드리겠습니다.
○ 불필요한 표현이나 음절은 생략하거나 간단하게 고친다.
예) ~에 있어서 → ~에(에게) / ~에 의하여 → ~으로 / ~으로부터 → ~에게서 / ~한 사실에도 불구하고 → 비록 ~하지만 / ~할 필요가 있다 → ~이 필요하다
○ 불확실한 개인의 전망이나 추측을 나타내는 표현(~일 것 같다)은 되도록 피한다.
○ 전문 용어를 쓸 때는 독자의 표현을 고려한다. 은어(隱語)나 비속어 사용은 삼간다.

Q. 다음 문장을 가장 적절한 표현으로 고치시오.

(1) 정부의 개입에 의해서 그 문제는 해결되지 않았다.

→ ______________________________

(2) 합병 소식을 정부의 고위관계자로부터 들었다.

→ ______________________________

2. 국내출장/세미나 신청 업무

1) 업무의 개요

출장(出張)은 크게 국내출장과 국외(해외)출장으로 구분할 수 있다. 국내출장은 숙박(宿泊)과 비숙박, 시내(관내)출장과 시외(관외)출장으로 구분할 수 있고, 출장 기간에 따라 단기출장과 장기출장으로 구분할 수 있다. 출장이든 세미나이든 출장 근무자는 출장 목적(이유), 장소, 기간 등을 계획하고 출장 신청을 하여 결재라인의 결재를 받은 후 출장업무를 수행해야 한다.

그리고 출장자는 출장승인을 받아 출장근무를 수행할 때 성실하게 근무할 것을 서약하고 최선을 다하여 근무에 임해야 한다. 출장근무서약서는 소속부서 또는 총무부서에 제출한다. 서약서의 내용은 출장근무 중 사적업무(私的業務) 금지, 도박(賭博) 등 위법행위(違法行爲) 금지, 뇌물수수(賂物收受) 금지, 접대(接待)나 향응(饗應)을 받는 행위 금지, 지나친 음주로 인한 부적절한 행동 금지 등이다.

2) 업무흐름도 및 업무의 내용

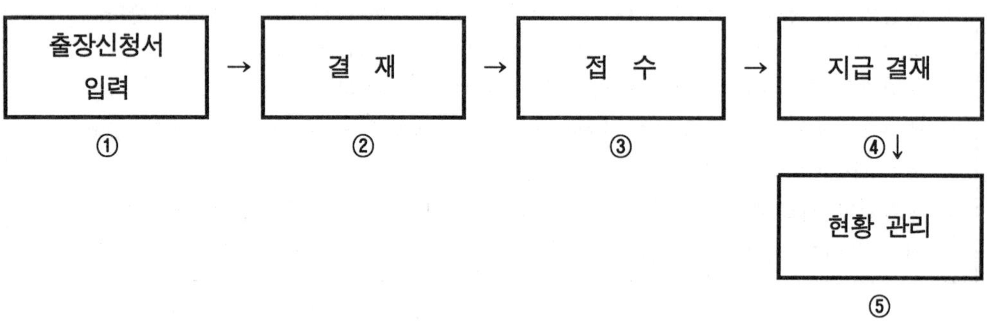

① 출장신청서 입력

통합정보시스템 접속 → 공통메뉴 → 출장관리 → 국내출장 → 국내출장신청 입력(출발 ○일전) → 결재 상신

② 결재 : 출장신청서 확인 후 내부결재(전자결재)

출장신청서 결재선 지정 → 출장신청서 수신처 지정 → 결재 상신 : 신청자 서명시 자동 결재 상신됨

③ 접수 : 총무과에서 출장신청서 접수 확인

- 총무과 수신함에서 신청서 접수 → 출장지, 출장기간, 출장비 이상 유무 확인
- 교통비 확인(실비)

○ 철도운임요금 적용(www.korail.go.kr) ○ 철도 없을 시 사용한 교통수단(고속버스, 시외버스) 실비 적용

- 이상 없으면 출납담당을 경유하여 총무과장 결재
- 이상을 발견하면 반송사유를 기재하여 반송

○ 여비는 코드화하여 관리됨 ○ 교통비 변동시 코드를 수정하여 관리 ○ 지역 누락시 추가하여 관리

④ 지급 결재 : 출납담당 출장비 지급 결재

- 출장비는 총무과장 결재 후 개인급여계좌(신청)에 출납담당이 입금

⑤ 현황 관리 : 출장신청서 출력 보관 및 현황 관리

3) 산출물(실습할 서식)

- 출장신청서
- 국내출장철
- 국내출장여비지급표

[표 5-1] 국내여비 정액표

(단위 : 원)

구분 / 직명	철도임	항공임	선박임	일 비	식 비	숙박비
임 원	KTX특실	일등석	1등정액			
부 장	KTX특실	비지니스	1등정액			
과 장	KTX특실	이코노니	2등정액			
사 원	KTX보통	이코노니	2등정액			

쉼터(13) 출장보고서(복명서) 작성 요령

- ○ 수신자(출장명령자)의 요구 및 기대에 초점을 맞추어 작성한다.
- ○ 출장 목적과 관련하여 본인이 실행한 내용을 구체적으로 작성한다.
- ○ 사실(현황)과 분석내용 및 의견을 구분하여 작성한다.
- ○ 내용을 명확하게 전달하도록 간단명료하게 작성한다.

예) ~때문에 ~해야 한다. → ~해야 한다. 그 이유는 ~ 때문이다. / ~로 생각된다. → ~로 생각한다

~인 것으로 보여진다. → 예상한다. 또는 전망된다. 그 이유는 …

Q. 다음은 출장보고서의 한 부분이다. 적절한 표현으로 고치시오.

작년의 매출(200억원)은 아주 좋았다. 전년에 비해 약 20%(정확하게 22%)나 상승했다. 이런 상승세가 지속된다면 금년에는 매출이 30% 정도 상승할 것이다.

→ ______________________________

____

[표 5-2] 출장계획서

<table>
<tr><td colspan="4" rowspan="2">출장계획서

작성일자 : 201×년 월 일( )</td><td>담 당</td><td>과 장</td><td>부 장</td></tr>
<tr><td></td><td></td><td></td></tr>
<tr><td rowspan="2">신 청 자</td><td colspan="3">소 속</td><td colspan="2">성 명</td><td>직 위</td></tr>
<tr><td colspan="3"></td><td colspan="2"></td><td></td></tr>
<tr><td>출장기간</td><td colspan="6">201×년 월 일부터 201×년 월 일까지(일간)</td></tr>
<tr><td>출 장
목 적</td><td colspan="6"></td></tr>
<tr><td rowspan="6">출 장
업 무
내 용</td><td colspan="2">일 자
(부터~까지)</td><td>방 문 처</td><td colspan="3">업 무 내 용</td></tr>
<tr><td>/</td><td>/</td><td></td><td colspan="3"></td></tr>
<tr><td>/</td><td>/</td><td></td><td colspan="3"></td></tr>
<tr><td>/</td><td>/</td><td></td><td colspan="3"></td></tr>
<tr><td>/</td><td>/</td><td></td><td colspan="3"></td></tr>
<tr><td>/</td><td>/</td><td></td><td colspan="3"></td></tr>
<tr><td rowspan="5">출 장
비 용</td><td colspan="2">비 용</td><td>금 액 (원)</td><td colspan="3">산 출 내 역</td></tr>
<tr><td colspan="2">업 무 비</td><td></td><td colspan="3"></td></tr>
<tr><td colspan="2">숙 박 비</td><td></td><td colspan="3"></td></tr>
<tr><td colspan="2">교 통 비</td><td></td><td colspan="3"></td></tr>
<tr><td colspan="2">합 계</td><td></td><td colspan="3"></td></tr>
<tr><td>비 고</td><td colspan="6"></td></tr>
</table>

[표 5-3] 출장신청서

<table>
<tr><td colspan="2" rowspan="2">출장신청서

신청일자 : 201× 년 월 일( )</td><td>담 당</td><td>과 장</td><td>부 장</td></tr>
<tr><td></td><td></td><td></td></tr>
<tr><td>소 속</td><td></td><td>직 위</td><td colspan="2"></td></tr>
<tr><td>성 명</td><td></td><td>연 락 처</td><td colspan="2"></td></tr>
<tr><td>출 장 처</td><td></td><td>출장지역</td><td colspan="2"></td></tr>
<tr><td>출장기간</td><td colspan="4">201×년 월 일부터 201×년 월 일까지(일간)</td></tr>
<tr><td>출장비용</td><td colspan="4"></td></tr>
<tr><td>출장목적</td><td colspan="4"></td></tr>
<tr><td>지시사항</td><td colspan="4"></td></tr>
<tr><td>비 고</td><td colspan="4">[첨부]</td></tr>
</table>

3. 국외출장 신청 업무

1) 업무의 개요

본 업무는 국외출장 신청과 관련된 업무이다. 회사에서는 해외시장 개척, 해외 바이어(buyer) 상담, 전시회 및 박람회 참가, 기술연수, 일류기업 탐방, 벤치마킹 등의 명목으로 국외로 출장을 가야하는 경우가 더러 있다. 국외출장(國外出張) 신청 업무는 국내출장 신청 업무와 별반 다르지 않다. 국외출장이 국내출장과 다른 점은 외화 소지, 항공편 이용, 숙박시설 예약, 여행자보험 가입 등이다.

☞ 국외(해외)출장시 주의할 점

ㅇ 출장 신청자가 일정에 맞추어 항공권 예약 ㅇ 출발 ○일전 업무담당자가 법인신용카드로 발권 ㅇ 신청자는 참가비, 체재비 등을 외화(주로 미달러)로 신청 ㅇ 여행자보험료, 비자 발급비용 포함하여 지급 신청

2) 업무흐름도 및 업무의 내용

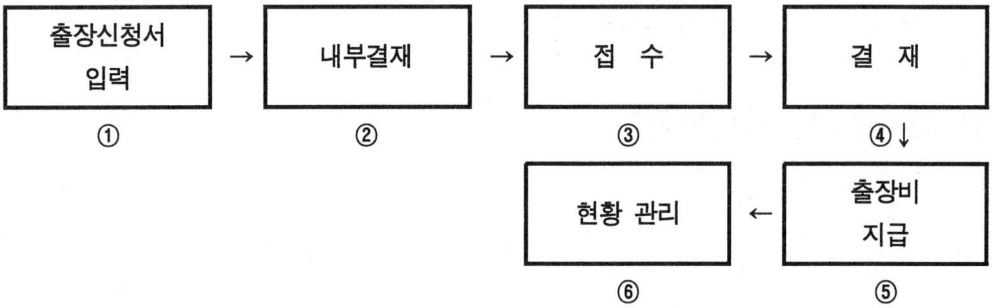

① 출장신청서 입력

통합정보시스템 접속 → 공통메뉴 → 출장관리 → 국외출장 → 국외출장신청 입력(출발 ○일전에 신청)

② 내부결재 : 통합정보시스템에서 출장신청서 확인

출장신청서 결재선 지정 → 출장신청서 수신처 지정 → 결재 상신(신청자 서명시 자동 결재 상신됨)

③ 접수 : 출장신청서 총무과 접수 확인(전자결재)
- 총무과 수신함에서 신청서 접수 → 출장지, 출장기간, 출장비 이상유무 확인
- 법인카드 신청서 작성 및 결재 후 출납담당에게 이송
- 출장지, 출장기간, 출장비 이상 유무 확인
- 이상 발견시 반송사유를 기재하여 반송(返送)

④ 결재 : 출장신청서 및 지급신청서 결재
- 업무담당자는 출발 3일전 환율적용 : 원화로 환산 지급신청서 작성

⑤ 출장비 지급
- 지급신청서 총무과장 결재후 철납담당 이송
- 개인 계좌에 출장비 입금(계좌이체)

⑥ 현황 관리 : 출장현황 관리
- 출장신청서 출력 보관 및 현황관리

3) 산출물(실습할 서식)

- 국외 출장신청서
- 법인카드 사용신청서
- 국외출장여비지급표
- 지급신청서
- 국외출장철

[표 5-4] 출장지역 구분

구 분	대 상 지 역	비 고
가 지 역	미국, 유럽, 일본, 홍콩, 러시아	지사
나 지 역	캐나다, 중국, 중동, 중남미, 동남아, 아프리카, 호주, 뉴질랜드	딜러
다 지 역	가, 나 이외의 지역	

[표 5-5] 국외여비정액표

(US $)

구 분	항 공 임	지 역	체 재 비		
			일 비	식 비	숙박비
임 원	F-Class (president)	가 나 다			
부 장	C-Class (Business)	가 나 다			
차 장 과 장	Y-Class (Economic)	가 나 다			
대리이하	Y-Class (Economic)	가 나 다			

4. 국내출장/세미나 복명 업무

1) 업무의 개요

출장근무가 종료되면 출장결과를 해당 부서장에게 서면으로 보고해야 한다. 물론 간단한 출장은 구두로 보고할 수 있다. 보고할 내용은 출장업무의 결과(성과), 비용정산, 출장기간 등이다. 업무결과는 객관적으로 수행한 내용을 보고하는데, 구체적으로는 출장 목적 달성 여부, 출장기간 중 수행한 주된 업무의 내용, 향후 개선할 사항, 세미나나 워크숍의 경우 전달 교육할 내용 등을 보고하면 된다. 그리고 총무과(경리과)에서 가지급한 출장 여비를 **정산(精算)**해야 한다.

2) 업무흐름도 및 업무의 내용

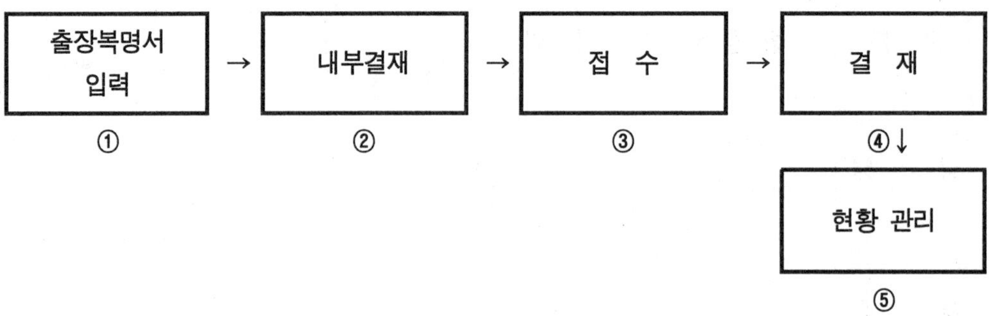

① 출장복명서 입력

통합정보시스템 접속 → 공통메뉴 → 출장관리 → 국내출장 → 국내출장복명신청 작성 → 결재 상신(도착 후 5일 이내)

② 내부결재 : 출장복명서 확인에 따른 결재

출장복명서 결재선/수신부서 지정 → 결재 상신 → 복명자 서명 → 전결권자 결재

③ 접수 : 총무과에서 출장복명서 접수 확인(전자결재)

수신문서함 접속 → 출장복명서 선택 → 접수 → 내용확인 후 결재 상신

• 출장지, 출장기간, 출장비 변동 유무 확인

○ 출장기간 변동시 차액 지급 또는 환급 ○ 지급 : 복명서 과장 결재 후 출납담당에게 이송(차액 지급) ○ 정산 : 복명서 접수시 차액 출납담당에게 반납 ○ 활동결과는 날짜별 시간 순(順)으로 입력 확인

• 이상 발견시 반송사유를 기재하여 반송

④ 결재 : 총무과장의 출장복명서 결재

⑤ 현황 관리 : 출장현황 관리

• 출장복명서를 출력하여 출장철에 합철(合綴)하여 보관

3) 산출물(실습할 서식)

• 출장복명서
• 출장여비정산서

쉼터(14) 인사예절 - 보행 중인 상황

○ 밝고 부드러운 표정으로 상대의 눈을 본다. ○ 두 손을 포갠 다음 아랫배에 가볍게 댄다. ○ 다리는 가지런히 하고 무릎 사이는 붙인다. ○ 머리만 숙이지 말고 목과 허리가 일직성이 된 상태에서 30° 구부린다. ○ 큰소리로 "안녕하십니까", "반갑습니다" 등의 인사말을 건넨다.

[표 5-6] 출장복명서

<table>
<tr><td colspan="3" rowspan="3">출장복명서
(□ 국내 □ 국외 □ 교육)</td><td rowspan="3">결재</td><td colspan="2">작 성</td><td colspan="2">검 토</td><td>승 인</td></tr>
<tr><td colspan="2"></td><td colspan="2"></td><td></td></tr>
<tr><td colspan="2">/</td><td colspan="2">/</td><td>/</td></tr>
<tr><td>소 속</td><td colspan="2"></td><td>직 책</td><td colspan="2"></td><td>성 명</td><td colspan="2"></td></tr>
<tr><td>출 장 지</td><td colspan="3"></td><td colspan="2">출장기간</td><td colspan="3"></td></tr>
<tr><td>출장용무</td><td colspan="3"></td><td colspan="2">이용차편</td><td colspan="3"></td></tr>
<tr><td colspan="9">출 장 내 용 보 고</td></tr>
<tr><td>상 담 자</td><td colspan="8"></td></tr>
<tr><td>상담일시</td><td colspan="8"></td></tr>
<tr><td>내 용</td><td colspan="8"></td></tr>
<tr><td colspan="2">출장 근태 확인</td><td colspan="2">년 월 일</td><td colspan="5">확인자 : ㊞</td></tr>
<tr><td colspan="9">출장여비계산서(여비정산용)</td></tr>
<tr><td rowspan="2">날 짜</td><td rowspan="2">항 목</td><td colspan="2">금 액</td><td colspan="4" rowspan="2">내 역</td><td rowspan="2">비 고</td></tr>
<tr><td>현 금</td><td>카 드</td></tr>
<tr><td></td><td></td><td></td><td></td><td colspan="4"></td><td></td></tr>
<tr><td></td><td></td><td></td><td></td><td colspan="4"></td><td></td></tr>
<tr><td></td><td></td><td></td><td></td><td colspan="4"></td><td></td></tr>
<tr><td></td><td></td><td></td><td></td><td colspan="4"></td><td></td></tr>
<tr><td colspan="2">소 계</td><td></td><td></td><td colspan="4" rowspan="3">원본대조필</td><td rowspan="3"></td></tr>
<tr><td colspan="2">합 계</td><td colspan="2"></td></tr>
<tr><td colspan="2">가 지 급 금</td><td colspan="2"></td></tr>
<tr><td colspan="2">차인환급액</td><td colspan="2"></td><td colspan="2">수령자확인</td><td colspan="3"></td></tr>
</table>

[표 5-7] 출장보고서

<table>
<tr><td colspan="4" rowspan="2">출장보고서

보고일 : 201×년 월 일( )</td><td>담 당</td><td>과 장</td><td>부 장</td></tr>
<tr><td></td><td></td><td></td></tr>
<tr><td rowspan="2">보 고 자</td><td colspan="3">소 속</td><td colspan="2">성 명</td><td>직 위</td></tr>
<tr><td colspan="3"></td><td colspan="2"></td><td></td></tr>
<tr><td>출장기간</td><td colspan="6">201×년 월 일 ~ 201×년 월 일(일간)</td></tr>
<tr><td>출 장
결 과</td><td colspan="6"></td></tr>
<tr><td rowspan="6">출 장
업 무
내 용</td><td colspan="2">일 자
(부터~까지)</td><td>방 문 처</td><td colspan="3">업 무 내 용</td></tr>
<tr><td>/</td><td>/</td><td></td><td colspan="3"></td></tr>
<tr><td>/</td><td>/</td><td></td><td colspan="3"></td></tr>
<tr><td>/</td><td>/</td><td></td><td colspan="3"></td></tr>
<tr><td>/</td><td>/</td><td></td><td colspan="3"></td></tr>
<tr><td>/</td><td>/</td><td></td><td colspan="3"></td></tr>
<tr><td>특 기
사 항</td><td colspan="6"></td></tr>
</table>

5. 국외출장 복명 업무

1) 업무 개요

국내출장근무와 마찬가지로 국외출장근무가 종료되면 출장결과를 해당 부서장에게 서면으로 보고해야 한다. 국외에서 수행한 출장업무의 결과, 비용정산, 출장기간 등을 반드시 서면으로 보고하고, 총무과(경리과)에서 가지급한 출장여비를 정산하여야 한다.

☞ 국외(해외)출장 복명시 주의사항

○ 출장기간의 변동 여부 확인 : 변동시 차액 지급 또는 반납 조치 ○ 활동결과는 날짜별 시간 순으로 입력 확인 ○ 여권 입·출국일자 복사본 제출 ○ 항공권(승객용), 공항이용료 영수증 제출

2) 업무흐름도 및 업무의 내용

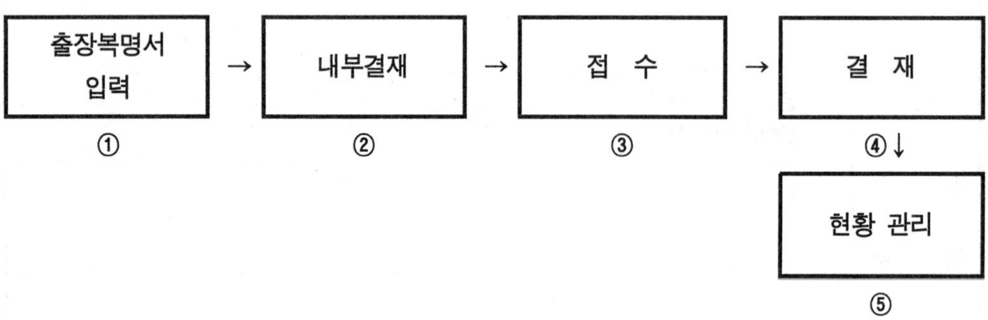

① 출장복명서 입력

통합정보시스템 접속 → 공통메뉴 → 출장관리 → 국외출장 → 국외출장복명신청 작성(도착후 14일 이내) → 결재 상신

② 결재 : 출장복명서 확인 후 내부결재

출장복명서 결재선 및 수신부서 지정 → 결재 상신 → 복명자 서명 → 전결권자 결재

③ 접수 : 총무과는 출장복명서 접수 확인(전자결재)

- 수신문서함 접속 → 출장복명서 선택 → 접수 → 내용확인 후 결재 상신
- 출장지, 출장기간, 출장비 변동 유무 확인
- 출장기간 변동시 차액 지급 또는 환급 : 차액 발생시 출납담당에게 반납
- 항공권/공항이용료 영수증을 제출받아 출납담당에게 제출
- 이상 발견시 반송사유를 기재하여 반송

④ 결재 : 총무과장이 출장복명서 결재

⑤ 현황 관리 : 출장현황 관리

- 복명서를 출력 여권사본과 함께 신청서철에 합철하여 보관

3) 산출물(실습할 서식)

- 출장복명서
- 출장여비정산서
- 항공권/공항이용료 영수증

쉼터(15) 인사자세 - 인사는 인간관계의 시작이다.

구분	상황	인사방법
가벼운 인사	• 상사를 두 번 이상 복도에서 만날 때 • 타부서 상사나 손님과 스쳐 지나갈 때	바로 선 자세에서 3m 정도 앞을 보고 상체를 15° 구부린다.
보통 인사	• 윗사람, 내방객을 만나거나 헤어질 때 • 상사의 외출 또는 퇴근(귀가) • 지시 또는 보고 후	바로 선 자세에서 1~2m 정도 앞을 보고 상체를 30° 구부린다.
정중한 인사	• 공식석상에서 처음 인사할 때 • 면접, 사죄, 예의를 갖추어 부탁할 때 • 고객에게 진정한 감사의 표현	바로 선 자세에서 1.5m 정도 앞을 보고 상체를 45° 구부린 후 천천히 일으킨다.

☞ 상황에 따른 인사법

- **상사나 동료를 자주 만나는 경우** : 정중하고 명랑하게 인사를 하고, 다시 만날 때에는 밝은 표정으로 가벼운 목례(目禮) 그리고 인사말을 건네는 것도 좋아요!
- **작업 중인 경우** : 작업 중이라도 인사할 여유가 있으면 가볍게 목례를 하고, 인사할 상황이 아니면 작업에 몰두하는 것도 상대방을 편하게 한다.
- **모르는 사람이 인사하는 경우** : 상대방이 먼저 인사하면 반드시 답례(答禮)할 것.
- **출근해서 그리고 퇴근하면서** : 아침에 출근해서는 밝고 명랑한 목소리로 인사하고, 퇴근할 적에도 남아 있는 동료들에게 반드시 인사말을 건네고 퇴근한다.

제 6 장
당직 및 휴가 관련 업무

1. 당직발령 업무

1) 업무의 개요

대부분의 회사는 무인경비시스템을 운용하고 있지만 아직도 당직(當直)을 쓰는 경우도 있다. **당직(堂直)**은 근무지에서 일직(日直)이나 숙직(宿直)을 서는 것을 말한다. 당직도 엄연히 근무의 한 형태로서 근로시간에 포함된다. 왜냐하면 실제로 근로를 제공하지는 아니하였더라도 사용자의 처분 아래 수행된 업무이기 때문이다.

일반적으로 **근로시간(勤勞時間)**이란 사용자의 지휘·감독(묵시적인 것도 포함) 아래 근로계약상의 근로를 제공하는 시간[실질근로시간]을 의미한다.

① **법정근로시간** : 근로기준법(勤勞基準法)에서 규정하고 있는 근로시간으로 휴게(休憩)시간을 제외하고 1일에 8시간, 1주일에 40시간을 초과할 수 없다(제50조). 15세 이상 18세 미만인 자의 근로시간은 1일에 7시간, 1주일에 40시간을 초과하지 못한다. 다만 당사자 사이의 합의에 따라 1일에 1시간, 1주일에 6시간을 한도로 연장할 수 있다(제69조).

② **소정근로시간** : 근로기준법 제50조, 제69조 본문 또는 산업안전보건법 제46조에 따른 법정기준 근로시간 내에서 근로계약 또는 취업규칙 등에서 근로하기로 정한 시간으로 시간급(시급) 통상임금(通常賃金) 산정을 위한 기초가 된다. 소정근로시간 외의 근로는 근로자의 동의가 필요하다.

③ **연장근로시간** : 1일에 8시간, 1주일에 40시간을 초과하여 근로한 시간

④ **야간근로시간** : 오후 10시부터 다음 날 오전 6시까지 근로한 시간

⑤ **휴일근로시간** : 법정공휴일을 포함하여 취업규칙, 단체협약 등에서 근로제공 의무가 없는 유급(有給) 또는 무급(無給) 휴일로 정해진 날에 근로한 시간

2) 업무흐름도 및 업무의 내용

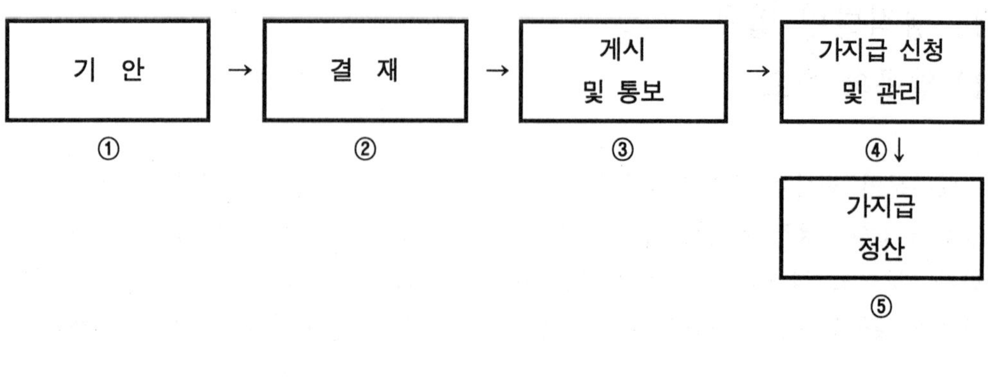

① 기안 : 당직발령 기안

- 매월 25일 전후로 익월분 당직 발령 기안

○ 평일은 「당직명령철」 좌측에 있는 당직 순서에 의하여 발령 ○ 토요일은 당직역순으로 발령

- 전자결재 상신

② 결재 : 총무과장 결재

③ 게시 및 통보

- 당직발령 결재 후 복사본 게시판 게시 및 본인에게 통보
- 당직기안문을 「당직명령철」에 보관

④ 가지급 신청 및 관리

- 통합정보시스템에서 당직비 가지급신청서 작성
- 결재선 지정 후 기안문서를 첨부하여 결재 상신
- 익월 1일 당직비 수령 통장에 입금 후 매일 당직자에게 서명 받고 당직비 지출
- 교체자에게는 성명 기입 후 서명하도록 요구
- 당일 당직자는 일과 종료 전 당직가방과 당직비를 수령하도록 요구

⑤ 가지급 정산

- 가지급 신청시 정산예정일에 맞추어 가지급금 정산
- 정산서에는 당직발령 기안문과 당직비 수령확인서를 첨부하여 결재 상신
- 당직비수령확인서 원본을 출납담당에게 제출

3) 산출물(실습할 서식)

- 당직명령 기안문
- 당직명령철
- 가지급신청서
- 가지급정산서
- 수령확인서

2. 당직교체 신청 업무

1) 업무의 개요

당직 명령에 의하여 당직 근무를 해야 할 사람이 사정이 생겨 **당직근무(堂直勤務)**를 할 수 없는 경우에는 당직을 교체해야 한다. 이 때 임의로 당직근무를 바꾸면 안 되고, 반드시 **당직교체(堂直交替)** 신청을 하여 결재를 받아야 한다. 당직교체 신청은 원래의 당직근무자가 「당직교체신청서」를 작성하고, 본이 대신에 당직근무를 할 사람[교체된 사람]이 승낙(承諾)해야 한다. 당직근무를 대신 할 사람이 없으면 회사에서 정해진 규칙에 따라 당직 명령을 내야 한다.

2) 업무흐름도 및 업무의 내용

교체신청서 작성	→	접 수	→	결 재	→	신청서 보관
①		②		③		④

① 교체신청서 작성 : 당직교체신청서 양식을 선택하여 작성(최소 교체 1일전)
- 결재선에서 교체대상자 결재선을 협조에서 지정 후 결재 상신(수신처는 총무과)
- 교체 협조자의 협조 서명 후 총무과로 자동 이송

② 접수 : 총무과 접수
- 수신문서처리기에서 당직 교체신청서 접수
- 교체자 및 교체일자 확인
- 담당자 서명 후 총무과장 결재 상신

③ 결재 : 총무과장 결재

④ 신청서 보관

- 공용문서함에서 결재 완료된 문서를 확인 후 출력하여 당직명령철에 보관
- 당직일에 교체 여부 확인 후 당직비 지급

3) 산출물(실습할 서식)

- 당직교체신청서
- 당직명령철

쉼터(16) 상사의 지시에 효과적인 대응

□ 지시를 받을 때의 예절

- ○ 상사의 호명(呼名)이 있으면 즉시 대답하고, 필기도구(수첩과 펜)를 준비하여 상사에게로 간다.
- ○ 상사를 바라보면서 경청하고, 경청하면서 지시사항의 요점을 6하 원칙에 따라 메모한다.
- ○ 지시가 끝나면 지시내용을 정리하면서 복창(復唱) 또는 확인한다.
- ○ 지시 내용 중 잘 모르는 것이 있으면 부끄러워하지 말고 질문을 통하여 확인한다.

□ 지시를 받고 난 후의 태도

- ○ 상사의 의도 및 요구사항이 무엇인지 정확하게 파악한다.
- ○ 상사로부터 일의 중요도를 확인해서 업무의 순서를 정한다.
- ○ 언제까지 마무리하고 언제까지 보고해야 하는지를 상사에게 여쭈어 본다.
- ○ 시간상, 능력상 업무 추진이 무리하다고 생각되면 사실대로 상사에게 보고한다.

[표 6-1] 당직교체 신청서

<table>
<tr><td colspan="7">당직교체신청서</td></tr>
<tr><td rowspan="2">신 청</td><td colspan="2" rowspan="2">(인)</td><td rowspan="4">결
재</td><td>담 당</td><td>총무과장</td><td>부 장</td></tr>
<tr><td rowspan="3"></td><td rowspan="3">전결</td><td rowspan="3"></td></tr>
<tr><td rowspan="2">변 경</td><td colspan="2" rowspan="2">(인)</td></tr>
<tr></tr>
<tr><td rowspan="2">소 속</td><td rowspan="2">직 위</td><td rowspan="2">성 명</td><td colspan="4">당 직 일</td></tr>
<tr><td colspan="2">당 초</td><td colspan="2">변 경</td></tr>
<tr><td></td><td></td><td></td><td colspan="2">월 일</td><td colspan="2">월 일</td></tr>
<tr><td></td><td></td><td></td><td colspan="2">월 일</td><td colspan="2">월 일</td></tr>
<tr><td>교 체
사 유</td><td colspan="6"></td></tr>
<tr><td colspan="7">위 사유로 상호 당직근무 교체를 신청합니다.

201×년 월 일</td></tr>
</table>

3. 휴가신청 업무

1) 업무의 개요

휴가(休暇)란 일정기간 근무를 하지 않고 쉬는 것을 말한다. 회사 근로자(종업원)의 경우 하계휴가, 연월차휴가, 체력단련 휴가, 경조휴가, 출산휴가 등이 있다. 회사(사용자)는 취업규칙 등에 휴가시기, 휴가대상, 휴가일수, 휴가의 유급 또는 무급 유무, 휴가의 소멸 등을 규정하여야 한다.

① **하계휴가** : 사용자가 임의로 여름철(6월~8월)에 종업원에게 주는 휴가로 법으로 강제하지 않으며, 사용자는 하계휴가를 시행해야 할 의무는 없다.

② **연차휴가** : 사용자는 1년간 80% 이상 출근한 근로자에게 15일의 유급휴가를 부여하여야 한다(근로기준법 제60조).

③ **경조휴가** : 근로자 본인 및 자녀의 결혼, 배우자의 사망, 본인/배우자의 부모님의 회갑/사망 등 경조사(慶弔事)를 당한 경우에 부여하는 유급휴가

④ **체력단련휴가** : 근로자 본인의 체력 단련을 위한 휴가

⑤ **출산휴가** : 출산 전후 3개월간의 휴가를 부여하여야 한다.

2) 업무흐름도 및 업무의 내용

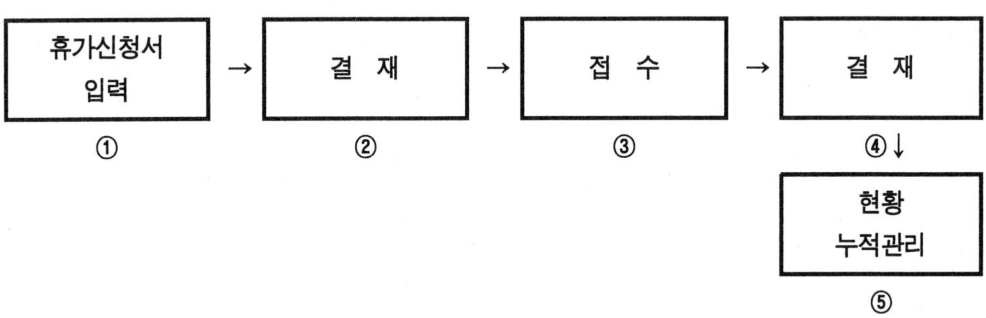

① 휴가신청서 입력 : 근거서류는 신청 후 총무과로 제출

통합정보시스템 접속 → 공통메뉴 → 신청관리 → 휴가신청 → 휴가신청서 입력 → 결재상신 → 신청자서명 → 수신처 지정 → 내부결재

② 결재 : 수신처를 총무과/인사과 인사담당으로 지정하여 내부결재

③ 접수 : 총무과는 수신문서처리기에 휴가 신청서 접수 확인

수신문서처리기 → 휴가신청문건 선택 → 접수 클릭 → 담당자 확인 후 결재 상신

- 결재 상신 전 휴가종류, 휴가일수 잔여일 초과 여부 확인
- 경조, 공무, 7일 이상 병가의 경우 증빙서류 첨부
- 전일 또는 반일 여부 확인 : 이상 없을시 총무과장 결재 상신
- 이상 발견시 반송사유를 기재하여 반송

④ 결재 : 총무과장 결재 후 공용문서함 보관

⑤ 현황 누적 관리
- 결재 후 개인별 휴가사용현황 통합정보시스템에서 확인/누적관리
- 결재완료 문서를 출력하여 근거서류를 첨부하여 보관

3) 산출물(실습할 서식)

- 휴가신청서
- 휴가신청서철
- 근태신청서

[표 6-2] 연차유급휴가 일수표(발생기준 : 전년도 80% 이상 출근)

근속연수	연차휴가일수	근속연수	연차휴가일수
1년차	1개월 근무에 1일	11년차	19일
2년차	15일	12년차	20일
3년차	15일	13년차	20일
4년차	16일	14년차	21일
5년차	16일	15년차	21일
6년차	17일	16년차	22일
7년차	17일	17년차	22일
8년차	18일	18년차	23일
9년차	18일	19년차	23일
10년차	19일	20년차	24일

[표 6-3] 휴가일수(예시)

1. 월차휴가
- 1개월 만근시 1개의 월차 유급휴가 발생
- 1년간 적치하여 사용 가능하며, 미사용 분에 대하여는 월차수당 지급

2. 연차휴가
- 1년 만근시 10개의 연차 유급휴가 발생
- 9할 이상 출근시 8개의 연차 유급휴가 발생
- 근속년수가 증가함에 따라 연차 유급휴가가 1개씩 증가함

3. 체력단련휴가
- 휴가개시일 이전 1년 이상 근무한 직원 : 6일
- 휴가개시일 이전 6개월 이상 1년 미만 근무한 직원 : 4일
- 휴가개시일 이전 3개월 이상 6개월 미만 근무한 직원 : 2일

※ 위 1,2,3항 모두 반일 단위 사용 가능함.

4. 경조휴가
- 결혼 : 본인 일, 자녀 일, 형제자매 일,
- 사망 : 부모 일, 배우자의 부모 일, 백부모/숙부모 일, 조부모 일, 배우자 일

[표 6-4] 근태신청서

<table>
<tr><td colspan="2" rowspan="2">근 태 신 청 서</td><td rowspan="2">결
재</td><td>담 당</td><td>과 장</td><td>부 장</td></tr>
<tr><td></td><td></td><td></td></tr>
<tr><td>소 속</td><td></td><td>담당업무</td><td colspan="3"></td></tr>
<tr><td>성 명</td><td></td><td>기 간</td><td colspan="3"></td></tr>
<tr><td>신청사유</td><td colspan="5">※ 증빙서류 첨부 바랍니다.</td></tr>
<tr><td>연 락 처 1</td><td></td><td>연 락 처 2</td><td colspan="3"></td></tr>
<tr><td>업무인수자</td><td colspan="5"></td></tr>
<tr><td colspan="6">위와 같이 ☐ 결 근 ☐ 연차휴가 ☐ 경조휴가 ☐ 지 각 ☐ 조 퇴 ☐ 외 출 ☐ 휴 직 ☐ 기 타 하고자 근태신청서를 제출합니다.</td></tr>
<tr><td colspan="6">201×년 월 일

신 청 인 : (인)</td></tr>
<tr><td colspan="6">※ 근태신청서는 신청하고자 하는 날의 전일 오전까지 신청하여야 합니다.
※ 대표의 사전 승인이 필요하며, 불가항력적인 경우는 즉시 구두로 승인받고 사후에 반드시 본 신청서를 제출하여야 합니다.</td></tr>
</table>

[표 6-5] 결근계

<table>
<tr><td colspan="2" rowspan="2">결 근 계</td><td>담 당</td><td>과 장</td><td>부 장</td></tr>
<tr><td></td><td>전결</td><td></td></tr>
<tr><td>성 명</td><td>㊞</td><td>사 번</td><td colspan="2"></td></tr>
<tr><td>소 속</td><td></td><td>직 위</td><td colspan="2"></td></tr>
<tr><td>기 간</td><td colspan="4">201×년 월 일부터 201×년 월 일까지(일간)</td></tr>
<tr><td>사 유</td><td colspan="4"></td></tr>
<tr><td colspan="5">□ 위와 같은 사유로 ( )일간 결근하고자 증빙서류를 첨부하여 결근계를 제출합니다.
□ 위와 같은 사유로 ( )일간 결근하였기에 증빙서류를 첨부하여 결근계를 제출합니다.

※ 첨부서류 :

우리정공(주) 대표이사 위임권자 총무과장 귀중</td></tr>
</table>

<table>
<tr><td rowspan="2">결 근 승 인</td><td>일 자</td><td>소 속</td><td>부서장(서명)</td></tr>
<tr><td></td><td></td><td></td></tr>
<tr><td rowspan="2">제 출 확 인
(인사기록)</td><td>일 자</td><td>총무부서</td><td>부서장(서명)</td></tr>
<tr><td></td><td></td><td></td></tr>
</table>

쉼터(17) 상사에 대한 효과적인 보고

□ 보고가 필요한 경우

- ○ 지시 받은 업무가 끝났을 때
- ○ 장기적·계속적 업무를 수행하는 중에 진행상황을 보고
- ○ 지시받은 일이나 이미 승인된 작업 계획을 도중에 변경해야 할 때
- ○ 상사가 담당하고 있는 업무와 관련이 있는 정보가 입수되었을 때
- ○ 업무 추진 중 새로운 의견이나 아이디어가 있거나 문제가 발생했을 때

□ 효과적인 보고 방법

- ○ 지시한 사람에게 간단명료하고 신속하게 문제의 핵심을 보고한다.
- ○ 정확하고 간결하게 육하원칙에 의거 요점을 강조해서 보고한다.
- ○ 결론을 먼저 말하고, 경과 및 사유 등의 순으로 보고한다.
- ○ 지시받은 일이 끝났으면 즉시 보고한다. 자리에 없으면 메모를 해서라도 보고한다.
- ○ 상사가 불어보기 전에 보고한다.
- ○ 특히 끝내는 데 시일이 걸리는 일은 중간보고를 통하여 경과 및 현황을 보고한다.
- ○ 보고 내용이 복잡하거나 기록으로 남겨야 할 경우에는 문서로 보고한다.

제 7 장
차량관리 업무

1. 배차신청 업무

1) 업무의 개요

차량관리(車輛管理)의 주요 업무는 차량의 구매/운행/매각/폐기 등과 관련된 업무이다. 차량관리의 목적은 자산의 효율적인 활용, 가치의 보존, 차량의 안전운행, 운전원의 안전관리 등에 있다. 관리대상 차량은 회사에서 구매하여 자산으로 등록한 회사소유차량, 1년 이상 장기 임차하여 사용하는 리스차량, 1개월 이하 단기 또는 임시로 사용하는 렌트차량으로 구분할 수 있다.

「자동차관리법」에서는 차량의 형태(形態)와 용도(用途)에 따라 화물/특수/승합/승용/이륜자동차로 구분하고, 배기량/승차정원/화물적재량/총중량에 따라 소형/중형/대형차로 구분한다. 그리고 배기량 1,000cc미만인 승용차는 경차(輕車)라고 한다. 하지만 부가가치세법상 **소형승용차(小型乘用車)**는 10인승 이하의 승용차를 말한다. 소형승용차의 구입/임차/유지와 관련된 지출은 매입세액을 공제받지 못한다.

- 화물자동차 : 화물을 운송하기에 적합한 화물적재공간을 갖추고, 화물적재공간의 총적재화물의 무게가 운전자를 제외한 승객이 승차공간에 모두 탑승했을 때의 승객의 무게보다 많은 자동차
- 특수자동차 : 다른 자동차를 견인하거나 구난작업 또는 특수한 작업을 수행하기에 적합하게 제작된 자동차로서 승용자동차, 승합자동차, 화물자동차가 아닌 자동차
- 승합자동차 : 11인 이상을 운송하기에 적합하게 제작된 자동차
- 승용자동차 : 10인 이하를 운송하기에 적합하게 제작된 자동차
- 이륜자동차 : 총배기량이나 정격출력의 크기와 관계없이 1인 또는 2인의 사람을 운송하기에 적합하게 제작된 이륜의 자동차 및 그와 유사한 구조로 되어 있는 자동차

☞ 차량관리업무

- ○ 차량구입 및 등록업무
- ○ 차량운행의 배차관리
- ○ 차량운전원의 교육 및 관리
- ○ 차량운행의 확인 및 관리
- ○ 차량정비의 확인 및 관리
- ○ 유류비의 사용 및 확인
- ○ 운행일지와 정비일지 작성 및 확인
- ○ 자동차보험의 가입 및 관리
- ○ 자동차사고의 접수 및 처리
- ○ 차량 매각 및 폐기의 결정

배차신청업무는 차량의 구분과 관계없이 회사 업무 처리에 효과적으로 사용될 수 있는 차량을 업무수행에 합당한 직원(운전원)에게 적절하게 배분하는 작업이다. 배차(配車)를 받은 차량을 운행하는 운전원은 다음 사항을 포함하는 차량운행일지를 작성하여 주관부서(총무과)에 제출해야 한다.

ㅇ 운행 일시 ㅇ 운행 목적(업무 및 사유) ㅇ 운행 장소 ㅇ 운행자 성명/소속/직위 ㅇ 운행 거리 ㅇ 기타 운행 중 특이사항

2) 업무흐름도 및 업무의 내용

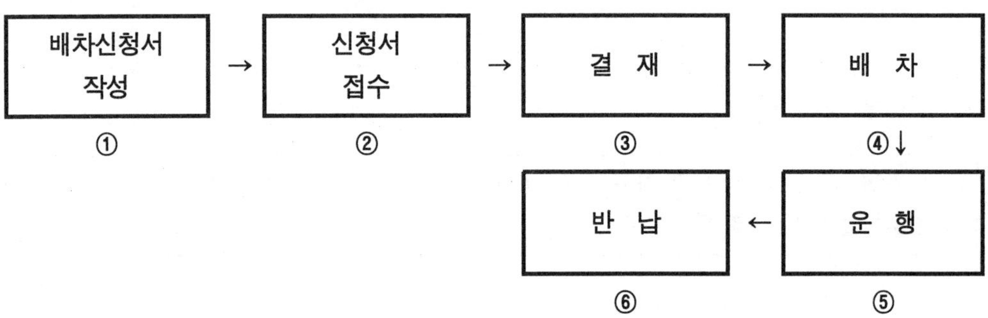

① 배차신청서 작성

- 사용 1일전(장거리, 휴일은 2일전) 신청 : 당일 신청시 그 사유를 기재
- 최초 배차시 면허증사본 제출(차후에는 면허번호만 기재)
- 승차인원은 운전자를 포함하여 지재

배차신청서 입력 : 통합정보시스템 → 신청관리 → 배차신청서 → 배차신청서 입력(결재시 수신처 지정)

② 신청서 접수 : 총무과 수신문서함에서 접수
- 담당자 확인 후 결재 상신

③ 결재 : 총무과장 결재

④ 배차
- 차량열쇠, 운행일지 불출(拂出)
- 배차 중복시 업무의 중요성과 긴급성을 고려하여 접수순에 따라 배차
- 배차 불가 직원 : 차량보조비 지급 대상 직원

⑤ 운행 : 차량 안전운행
- 차량운행일지 작성(운행일/운행시간/행선지/운행거리 등)

⑥ 반납
- 차량열쇠 및 운행일지 반납
- 담당자는 차량 이상 유무 점검

※ 운행 중 유의사항

○ 허가된 곳, 운행 목적 및 사유 이외 목적 운행 금지(음주운행은 절대 불가) ○ 도로교통법 및 관련법규 준수

3) 산출물(실습할 서식)
- 배차신청서
- 차량운행일지
- 차량급유대장
- 차량관리대장
- 차량정비대장

[표 7-1] 차량관리대장

<table>
<tr><td colspan="7">차량관리대장
□관리부서 : □책 임 : □담 당 :</td></tr>
<tr><th colspan="7">차 량 정 보</th></tr>
<tr><td>차량번호</td><td></td><td>차 종</td><td></td><td>엔진번호</td><td colspan="2"></td></tr>
<tr><td>등록년월일</td><td>201×. . .</td><td>등록번호</td><td></td><td>엔진형식</td><td colspan="2"></td></tr>
<tr><td>자동차검사일</td><td>201×. . .</td><td>유효기간일</td><td>201×. . .</td><td>만 료 일</td><td colspan="2">201×. . .</td></tr>
<tr><td>차량총중량</td><td>kg</td><td>최대적재량</td><td>kg</td><td>총배기량</td><td colspan="2">cc</td></tr>
<tr><td>차량구입처</td><td></td><td>취득원가</td><td></td><td>자본적지출</td><td colspan="2"></td></tr>
<tr><th colspan="7">자동차보험(1년)</th></tr>
<tr><td>보험회사</td><td></td><td>보험기간</td><td colspan="4">201×. . . ~ 201×. . .</td></tr>
<tr><td>당당직원</td><td></td><td rowspan="2">보험가입 금액</td><td>책 임</td><td>대 인</td><td>대 물</td><td>차 량</td></tr>
<tr><td>증권번호</td><td></td><td></td><td></td><td></td><td></td></tr>
<tr><th colspan="7">수리(정비) 내역</th></tr>
</table>

날 짜	총주행거리	정비업체	수리 비용	누 계 액	비 고

[표 7-2] 차량정비대장

차량정비대장							
□관리부서 :			□책 임 :			□담 당 :	
날 짜	차 종	차 량 번 호	정비명	비 용	정 비 업 체	운전자	비 고

2. 차량수리신청 업무

1) 업무의 개요

본 업무는 고장(故障)난 차량이나 노후(老朽)된 차량의 수리 및 정비 신청에 관한 업무이다. 업무용승용차, 제품 운송 화물차 등 회사의 관리와 통제 하에 있는 차량을 운전하는 직원(운전원)은 운행 전후에 철저한 점검을 해야 한다. 닦고 조이고 기름 치는 일에 게으르지 말아야 한다. 고장 난 경우는 물론 고장이 나기 전이라도 부속품 교환이나 수리를 해야 할 필요가 있을 때는 수리할 내용을 주관부서(주로 총무과)에 보고한 후 지정 정비공장/정비센터에서 수리해야 한다.

☞ 업무용차량의 정비기준

- ○ 운전원은 운행 전후에 철저한 일상점검을 해야 하고, 수리가 필요한 경우에는 수리 내용을 주관부서(총무과 차량담당)에 보고한다. 그러나 운행 중에 고장이 나면 전화 보고를 하고, 가까운 정비센터에서 수리한 후 영수증을 첨부하여 처리한다.
- ○ 수리가 완료된 후에는 반드시 정비사항을 차량정비대장에 기재한다.
- ○ 사전승인을 받지 않고 운전원 임의로 부품을 교환하거나 수리한 부분은 그 비용을 본인이 부담한다.
- ○ 정비비용은 차량수리비 지출품의서를 작성하여 결재 후 지급한다.
- ○ 차량의 각종 부품 및 엔진오일 등은 사전 점검을 철저히 하여 고장이 발생하지 않도록 적기에 교환, 수리한다.

2) 업무흐름도 및 업무의 내용

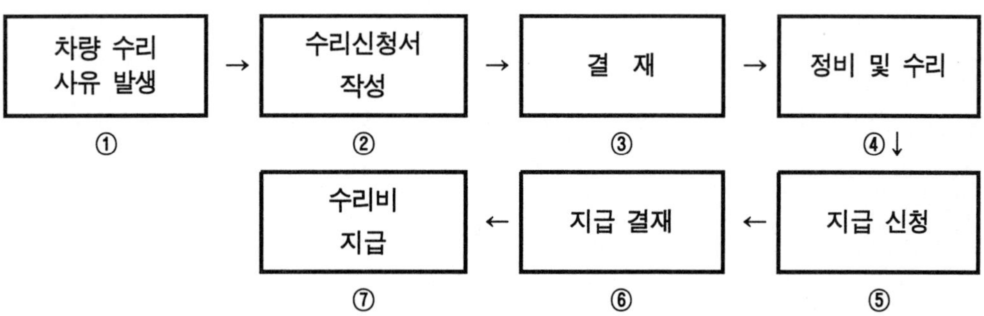

① 차량수리 사유 발생 : 차량정비(고장 전) 및 수리사유(고장 후) 발생

② 수리신청서 작성 : 통합정보시스템세서 차량수리신청서 작성
- 정비(수리) 사유 기재(견적서 첨부)

③ 결재 : 총무과장 결재

④ 정비 및 수리 : 차량정비 및 수리
- 지정 정비업체 이용
- 긴급 사유 발생시 가까운 정비업체 이용

⑤ 지급 신청 : 지급 신청서 작성
- 법인카드 사용 신청서 작성(카드사용시)

⑥ 결재 : 경리과장의 수리비 지급 결재

⑦ 수리비 지급 : 차량수리비 지급
- 영수증 출납담당자에게 제출

3) 산출물(실습할 서식)
- 차량수리 신청서
- 지급 신청서
- 법인카드 사용 신청서

3. 차량주유관리 업무

1) 업무의 개요

본 업무는 회사에서 업무용으로 사용하는 차량에 기름(가솔린, 경유)을 넣거나 가스(LPG) 또는 전기를 충전하는 것과 관련된 업무이다. 업무용 차량을 운행하는 자는 연료가 소진되기 전에 연료를 주입해야 다음 운행에 차질이 생기지 않는다. 차량의 에너지원(전기/휘발유/경유/LPG)에 관계없이 차량 운행에 필요한 연료는 모두 회사 부담이다. 그러므로 업무담당은 회사의 규정에 따라 차량주유 관리업무를 철저히 해야 한다. 차량의 **주유관리(注油管理)**는 운행거리, 주유량, 업무량을 기준으로 다음과 같이 처리한다.

- 주유는 회사 지정 주유소에서 주유한다. 다만 사정상 거리의 제한이 있는 경우에는 운전자가 판단하여 주유한다.
- 운행자는 주유시 회사에서 지급한 주유카드를 사용한다. 다만 현금 또는 개인카드 사용시 주유영수증을 주관부서에 제출한다.
- 운행자는 운행거리/주유량/주유금액 등의 주유현황표/차량급유대장을 작성한다.
- 주유현황표/차량급유대장은 주관부서(총무과)에서 보관한다.

2) 업무흐름도 및 업무의 내용

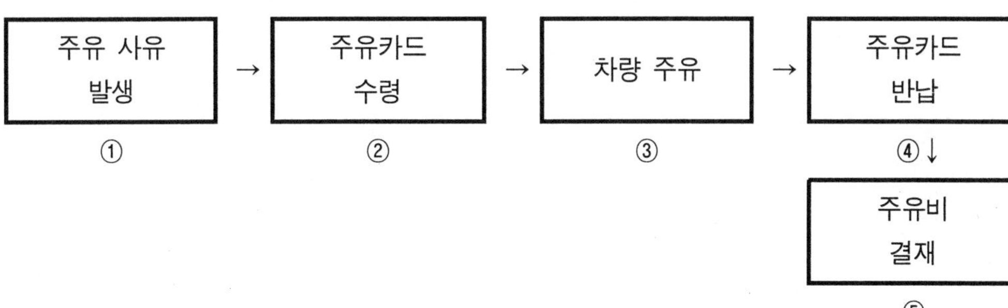

① 주유 사유 발생 : 차량 주유 사유 발생

② 주유카드 수령

• 업무차량 배차시 주유할 필요가 있을 경우 관리책임자에게 주유카드 수령
• 개인차량 주유할 필요가 있을 시 주유신청서 작성 제출 후 주유카드 수령

③ 차량 주유
• 가급적 지정 주유소에서 주유
• 카드로만 주유하고, 차량별 별도카드 사용
• 주유현황표 작성 또는 주유대장(차량급유대장)에 기록

④ 주유카드 반납 : 주유 후 카드 반납

⑤ 주유비 결재
• 매월 정해진 날짜에 주유비 결재(전월 1일 ~ 말일)
• 법인카드사용신청서 작성

3) 산출물(실습할 서식)

• 개인주유신청서
• 차량급유대장
• 주유현황표
• 주유카드
• 법인카드사용신청서

[표 7-3] 주유신청서

<table>
<tr><td>사 번</td><td colspan="3"></td><td>부 서</td><td></td><td>직 위</td><td></td></tr>
<tr><td>이 름</td><td colspan="4">(서명)</td><td>운행일자</td><td colspan="2">201×. . .</td></tr>
<tr><td rowspan="5"></td><td colspan="5">운 행 구 간</td><td>구 분</td><td>거리(Km)</td></tr>
<tr><td rowspan="3">출발지</td><td>1</td><td></td><td rowspan="3">출장외근지역택 1</td><td></td><td>왕 복</td><td>km</td></tr>
<tr><td>2</td><td></td><td></td><td>왕 복</td><td>km</td></tr>
<tr><td>3</td><td></td><td></td><td>왕 복</td><td>km</td></tr>
<tr><td colspan="6">합 계</td><td>km</td></tr>
<tr><td>운 행
목 적</td><td colspan="7"></td></tr>
<tr><td>모델명</td><td colspan="3"></td><td>연 료</td><td></td><td>배기량</td><td></td></tr>
<tr><td>차 량
번 호</td><td colspan="3"></td><td>주행연비
(Km/ℓ)</td><td></td><td>지급량
(ℓ)</td><td></td></tr>
<tr><td>지 급
금 액</td><td colspan="3"></td><td>특기사항</td><td colspan="3"></td></tr>
</table>

※ 청색부분은 값을 입력하시고 적색부분은 선택하시면 됩니다.

※ 전사게시판에 주유대 표준양식을 이용하시면 자동계산됩니다.

4. 차량사고처리 업무

1) 업무의 개요

본 업무는 차량이 사고가 났을 때 사고처리에 관한 업무이다. 차량을 운행(運行)하다보면 사고는 일어나기 마련이다. 사고를 내든 사고를 당하든 일단 차량사고가 발생하면 회사는 손실을 입기 마련이다. 그러므로 사고가 나지 않도록 운전자는 음주운전은 해서는 안 되고, 교통법규를 준수하여 안전운행에 만전을 기해야 한다.

만일 회사차량을 운행하는 중에 사고가 발생하면 운행자는 주관부서장에게 즉시 구두(口頭)로 보고하고, 회사에 들어와서 아래 사항을 주된 내용으로 하는 사고보고서를 작성, 제출하여야 한다. 운행자가 「**사고경위서(事故經緯書)**」를 작성할 수 없는 경우에는 동승자(同乘者) 또는 기타 목격자(目擊者)의 진술(陳述)로 대체할 수 있다.

☞ 사고보고서에 들어갈 내용

○ 사고 경위(6하 원칙에 따라 기술) ○ 대인사고현황 ○ 대물사고현황 ○ 사고현장 약도 ○ 증인 확보 및 기타 증거서류

- 운행 중에 발생한 회사차량 사고의 형사(刑事)상 책임은 운행자 자신이 진다.
- 사고차량에 대한 벌금, 과태료 등은 회사가 부담한다.
- 주·정차 및 통행제한구역의 위반에 대한 책임은 운행자가 부담한다.
- 회사업무 이외의 사적인 용도로 운행하다가 낸 사고는 전적으로 운전자 개인이 부담해야 한다.

그리고 운행자가 업무수행 중 발생한 차량사고에 대하여는 일반적으로 자동차보험으로 처리하게 되는데, 그 보상절차는 [그림 7-1]과 같다.

[그림 7-1] 자동차보험 보상절차

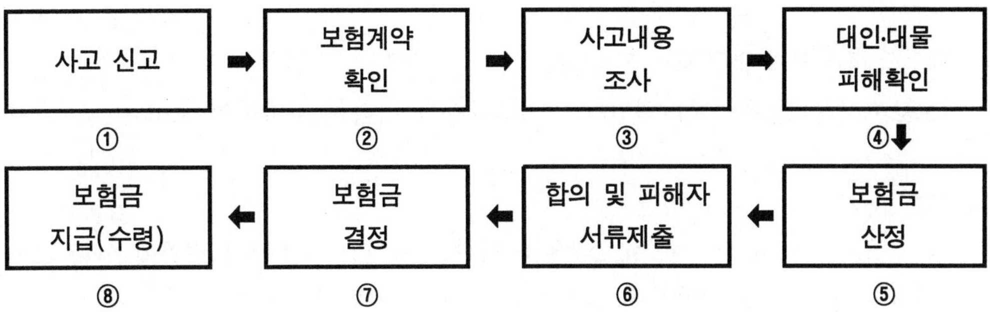

2) 업무흐름도 및 업무의 내용

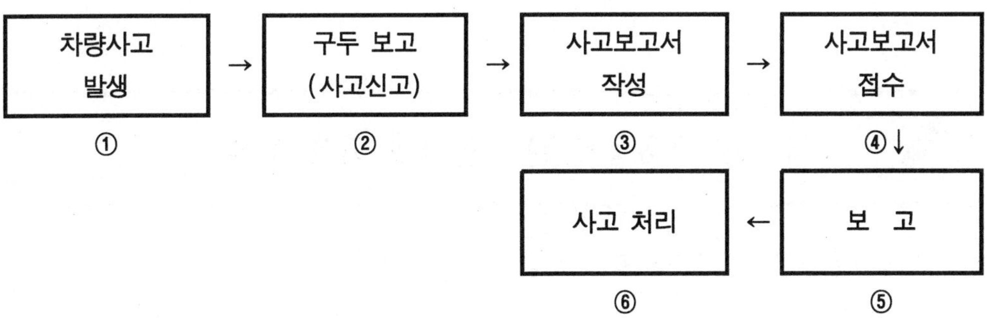

① 차량사고 발생

② 구두 보고 : 운행자 또는 동승자는 사고내용을 6하 원칙에 따라 구두로 보고

③ 사고보고서 작성
- 운행자 또는 동승자(탑승자)가 사고경위 등을 상세하게 작성
- 6하 원칙에 따라 사고 발생자/장소/시간/피해자/피해물품/목격자 등을 기술
- 운행자가 작성 불가능할 때는 동승자(탑승자), 기타 목격자의 진술로서 갈음

④ 사고보고서 접수 : 관리책임자에게 사고보고서 접수
- 관리책임자는 사고 발생자/장소/시간/피해자/피해물품/목격자 등을 확인

⑤ 보고 : 총무부장에게 서면으로 보고
- 사고보고서를 접수한 관리책임자는 사고내용을 정확히 파악하여 보고

⑥ 사고 처리
- 관리책임자는 사고접수 후 사고내용을 정확히 파악하고 소정의 절차에 따라 조치
- 운행자와 함께 관할 경찰서에 신고하고, 보험회사에 사고 통보

3) 산출물(실습할 서식)

- 사고보고서

쉼터(18) 전화응대(1) - 상사의 기호 파악

○ 내 상사는 본인에게 온 전화를 가리지 않고 모두 받는가?

그렇지 않다면

○ 상사와 자주 통화하는 사람들은 누구인가? 어떤 부류의 사람들인가?
○ 전화가 왔을 때 상사는 어떻게 알리는 것을 선호하는가?
○ 전화를 연결하기 전에 용건을 먼저 알려 주길 바라는가?
○ 용건을 여쭈어보지 않고 연결해도 되는 사람은 누구인가?
○ 전화통화를 원하지 않는 사람의 전화인 경우 어떻게 응대하기를 원하는가?

5. 차량보험가입 업무

1) 업무의 개요

본 업무는 회사 소유 차량에 대하여 **자동차종합보험(自動車綜合保險)**을 가입하는 업무이다. 자동차를 구입하게 되면 자동차의 사용 본거지를 관할하는 시·군·구청에 차량을 등록하고, 차량 운행 중의 사고에 대비하여 「자동차손해배상법」에서 정한 **책임보험(責任保險)**에 가입해야 한다. 책임보험은 보상의 한도가 제한적이므로 **임의보험(任意保險)**에 추가로 가입해야 하는데, 보험종목 및 가입대상은 [표 7-4]와 같다.

[표 7-4] 자동차보험종목

보 험 종 목	가 입 대 상
의 무 보 험	자동차손해배상법에 의해 자동차소유자가 의무적으로 가입해야 하는 대인Ⅰ 및 대물 배상보험(책임보험)
종 합 보 험	개인용/업무용/영업용 자동차를 대상으로 자동차사고에 대비하여 자손/자차/대인Ⅱ/대물에 대한 사고 보상(회사차량은 업무용임)
운 전 자 보 험	교통사고를 낸 운전자의 합의금, 벌금, 변호사 선임료 등 사고처리비용을 보장

2) 업무흐름도 및 업무의 내용

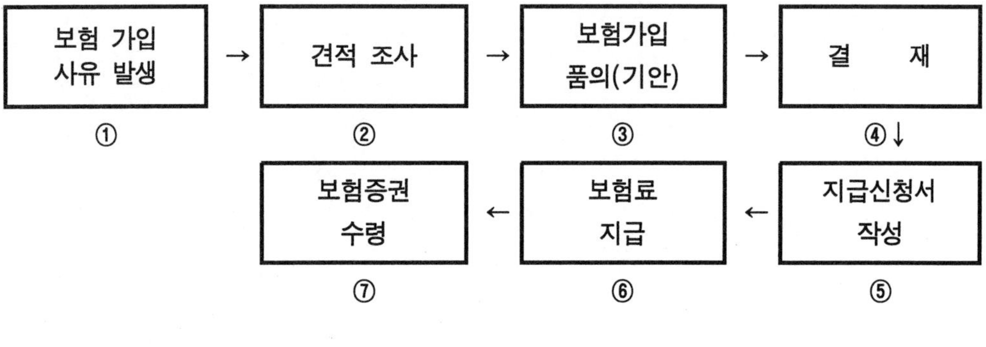

① 보험가입사유 발생 : 보험 가입 사유 및 보험 만료시(연/1회)

② 견적 조사 : 보험회사별 견적 조사

③ 보험가입 품의(기안) : 보험가입 품의서 작성

통합정보시스템 → 사업/보고/예산현황 → 예산통제 관련 기안

- 보험가입업체(자동차보험회사) 선정

④ 결재 : 총무부장 결재

⑤ 지급신청서 작성 : 자동차보험료 지급신청서 작성

⑥ 보험료 지급 : 자동차종합보험료 지급

⑦ 보험증권 수령 : 보험증권 수령 및 내용 확인 후 보관

3) 산출물(실습할 서식)

- 견적서
- 품의서
- 지급신청서
- 보험증권

제 8 장
사무실관리 업무

1. 사무실운영비 지급/정산 업무

1) 업무의 개요

기업(회사)은 유·무형의 많은 고정자산(固定資産)을 보유하고 있다. 토지, 건물(본사/공장/사택/기숙사/생활관/연수원/연구실/실험실/보육시설), 기계장치, 차량운반구. 공기구비품 등에 대한 관리가 제대로 이루어져야 한다. 그렇기 때문에 총무부서의 업무담당은 간접관리를 하고, 직접관리는 관리책임자를 지정하여 시행한다. 부동산(토지, 건물) 관련 업무는 부동산의 취득/보유/처분(매각)에 관한 업무로서 부동산 계약업무/등기업무/관리업무/세무업무로 대별할 수 있다.

회사 소유 부동산 등기는 소유권보존/소유권이전/근저당권설정/전세권설정/가등기 등이 있다. 업무담당자는 각 등기별 등기절차를 알고 그에 필요한 서류를 잘 준비해야 한다. 소유부동산에 대한 세금은 취득세/등록세/재산세/양도소득세/종합부동산세 등으로 구분할 수 있다. 업무담당자는 세목별 신고납부기한을 잘 알고 납부에 차질이 없도록 적절한 조치를 해야 한다. 여기서는 사무실 관리 및 운영에 필요한 비용의 지급 및 정산에 관한 업무를 학습한다.

2) 업무흐름도 및 업무의 내용

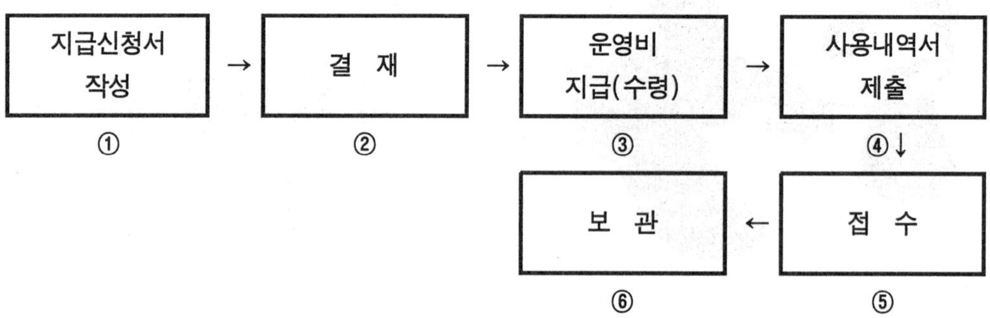

① 지급신청서 작성 : 사무실운영비 지급신청서 작성(종합정보시스템)
- 실(室)과(課)별 운영비 금액을 확인할 것

② 결재 : 결제선 지정 후 결재 상신하여 총무과장 결재

③ 운영비 지급(수령) : 실과별로 관리비 지급(부서별 담당자)

④ 사용내역서 제출
- 실과별로 운영비 사용내역서 작성(영수증 첨부)
- 전결권자의 결재를 받은 후 총무과 업무담당자에게 제출

⑤ 접수 : 총무과에서 사용내역서와 영수증을 접수

⑥ 보관 : 실과별 사용내역을 출력하여 정리 보관
- 사무실운영비철에 사용내역서와 영수증 및 사용내역을 정리한 것을 철함
- 과부족분은 이월 적용함

3) 산출물(실습할 서식)
- 지급신청서
- 사용내역서
- 사무실운영비철
- 부동산관리대장

쉼터(19) 전화응대(2) - 전화를 걸 때

☞ 전화를 걸기 전에
- ○ 용건의 제목, 내용을 6하원칙에 따라 정리, 메모하고 말할 순서를 미리 생각한다.
- ○ 필요한 서류/자료/메모할 노트를 준비한다.
- ○ 전화번호, 소속, 이름, 직위 등을 확인하고 버튼을 정확하게 누른다.

☞ 상대가 나오면
- ○ 자기의 소속과 이름을 대고 상대방을 확인한다.
- ○ 인사는 간단히 하고, 전화를 건 이유를 밝히고 바로 용건으로 들어간다.
- ○ 발음은 정확히 하고, 표준어를 사용하고, 전문용어나 약어는 사용하지 않는다.
- ○ 상대방이 전달하는 내용을 복창하지 않으면, 발신자가 복창하여 상대방의 이해 여부를 확인한다.

[표 8-1] 부동산관리대장

부동산관리대장

□ 부서 : □책임 : □담당 :

공 장

부 호	장 소	총 면 적	사용면적	생 산 품	취 득 일	비 고

창 고

부 호	장 소	총 면 적	사용면적	품 목	취 득 일	비 고

사무실

부 호	장 소	총 면 적	사용면적	사용징원	취 득 일	비 고

2. 신문구독관리 업무

1) 업무의 개요

인터넷에서 신문을 구독할 수 있으나 회사의 임원들은 그럴만한 시간적 여유가 없다. 신문사에서는 회사에 신문 구독을 부탁하기도 하고, CEO는 신문에 실린 회사의 기사에 대하여 관심과 민감한 반응을 보이기도 한다. 그러므로 CEO가 신문에 실린 우리 회사와 경쟁사 등과 관련된 기사나 정보를 한 눈에 파악할 수 있도록 정리하여 보고하는 것도 업무 중의 하나라고 할 수 있다. 따라서 총무과에서는 신문 구독 신청을 하고, 읽고 난 신문을 정리하여 보관하고, 신문 대금을 납부하는 업무를 수행하게 된다.

1) 업무흐름도 및 업무의 내용

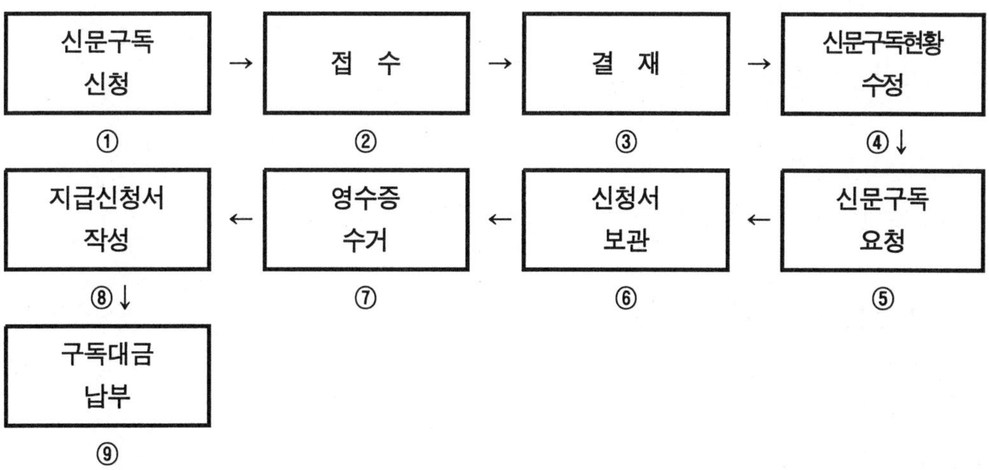

① 신문구독 신청 : 신문구독 신청/변경/폐지 신청서 작성

- 통합정보시스템의 신문구독 신청/변경/폐지 신청서 양식을 사용하여 신청
- 전결 내규(內規)에 의하여 내부결재 후 총무과로 제출

② 접수 : 총무과 업무 담당자 접수

③ 결재 : 총무과장이 신문구독신청서 결재

④ 신문구독현황 수정

⑤ 신문구독 요청
- 관련 신문사에 구독 신청/변경/폐지 연락하여 매월 초 반영 조치
- 수정한 신문구독현황표를 관련 직원에게 배포

⑥ 신청서 보관 : 신문구독관리철에 신청서 보관
- 신문 변경된 것으로 수정되어 들어오는지 확인

⑦ 영수증 수거
- 매월 마지막 주에 신문구독 지로 영수증 수거
- 각 신문사별로 금액 정리

⑧ 지급신청서 작성(종합정보시스템)

⑨ 구독대금 납부
- 출납담당에게 지로영수증 인계 및 대금 납부

3) 산출물(실습할 서식)
- 신청서
- 신문구독현황표
- 신문구독관리철
- 지급신청서

3. 전화 · LAN설치공사 업무

1) 업무의 개요

본 업무는 신입사원 입사 또는 자리 이동으로 인하여 전화나 인터넷 통신선을 추가로 설치해야할 필요가 있는 경우에 수행하는 업무이다. 전화를 설치하는 업무는 한국통신(KT)에서 하지만 인터넷 설치는 통신사에서 한다.

2) 업무흐름도 및 업무의 내용

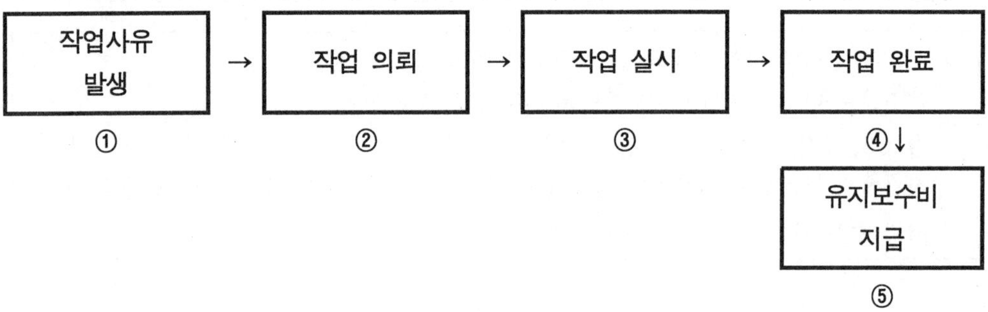

① 작업사유 발생 : 신규직원 채용, 자리 이동, 사무실 이전 등시

② 작업 의뢰 : 유지보수업체에 작업 의뢰(유선) 및 작업일정 확인
• 업체 명칭(상호), 연락처(전화번호), 담당자 성명 및 휴대폰 확인할 것

③ 작업 실시 : 전화선 및 LAN 설치작업 실시

④ 작업 완료 : 작업이 완료되면 반드시 검수

⑤ 유지보수비 지급 : 매월 유지보수계약에 의한 유지보수비 지급

○ 구매요구서/공사요구서 작성 ○ 공사 완료 후 별도 공사비 지급 신청

3) 산출물(실습할 서식)

- 인사발령통지서
- 지급신청서

쉼터(20) 전화응대(3) - 전화를 받을 때

- ㅇ 신호가 울리면 즉시 응답하고, 명랑하고 예의 바르게 말한다.
- ㅇ 목소리로 미소를 전달할 수 있도록 친절하게 응대한다.
- ㅇ 회사명, 부서명, 직위 및 이름을 밝힌다.
- ㅇ 상사에게 걸려오는 전화라면 상사에게 선별적으로 연결시켜야 하므로 전화를 건 사람의 신분이나 용건을 파악해야 한다.

□ 전화를 건 상대방의 신분 또는 신원을 확인하는 경우

- ㅇ 누구시라고 말씀드릴까요?
- ㅇ 누구신지 여쭈어 봐도 되겠습니까?
- ㅇ 어느 분이라 말씀드릴까요?
- ㅇ 어느 분이 전화하셨다고 말씀드릴까요?

□ 전화를 건 상내방에세 용건을 확인하는 경우

- ㅇ 제가 말씀을 전해 드려도 되겠습니까?
- ㅇ ○○에게 전하실 말씀이 있으십니까?
- ㅇ 제가 용건을 여쭈어 봐도 되겠습니까?

4. 통신료지급 업무

1) 업무의 개요

본 업무는 전화, 팩시밀리, 인터넷 등의 통신요금을 지급하기 위한 지급신청서를 작성하고, 결재를 받아 사용한 통신요금을 지급하는 업무이다.

2) 업무흐름도 및 업무의 내용

요금고지서 접수	→	지급신청서 작성	→	결 재	→	대금 지급
①		②		③		④

① 요금고지서 접수 : 각 통신사별 요금고지서 접수(우편 또는 이메일)

② 지급신청서 작성 : 예산 확인 후 지급신청서 작성 및 결재 상신
- 지로 및 자동이체일자 확인

③ 결재 : 총무과장 결재

④ 대금 지급 : 통신요금고지서를 출납담당자에게 제출하여 통신요금 지급

3) 산출물(실습할 서식)
- 통신요금고지서
- 지급신청서
- 지출결의서

5. 법인카드 사용내역 확인 업무

1) 업무의 개요

(1) 업무의 요약

본 업무는 법인신용카드 사용내역을 확인하고, 해당 계좌(예금통장)에서 정해진 날짜에 사용대금이 인출되는 것을 확인하는 업무이다. 출장, 세미나/워크숍/박람회 참가에 따른 지출, 사무실 운영비, 부서별 운영비, 회식비 등 각종 경비 지출에 주로 법인신용카드로 결재한다. 따라서 업무담당은 경비 지출에 사용된 법인카드의 사용내역을 확인하고, 정해진 날짜에 출금되는 금액과 사용한 금액이 맞는지를 확인해야 한다.

(2) 지출증빙

법인 또는 개인사업자는 그 사업과 관련하여 사업자로부터 재화 또는 용역을 공급(供給)받고 그 대가를 지급하는 경우에 다음의 증빙서류(적격증빙, 정규증명서류)를 수취하여야 하고, 이를 법인세 또는 소득세 신고기한 종료일로부터 5년간 보관하여야 한다. 사업자로부터 재화나 용역을 공급받고(구입하고) 정규증빙서류를 수취하지 않으면, 그 수취하지 아니한 금액의 2%에 상당하는 금액을 가산세(加算稅)로 물어야 한다. 그리고 1만원을 초과하는 접대비에 대한 정규증명서류(적격증빙)를 수취하지 않으면 손금(損金)에 산입할 수 없다.

- 소득세법상의 계산서
- 부가가치세법상의 세금계산서
- 신용카드매출전표(직불카드/기명식선불카드/외국에서 발급된 신용카드 포함)
- 현금영수증
- 영수증(부가세를 포함한 거래건당 금액에 3만원 미만인 경우)

(3) 증빙서류의 보관방법

증빙서류의 보관은 필요한 증빙서류를 점검 및 확인할 때, 회계감사를 받기 위하여 자료를 준비할 때, 국세청의 세무조사로 제출을 요구할 때 쉽게 찾아볼 수 있도록 보관하는 것이 좋다. 따라서 증빙서류를 보관하는 요령을 살펴보자.

- 세금계산서, 계산서, 현금영수증, 신용카드매출전표 : 부가세신고와 관련 있는 증빙서류는 별도로 구분하여 일자순으로 보관한다.
- 기타 영수증 : 전표 뒷면에 첨부하여 보관한다.
- 각종 계약서 등 : 별도로 편철하여 두고 목록을 작성한다.
- 전자세금계산서, 전자계산서, 홈텍스 사업용카드, 홈텍스 현금영수증 : 해당내용으로 보존을 갈음할 수 있다. 그러나 내용을 엑셀로 다운받아서 따로 보관한다. 내용 또는 집계표를 출력해서 따로 보관한다.
- 부가세신고서, 원천세신고서(4대 보험 포함), 세무조정계산서 : 업체용으로 따로 편철해 놓는다.
- 당초부터 전산조직을 이용하여 장부 및 증빙서류를 생산한 경우에는 실물을 보관하지 않을 수 있다.
- 전자세금계산서, 전자계산서, 현금영수증, 사업용카드, 신용카드매출전표의 월별 이용명세서 등 전자적 형태로 보관할 수 있는 내용은 그 해당내용으로 보존을 갈음할 수 있다.

2) 업무흐름도 및 업무의 내용

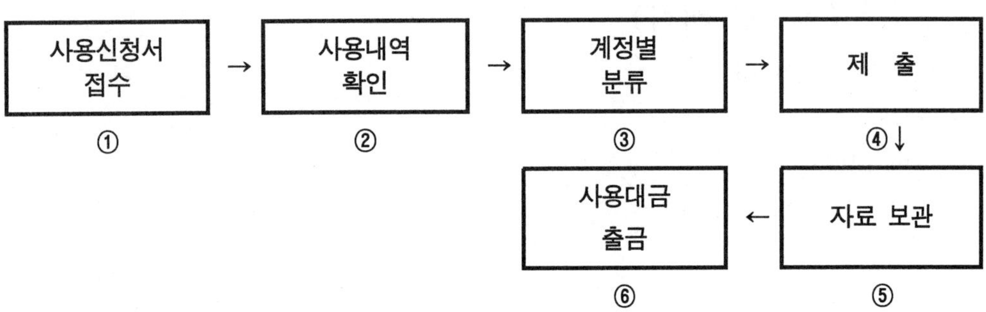

① 사용신청서 접수

- 법인카드 사용신청서 모든 결재 완료 후 영수증과 같이 총무과 접수(사용자)
- 법인카드철에 누적하여 보관

② 사용내역 확인

- 카드사에서 발행한 사용내역서와 법인카드 사용신청서 대조/확인
- 법인카드사용신청서를 작성하지 않은 것은 해당 담당자에게 통보하여 신청서를 작성하여 추가 제출토록 함

③ 각 계정별 분류

- 법인카드 사용신청서 상의 계정을 취합하여 계정별로 분류
- EXCEL 작업 실시

④ 제출 : 계정별 분류 작업 결과를 회계과에 제출

- 카드사에서 발행한 사용내역서 및 계정별로 분류 작업한 내용을 회계과의 담당자에게 제출

⑤ 자료 보관 : 월별로 분류하여 법인카드철에 자료 보관

- 법인카드사용신청서, 영수증
- 카드사 사용내역서 사본
- 계정별 분류표

⑥ 사용대금 출금 : 지정일에 법인카드 사용대금 자동 출금

3) 산출물(실습할 서식)

- 법인카드사용신청서
- 사용내역서
- 계정별 내역서
- 법인카드철

제 9 장

동호회관리 및 근태관리 업무

1. 동호회관리 업무

1) 업무의 개요

대부분의 회사에서는 임직원들의 취미활동을 돕기 위해 사내 동호회(同好會)를 조직, 운영하고 있다. 회사에서는 동호회에 일정 금액을 지원함으로써 종업원들의 사기(士氣)를 진작시키고, 그로 인하여 맡은 업무에 충실함으로 생산성과 업무의 효율성을 제고하는 효과를 기대한다. 종업원 입장에서는 취미를 같이 하는 동료들과의 모임을 통하여 친목(親睦)을 도모하고 애로사항을 털어놓음으로써 스트레스를 풀고 고충을 해소할 수도 있다. 회사 동호회를 예로 들면 다음과 같다.

- 운동 관련 : 야구, 축구, 족구, 배구, 농구, 테니스, …
- 취미 관련 : 낚시, 볼링, 음악감상, 영화감상, 다도회, 서예, 사진, …
- 건강 관련 : 등산, 산행, 트레킹, 하이킹, 사이클, 호흡, …

2) 업무흐름도 및 업무의 내용

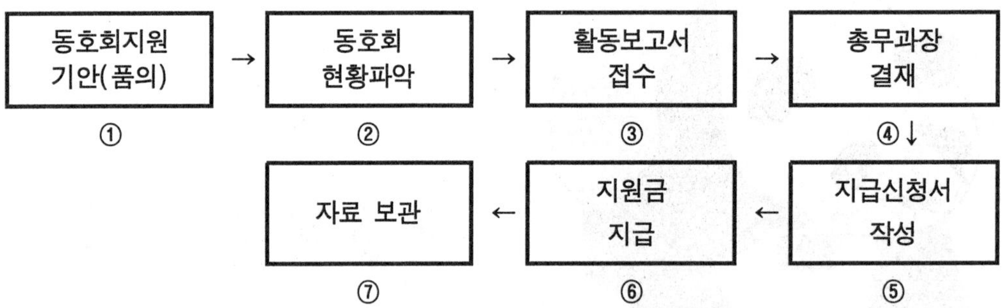

① 동호회 지원 기안(품의) : 매년 초 동호회 지원 기안

② 동호회 현황 파악 : 각 동호회별 현황 파악
- 통합정보시스템 [동호회 가입/탈퇴] 양식을 이용하여 담당자에게 가입/탈퇴 신청
- 담당자는 각 동호회별 현황 파악 및 유지

③ 활동보고서 접수 : 익월 5일까지 활동보고서 및 영수증을 제출 받음
- 총무과장에게 결재 상신(동호회별)

④ 총무과장 결재 : 동호회 활동보고서 결재

⑤ 지급신청서 작성 : 동호회지원금 지급신청서 작성(지원금액 1인당 ○만원)

⑥ 지원금 지급 : 각 동호회별로 지원금 지급(매월 지정일)

⑦ 자료 보관 : 「동호회철」에 자료 보관
- 동호회활동보고서, 영수증, 지급신청서 사본

3) 산출물(실습할 서식)
- 기안문
- 동호회현황표
- 지급신청서
- 활동보고서
- 동호회철

쉼터(21) 지로영수증

지로영수증은 신문대금, 할부금, 공과금, 전화요금, 휴대폰요금 등의 고지서(告知書)로 발급되는 것으로 우리의 생활 가운데 제법 익숙한 증빙(證憑)이다.

- ○ 기재내용이 세금계산서의 필요적 기재사항과 거의 같아서 법정증빙으로 인정된다.
- ○ 국세청장에게 신고한 서식에 **<u>공급받는 자, 등록번호 등의 사항을 모두 기재하여 발급한 경우</u>**에는 세금계산서를 발급한 것이므로 부가세신고 때 반드시 「매출처별 세금계산서합계표」에 작성하여 제출해야 한다.
- ○ 거래 상대방에게도 세금계산서라는 사실을 주지시켜 거래상대방이 부가세신고 때 매입처별세금계산서합계표에 기재하여 매입세약 공제를 받을 수 있도록 해야 한다.
- ○ 신고한 서식을 사용하더라도 **<u>공급받는 자, 등록번호 등을 기재하지 아니한 경우</u>**에는 세금계산서가 아닌 영수증을 발급한 것이므로 본인은 부가세신고 때 기타매출로 신고해야 하고, 거래 상대방은 매입세액을 공제받을 수 없다.

- 적격증명서류 : 세금계산서, 계산서, 신용카드매출전표, 현금영수증, 지로영수증
- 거래 근거서류 확인 : 거래가 발생하면 정규증명서류 외에 다른 서류가 있는지 그 내용을 확인하고, 적합성 여부를 검증할 수 있어야 일등 경리사원!

2. 특근매식 정산 업무

1) 업무의 개요

정상적인 근무시간을 초과하여 특별히 더 근무하는 것을 **초과근무(超過勤務)** 또는 **특근(特勤)**이라고 한다. 정상근무시간 종료 후 2시간 이상 근무를 하게 되면 회사에서는 **특근매식(特勤買食)**을 하도록 조치한다. 야간이나 휴일에 구내식당에서 영업을 하게 되면 구내에서 식사를 하게 되지만 중소기업에서는 대부분 일과 종료 후에는 구내식당도 밥을 하지 않기 때문에 회사 밖에 있는 식당에서 음식(새참 포함)을 사먹게 된다. 따라서 업무담당은 이러한 특근매식에 대하여 정산해야 한다.

2) 업무흐름도 및 업무의 내용

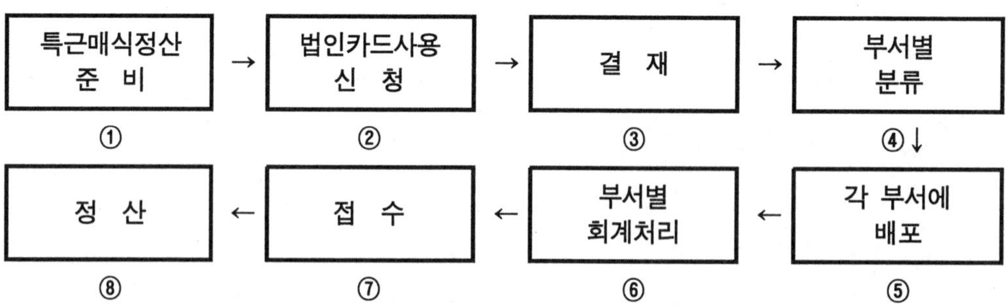

① 특근매식 정산 준비
- 각 식당별 특근매식부 작성(매월 25일 전후)
- 새로운 특근매식부를 나누어 주면서 기존의 특근매식부 수거
- 특근매식부를 수거하면서 각 식당별 매식금액을 합산하여 법인카드로 결재
- 특근매식부에 식당주의 명판(名板) 날인을 받는다.

② 법인카드 사용 신청
- 기결제한 특근매식 금액의 영수증을 첨부하여 법인카드 사용신청서 작성
- 각 부서별 예산확인을 받으므로 이때는 예산확인은 받지 않는다.

• 총무과장에게 결재 상신

③ 결재 : 총무과장 결재

④ 부서별 분류
• 식당별 특근매식부를 가지고 EXCEL작업
• 각 부서별로 특근매식 인원 및 금액을 분류

⑤ 각 부서 배포 : 작성된 부서별 특근매식부를 배포함

⑥ 부서별 회계처리
• 각 부서별로 나누어준 특근매식부를 참조하여 지급신청서를 작성
• 특근매식부 첨부

⑦ 접수 : 내부결재 후 총무과 접수

⑧ 정산 : 법인카드 정산과 함께 특근매식 정산

3) 산출물(실습할 서식)

• 특근매식부

3. 시간외근무신청 업무

1) 업무의 개요

(1) 근태관리절차

시간외근무(時間外勤務)는 근무의 한 형태로서 당연히 **근태관리(勤怠管理)**의 대상이다. 회사의 근태관리는 사원의 출근/퇴근/결근/조퇴/근무현황 등에 대한 관리를 말하며, 크게 출근관리, 근무관리, 퇴근관리로 구분할 수 있다. 회사에서는 근태관리의 기준과 방침을 정하여 시행함으로서 근무 질서를 확립하고 최적의 정원관리(定員管理)를 도모할 수 있다. 근태관리절차를 도시하면 [그림 9-1]과 같다.

[그림 9-1] 근태관리절차

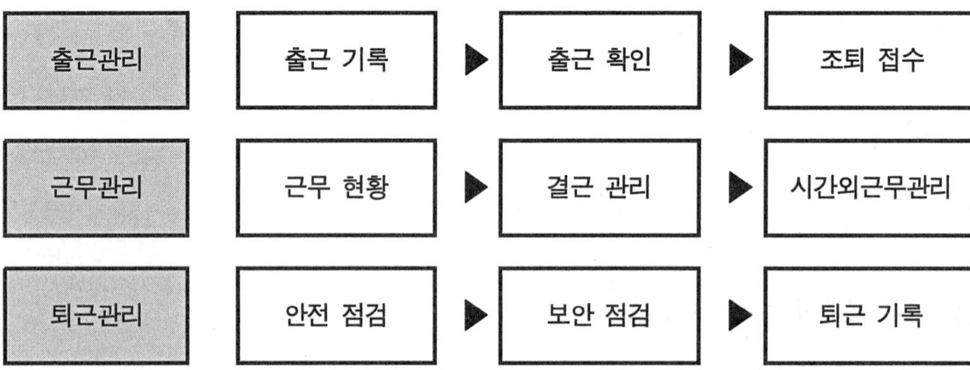

(2) 출근관리

① **출근(出勤)** : 출근관리의 주요 내용은 출근, 지각, 조퇴이다. 일반적으로 회사에서는 사업장별 또는 부서별로 **출근기록부(出勤記錄簿)** 또는 **출근카드**를 비치(備置)하고 당해 사원이 출근기록부 또는 출근카드에 직접 서명함으로 출근을 증명한다. 최근에는 출근기록부나 출근카드보다는 전자칩을 내장한 사원카드를 출입문에 갖다 대거나 지문인식장치에 지문을 인식시킴으로써 출근을 증명하기도 한다. 출근을 증명하는 기기(器機)나 장치(裝置)로는 출근계수기카드, 지문인식출근기록기 등이 있다. 총무부서장은 출근기록부를 확인하여 당일 근무자와 결근자를 확인하여 사장(대표)이나 이사에게 보고한다.

☞ 출근보고서의 내용

출근자 ○명, 결근자 ○명, 부서별 결근자 ○명

② **지각(遲刻)** : 지각이 예상되는 사원(종업원/직원)은 전화 또는 기타의 방법으로 상사/부서장에게 보고한다. ○시간 이내의 지각은 구두로 보고하고, ○시간을 초과하는 지각은 사유서를 제출한다. 지각사유서를 제출하지 않으면 무단지각으로 간주한다. 무단지각은 징계사유에 해당한다. 천재지변이나 불가항력적으로 지각하는 경우에는 지각으로 처리하지 않는다.

③ **조퇴(早退)** : 정상적인 근무를 다 하지 못하고 특별한 사정이 있어 근무시간 중간에 조퇴하는 경우에는 조퇴신청서(조퇴계)를 부서장에게 제출하고 승인을 받은 후 조퇴를 해야 한다. 단, ○시간 이내의 조퇴는 구두로 조퇴를 신청할 수 있다.

(3) 근무관리

근무관리(勤務管理) 또는 **근무현황관리(勤務現況管理)**는 일일/주간/월간 등의 기간으로 구분하여 근무현황을 점검하여 근무/휴가/사고/기타의 내용을 「**근무현황표(勤務現況表)**」에 기록하여 근무현황을 알 수 있게 한다.

① **근무현황 점검** : 근무현황 점검은 총원, 현원, 근무내용(주간근무/연장근무/야간근무/출장/교육), 사고내용(지각/조퇴/결근/산재), 휴가내용(연가/병가/보휴/휴직/기타)으로 구분하여 인원수와 사고내용을 「근무현황표」에 기록하는 것을 말한다. 근무현황 점검시각은 시업(始業) 후 30분, 종업(終業) 전 30분에 시행한다.

② **결근(缺勤)** : 결근사유와 결근일수를 기재한 「**결근신청서(缺勤申請書)**」와 증빙서류를 결근일 전 또는 후에 부서장에게 제출하여 승인을 받는다. 긴급하거나 불가피한 사유로 사전에 「결근신청서」를 제출하지 못한 경우에는 결근일 업무 개시 3시간 전까지 전화 또는 기타의 방법으로 보고한다. 다음의 경우에

는 징계사유에 해당하는 **무단결근(無斷缺勤)**으로 간주된다.

- 사전 또는 사후에 결근계를 제출하지 않은 경우
- 결근계를 허위로 작성하고 제출한 경우
- 기타 결근보고를 하지 않은 경우

무단결근을 한 자에 대해서는 재발 방지를 위해 서약서(誓約書) 또는 경위서(經緯書)를 제출토록 하고, 사규(社規)에 따라 경고(警告) 등의 징계(懲戒)를 내릴 수 있다. 그리고 결근신청서를 제출하고 부서장이 승인한 경우 결근일을 **연차휴가(年次休暇)**로 대체할 수 있다. 이 경우 연차휴가신청서 또는 「결근 대체 연차휴가서」를 제출하여야 한다.

③ **시간외근무(연장근무) : 시간외근무(時間外勤務)** 또는 **연장근무(延長勤務)**는 사용자와 근로자가 합의하여 시행한다. 회사는 「**시간외근무대장(時間外勤務臺帳)**」을 비치하고, 근무자가 근무시간을 준수하고 근무지를 이탈하지 않도록 적절하게 관리해야 한다. 시간외근무자는 종업(終業)하면 안전관리와 보안점검을 하고, 「**퇴근기록부(退勤記錄簿)**」에 기록해야 한다.

④ **야근(夜勤) : 야간근무(夜間勤務)**는 사용자와 근로자가 합의로 시행한다. 야간근무 관리자(책임자)는 야간근무합의서를 확인하고, 야간근무수칙을 야간근무자에게 알리고, 야근근무에 성실히 임해야 한다. 야간근무 중에는 피로와 졸음 등으로 사고가 빈번히 발생하므로 안전사고에 특별히 조심해야 한다.

⑤ **휴일근무 :** 사용자와 근로자의 합의 아래 공휴일, 임시공휴일 등 휴일에 근무할 수 있다. 근로자가 **휴일근무(休日勤務)**를 하는 경우에는 대체휴일을 정하거나 휴일근무수당을 지급하여야 한다.

(4) 퇴근관리

퇴근관리는 「퇴근기록부(退勤記錄簿)」를 사업장별 또는 부서별로 비치하고, 당해 사원이 직접 퇴근시간을 기록한다. 출근기록부와 함께 사용할 수 있으며, 기기/

전자방식/지문인식 등의 방법으로 퇴근기록을 할 수 있다. 부서별, 현장별, 사업장별로 안전 및 보안에 대한 「점검기록부」를 기록하도록 한다.

2) 업무흐름도 및 업무의 내용

시간외근무 대상 ① → 시간외근무 신청 ② → 신청서 접수 ③ → 급여 반영 ④ ↓ 확 인 ⑤

① 시간외근무 대상 : 시간외근무 대상자 확인
- 시간외근무 대상 : 생산직 사원 및 대리급 이하 사무직

② 시간외근무 신청 : 시간외근무신청서 작성

통합정보시스템 [신청관리] → 시간외근무 신청 접속 → 시간외근무사항 입력 → 결재상신

- 시간외근무신청서 화면에 출현하면 결재선 및 수신처 지정 후 결재 상신
- 내부결재 완료 후 총무과로 이송됨

③ 신청서 접수 : 총무과 업무담당이 문서수신함에 접수
- 접수 후 관리 : 인사관리 → 현황통계 → 시간외 근무 현황 접속
- 개인별 시간외근무현황 누적 상태를 파악할 수 있음

④ 급여 반영 : 급여계산 작업 실시 및 시간외수당 내용 확인
- 반영기간 : 익월 16일부터 당월 15일분까지
- 반영방법 : 급여관리시스템의 급여항목코드관리에 시간외근무수당이 정기적 지급항목으로 선택된 것을 확인

※ 수동으로 입력하는 경우

○ 통합정보시스템 시행초기에 누락된 부분을 수정하기 위함 ○ 수동으로 총 근무시간을 산출하여 금액을 산출함 ○ 계산방법 : 통상임금×1.5/180×시간외근무시간 ○ 급여관리시스템의 [수시급여] 입력에서 금액을 입력하여 급여 계산

⑤ 확인 : 금액의 이상 유무 및 미대상자 지급 유무 확인
- 급여에 포함하여 시간외근무수당 지급

3) 산출물(실습할 서식)

- 지각사유서/경위서/서약서
- 조퇴신청서/조퇴계
- 근무현황표/일일근무현황표/야간근무현황표
- 결근계/결근신청서/결근사유서
- 연차휴가신청서/결근대체연차휴가서
- 시간외근무신청서/연장근로합의서(신청서)/연장근무일지
- 야간근무합의서(신청서)/야간근무일지
- 휴일근무합의서/대체휴일신청서/휴일근무일지
- 안전관리점검기록부/보안관리점검기록부

[표 9-1] 일일근무현황

일일근무현황

일자	총원	현원	근무					사고			휴가			기타	확인
			주간	연장	야간	출장	교육	지각	조퇴	결근	연가	보휴	휴직		

[표 9-2] 시간외근무(신청)대장

시간외근무(신청)대장

일자	근무자		업무내용	시간	비고	결재		
	직위	성명				부서	담당	팀장

[표 9-3] 야간근무(현황)대장

<table>
<tr><th colspan="8">야간근무(현황)대장</th></tr>
<tr><th rowspan="2">일자</th><th rowspan="2">총원</th><th rowspan="2">현원</th><th>(　　　)팀</th><th>(　　　)팀</th><th>(　　　)팀</th><th>(　　　)팀</th><th rowspan="2">확인</th></tr>
<tr><th>성 명</th><th>성 명</th><th>성 명</th><th>성 명</th></tr>
<tr><td rowspan="2"></td><td rowspan="2"></td><td rowspan="2"></td><td></td><td></td><td></td><td></td><td rowspan="2"></td></tr>
<tr><td></td><td></td><td></td><td></td></tr>
<tr><td rowspan="2"></td><td rowspan="2"></td><td rowspan="2"></td><td></td><td></td><td></td><td></td><td rowspan="2"></td></tr>
<tr><td></td><td></td><td></td><td></td></tr>
<tr><td rowspan="2"></td><td rowspan="2"></td><td rowspan="2"></td><td></td><td></td><td></td><td></td><td rowspan="2"></td></tr>
<tr><td></td><td></td><td></td><td></td></tr>
<tr><td rowspan="2"></td><td rowspan="2"></td><td rowspan="2"></td><td></td><td></td><td></td><td></td><td rowspan="2"></td></tr>
<tr><td></td><td></td><td></td><td></td></tr>
<tr><td rowspan="2"></td><td rowspan="2"></td><td rowspan="2"></td><td></td><td></td><td></td><td></td><td rowspan="2"></td></tr>
<tr><td></td><td></td><td></td><td></td></tr>
<tr><td rowspan="2"></td><td rowspan="2"></td><td rowspan="2"></td><td></td><td></td><td></td><td></td><td rowspan="2"></td></tr>
<tr><td></td><td></td><td></td><td></td></tr>
<tr><td rowspan="2"></td><td rowspan="2"></td><td rowspan="2"></td><td></td><td></td><td></td><td></td><td rowspan="2"></td></tr>
<tr><td></td><td></td><td></td><td></td></tr>
<tr><td rowspan="2"></td><td rowspan="2"></td><td rowspan="2"></td><td></td><td></td><td></td><td></td><td rowspan="2"></td></tr>
<tr><td></td><td></td><td></td><td></td></tr>
<tr><td rowspan="2"></td><td rowspan="2"></td><td rowspan="2"></td><td></td><td></td><td></td><td></td><td rowspan="2"></td></tr>
<tr><td></td><td></td><td></td><td></td></tr>
<tr><td rowspan="2"></td><td rowspan="2"></td><td rowspan="2"></td><td></td><td></td><td></td><td></td><td rowspan="2"></td></tr>
<tr><td></td><td></td><td></td><td></td></tr>
</table>

[표 9-4] (휴·복)직원

<table>
<tr><td colspan="6">(휴·복)직 원</td></tr>
<tr><td>소 속</td><td></td><td>직 급</td><td></td><td>사 번</td><td></td></tr>
<tr><td>성 명</td><td></td><td>입사일자</td><td colspan="3"></td></tr>
<tr><td>주민등록
번 호</td><td colspan="2"></td><td>성 별</td><td colspan="2"></td></tr>
<tr><td>주 소</td><td colspan="2"></td><td>연 락 처</td><td colspan="2"></td></tr>
<tr><td>휴직기간</td><td colspan="5"></td></tr>
<tr><td colspan="6">* 휴직 또는 복직 사유를 구체적으로 적으시오.</td></tr>
<tr><td>복직일자</td><td colspan="5">년 월 일</td></tr>
<tr><td colspan="6">위 본인은 당사 인사규정 제 ○조의 규정에 의하여 위와 같이 (휴, 복)직을 신청합니다.

201×년 월 일

신 청 인 : (인)

우리정공(주) 대표이사 귀하</td></tr>
</table>

[표 9-5] 사직원

<table>
<tr><td rowspan="2">사 직 원</td><td rowspan="2">결
재</td><td>담 당</td><td>과 장</td><td>부 장</td></tr>
<tr><td></td><td></td><td></td></tr>
<tr><td colspan="5">□ 소　　속 :
□ 직　　위 :
□ 성　　명 :
□ 입사일자 :
□ 사직사유 :

□ 업무인수인계 사항(부족시 별지 사용)
•
•
•
•
•
•
•

본인은 위와 같은 사유 때문에 사직하고자 사직원을 제출하오니 허락하여 주시기 바랍니다.

201×년　　월　　일

신청인 :　　　　　　　㊞

우리정공(주) 대표이사 귀하</td></tr>
<tr><td colspan="5">※ 사직원은 본인이 사직하기를 희망하는 날 1개월 전까지 제출하시기 바랍니다.
※ 사직 희망일까지 업무 인수인계를 완료하시기 바라며, 인수인계가 완료되지 않을 경우 사직일이 연기될 수 있음을 감안하시기 바랍니다.</td></tr>
</table>

쉼터(22) 전화응대(4) - 상사에게 전화를 연결할 때

- ○ 상사의 재실(在室) 여부를 항상 확인한다.
- ○ 상사에게 걸려오는 전화라면 상사에게 선별적으로 연결시켜야 하므로 전화를 건 사람의 신분, 소속, 이름, 용건 등을 먼저 확인한다.
- ○ 상사보다 직위가 높거나 친분이 있는 경우, 신년하례 인사차 전화한 경우에는 용건을 묻지 않고 연결한다.
- ○ 전화를 건 상대방의 이름과 용건을 상사에게 말씀드리고, 전화를 연결한다
- ○ 상사와 자주 통화하는 사람의 목소리는 기억한다.
- ○ 상사가 통화를 부탁한 상대가 상사보다 높은 직급인 경우, 상사가 먼저 수화기를 들도록 중재한다. - 상대방 비서에게, **"제가 먼저 연결하겠습니다."**
- ○ 상대방이 상사보다 지위가 낮을 경우, 상사가 상대방보다 늦게 수화기를 들도록 중재한다. - 상대방 비서에게, **"먼저 연결해 주십시오."**

☞ 전화 연결 멘트

- 사장님, 골통정공의 박근해 전무님 전화입니다.
- 사장님, 삼신전자의 문소리 이사님이 신제품 개별건으로 전화하셨습니다.
- 사장님, 삼신전자의 문소리 이사님이 전화하셨습니다. 용건은 직접 말씀드리신다고 하십니다.
- 사장님, 더케이전자 김은정회장님 전화 연결됐습니다.

제 10 장
4대 보험관리 업무

1. 4대 보험의 개요

(1) 4대 보험의 신고

4대 보험(국민연금/건강보험/고용보험/산재보험)의 취득/상실 신고(申告)는 4대 사회보험센터 또는 사회보험기관 중 어느 한 곳에 신고해도 한꺼번에 처리된다. 근로자의 입사(入社), 휴직(休職), 퇴사(退社) 등의 사유가 발생하면 해당일의 다음 달 15일까지 신고해야 한다. 예를 들어, 9월 5일 입사한 근로자가 있다면 10월 15

일까지 자격취득을 신고하면 되고, 9월 5일 퇴사한 근로자가 있다면 역시 10월 15일까지 자격상실 신고를 하면 된다. 어디에다가 하는가?

- 국민연금 : 국민연금공단(www.nps.or.kr 보건복지부 산하기관)
- 건강보험 : 국민건강보험공단(m.nhis.or.kr 보건복지부 산하기관)
- 고용보험, 산재보험 : 근로복지공단(www.kcomwell.or.kr 고용노동부 산하기관)

(2) 4대 보험의 적용대상

- 국민연금 : 상시 1인 이상의 근로자를 사용하는 **사업장(事業場)**의 18세 이상 60세 미만의 사용자와 근로자
- 건강보험 : 상시 1인 이상의 근로자를 사용하는 사업장, 1인 회사, 법인 사업장 대표자
- 고용보험 : 근로자를 고용하는 모든 사업 또는 사업장
- 산재보험 : 상시근로자 1인 이상의 사업 또는 사업장

(3) 공통 사업장가입자 취득신고

- 신고대상 : 사업장(事業場)에 종사하는 18세 이상 60세 미만의 사용자 및 근로자(외국인과 재외국민 포함)
- 제출서류 : 사업장가입자 자격취득신고서 1부
- 취득일 : 입사일
- 소득월액 : 기본급/제수당/상여금 등을 포함한 월 **평균급여(平均給與)**

4대 보험 신고사항 중 해당 기관에서 시행하는 「기관별 고유업무」는 해당 기관에 직접 신고(申告)해야 한다. 신고를 잘못한 경우에는 4대 보험기관에 「사업장 내용 정정신고서」를 각각 제출해야 한다.

☞ 기관별 고유업무

○ 건강보험 보수총액신고	○ 국민연금 납부예외(재개)신고	○ 고용보험이직확인

[표 10-1] 4대 보험 공통신고사항

구 분	신고	신 고 사 항
4대보험	공통 신고	○ 취득신고 : 사업장, 가입자 ○ 변경신고 : 변경자 성명, 주민등록번호 ○ 상실신고 : 상실자 성명, 주민등록번호 ○ 신고기한 : 사유발생일 다음 달 15일까지
국민연금	취득	○ 사업장 설립일 및 임직원 채용일 기준 취득자격발생일
	상실	○ 상실일은 퇴직일 다음 날(퇴사일 1월 5일, 상실일 1월 6일)
건강보험	취득	○ 사업장 설립일 및 임직원 채용일 기준 취득자격발생일
	상실	○ 퇴사일 기준으로 퇴사연도 건강보험료 정산신청
고용산재 보험	취득	○ 사업장 설립일 및 임직원 채용일 기준 취득자격발생일
	상실	○ 상실사유에 따라 실업급여 지급 여부가 결정됨으로 사유와 기호를 정확히 기재해야 한다.

(4) 공통 사업장가입자 상실신고

- 신고대상 : 퇴사자, 단시간근로자(주 15시간, 월 60시간 미만 근로자)
- 제출서류 : 사업장가입자 자격상실신고서 1부
- 상실일 : 퇴사일 다음날

○ 국민연금 : 해당연도 보수총액을 기재한다. ○ 건강보험 : 해당연도 보수총액/산정월수/평균급여를 기재한다. ○ 고용·산재보험 : 상실사유를 정확하게 기재한다.

2. 국민건강보험 업무

1) 업무의 개요

(1) 업무의 요약

국민건강보험(國民健康保險)은 법정의무보험으로 직장가입자와 지역가입자로 구분되며, 모든 사업장의 근로자(공무원, 교직원 포함)와 사용자는 국민건강보험 직장가입대상이다. 직장가입자 납부하는 보험료는 건강보험료와 장기요양보험료이다. 우리가 졸업하고 공무원, 학교, 금융기관, 병원, 기업체(회사) 등에 취업을 하면 사업장의 직장가입자가 되는 것이다.(국민건강보험법 시행령 제 44조)

[표 10-2] 국민건강보험 업무의 요약

구 분	내 용	비 고
보험료	• 국민건강보험 • 장기요양보험	국민건강보험공단
신 고	• 가입, 변경, 정산, 탈퇴(상실)	신고: 사용자
보 험 요 율	• 건강보험료=보수월액×건강보험료율 • 장기요양보험료=건강보험료×요양보험료율	가입자와 사용자 각 50%씩 부담
납 부	• 매월 10일까지 전월분 납부	납부: 사용자
정 산	• 수시정산 : 자격 및 보수 변경 신고 • 퇴직정산 : 퇴직시 신고(14일 이내) • 연말정산 : 매년 3월 10일까지 신고	신고: 사용자

(2) 사업장 신고

사업장 최초 적용신고는 건강보험공단 지사에 우편, 팩스 또는 방문으로 신고하고, 가입 이후부터는 반드시 EDI로 신고한다. 직장가입자(≠지역가입자) 대상 근로자가 있는 모든 사업장은 국민건강보험에 의무가입대상 사업장이다.

- 사업장 적용일 : 회사(사용자)와 근로자간 고용관계 성립일
- 신고의무자 : 사용자(회사/대표/사장)
- 신고기한 : 사유발생일로부터 14일 이내
- 신고서류 : ① 사업장적용신고서 1부, ② 직장가입자격취득신고서 1부, ③ 피부양자신고서(주민등록등본 또는 가족관계부) 1부

(3) 사업장 변경신고

사업자등록번호, 업종, 사업장의 명칭/소재지/대표자, 전화번호, E-mail, 우편물 수령지 등이 변경된 경우에는 사유발생일로부터 14일 이내에 국민건강보험공단 지사에 **사업장(事業場)** 변경신고를 해야 한다.

- 변경일 : 사업장변경신고서를 공단지사에 접수한 날
- 신고의무자 : 사용자/회사/대표/사장
- 신고기관(장소) : 국민건강보험공단 지사
- 신고기한 : 사유발생일로부터 14일 이내
- 신고서류
  ① 사업장변경신고서 1부(별지 제3호 서식)
  ② 법인등기부등본(대표자 변경시)

(4) 직장가입 대상

모든 사업장(事業場)의 근로자(공무원, 교직원 포함)와 사용자는 국민건강보험 직장가입대상이다. 그러나 아래에 해당하는 자는 가입대상에서 제외한다.(법 제6조 제2항, 영 제9조) 그리고 병역법의 규정에 따른 현역병(지원에 의하지 아니하고 임용된 하사 포함), 전환 복무된 사람 및 무관후보생은 그 사유가 발생하더라도 공무원이 아니기 때문에 **직장가입자(職場加入者)** 적용 대상이 아니다.

① 1월 미만의 기간에 고용되는 일용근로자
② 선거에 의하여 취임하는 공무원으로서 매월 보수 또는 이에 준하는 급료를 받지 아니한 자

③ 비상근(非常勤) 근로자 또는 1개월간의 소정 근로시간이 60시간 미만인 단시간 근로자
④ 비상근 교직원 또는 1개월간의 소정근로시간이 60시간 미만인 시간제 공무원 및 교직원
⑤ 소재지가 일정하지 아니한 사업장의 근로자 및 사용자
⑥ 근로자가 없거나 ①의 일용근로자만 고용하고 있는 사업장 사업주

(5) 직장가입자 자격 취득

- 신고의무자 : 사용자
- 신고기한 : 자격 취득(변동)일로부터 14일 이내
- 신고서류(규칙 제4조 제2항 및 제61조)

○ 내국인 : 직장가입자격취득신고서 ○ 외국인(외국국적동포 포함)·재외국민 : 직장가입자격취득신고서(별지 제6호) ○ 외국인(외국국적동포 포함) : 외국인등록증(외국인등록사실증명 포함) 1부 ○ 외국국적동포·재외국민 : 국내거소신고증(국내거서신고사실증명 포함) 1부

- 자격취득일(자격취득시기)

○ 근로자 : 적용사업장에 사용(고용)된 날 또는 근로자가 근무하고 있는 사업장이 적용사업장으로 된 날 ○ 사용자 : 적용사업장의 사용자가 된 날 또는 사용자가 경영하고 있는 사업장이 적용사업장으로 된 날 ○ 외국인 : 외국인등록을 한 외국인 또는 외국국적동포, 국내거소 신고를 한 재외국민 또는 외국국적동포가 사업장에 사용(고용·임용·채용)된 날

- 3개월 이상 지연(遲延) 취득신고시에는 근로자 입사시점을 증명할 수 있는 서류를 제출해야 한다.

☞ 입사시점 증명서류

출근부, 인사서류/인사명령서, 근로계약서, 재직증명원, 근로소득원천징수부/원천징수영수증, 갑근세납부영수증, 임금대장 등 자격취득일을 입증할 수 있는 증빙서류

☞ 피부양자 자격취득시기(규칙 제2조 제2항)

① 신생아(新生兒) : 출생한 날 ② 직장가입자이 자격취득일 또는 가입자의 자격변동일로부터 90일 이내에 피부양자 자격취득신고를 한 경우 : 직장가입자의 자격취득일 또는 가입자의 자격변동일 ③ 직장가입자이 자격취득일 또는 가입자의 자격변동일로부터 90일을 초과하여 피부양자 자격취득신고를 한 경우 : 국민건강보험공단에 피부양자자격취득신고서를 제출한 날(다만, 공단이 인정하는 본인의 책임이 없는 경우에는 직장가입자의 자격취득일 또는 가입자의 자격변동일)

(6) 피부양자 대상

직장가입자(職場加入者)의 배우자(配偶者), 직계존속(배우자의 직계존속 포함), 직계비속(배우자의 직계비속 포함) 및 그 배우자, 형제자매 중 직장가입자에 의하여 주로 생계(生計)를 유지하는 자로서 보수 또는 소득이 없는 자로 부양요건과 소득요건을 동시에 충족하는 경우에 피부양자로 인정한다. 직장가입자 피부양자 인정기준은 다음 [표 10-3]과 같다.

[표 10-3] 직장가입자 피부양자 인정기준

부양요건	○ 직장가입자의 배우자, 부모, 자녀 및 형제자매 ○ 재산세 과세표준액 합이 9억원(형제자매 3억원)을 초과하지 않는 경우(재산종류 : 토지, 주택, 건물, 선작, 항공기) ○ 장애인, 국가유공상이자는 인정
소득요건	○ 사업자등록이 있고 사업소득이 없는 경우(장애인, 국가유공상이자는 500만원 이하인 경우) ○ 사업자등록이 없고 사업소득의 연간 합계액이 500만원 이하인 경우 ○ 이자, 배당소득의 연간 합계액이 4천만원 이하인 경우 ○ 근로소득과 기타소득의 합계액이 4천만원 이하인 경우 ○ 연금소득의 100분의 50에 해당하는 금액이 2천만원 이하인 경우

☞ 피부양자 자격상실시기(규칙 제2조 제3항)

① 사망(死亡)한 날의 다음 날
② 의료급여수급권자가 된 날
③ 의료보호대상자가 된 경우에는 건강보험의 적용배제 신청을 한 날의 다음 날
④ 다른 직장가입자의 피부양자 자격을 취득한 경우에는 그 자격을 취득한 날
⑤ 대한민국 국적을 잃은 날의 다음 날
⑥ 공단이 피부양자 인정기준에 해당하지 아니함을 확인한 날의 다음 날
⑦ 국내에 거주하지 아니하게 된 날의 다음 날
⑧ 본인의 신고로 피부양자 자격상실신고를 한 때에는 신고일의 다음 날

(7) 건강보험료 산정

건강보험료(健康保險料)는 국민건강보험법 시행령 제44조에 의거 보수월액에 건강보험료율을 곱하여 산정(算定)한다. 건강보험료 산정의 기초가 되는 보수월액은 근로를 제공하고 받는 봉급/급료/보수/세비, 임금, 상여, 수당을 말한다. 따라서 퇴직금, 현상금/번역료/원고료(기타소득), 소득세법에서 정한 비과세 근로소득은 포함하지 아니한다.

건강보험료 = 보수월액 × 건강보험료율

• 보수월액(월평균보수) = 연간보수총액 ÷ 근무월수
• 보험료율 : 국민건강보험법 시행령으로 고시(告示)한다. 현재 (　　)%
• 부담률 : 근로자(가입자) 부담 50%, 사용자 부담50%
• 보수월액 하한선 : (　　)만원 미만은 (　　)으로 적용
• 보수월액 상한선 : (　　)만원 초과는 (　　)으로 적용

(8) 장기요양보험료

장기요양보험료(長期療養保險料)는 건강보험료에 장기요양보험료율을 곱하여 산정한다. 장기요양보험료율은 장기요양위원회에서 결정하여 고시한다. 장기요양보험

료의 부담은 근로자와 사용자가 각각 50%씩 부담한다. 노인장기요양보험법 참조.

장기요양보험료 = 건강보험료 × 장기요양보험료율

• 장기요양보험료율 : 건강보험료의 (   )%

(9) 정산신고

건강보험료(健康保險料) 부과 기준은 **보수월액(報酬月額)**이다. 그런데 금년도의 건강보험료를 원천징수할 때 적용하는 보수월액은 금년도의 보수월액이 아니라 전년도의 보수월액이기 때문에 정확한 보험료가 될 수 없다. 따라서 금년도의 보수월액은 회계연도(1/1~12/31)가 종료되어야 정확하게 알 수 있기 때문에 정확한 건강보험료를 산출하기 위해서는 금년도 회계연도가 종료된 후인 내년에 정산(精算)해야 한다.

① **수시정산** : 사용자는 당해 사업장 소속 직장가입자(종업원)의 자격(資格) 또는 보수(報酬) 등이 변동되었을 경우에는 이를 공단에 신청하여 정확한 보험료를 납부하여야 한다. 그런데 이에 대한 신청이 지연(遲延)되었을 경우, 가입자의 보험료를 재산정(再算定)하여 이미 납부한 보험료와의 차액(差額)을 추가로 납부하거나 반환(환급)하는 절차를 수시정산이라고 한다.

② **퇴직정산** : 연도 중에 퇴직할 경우 금년도 보수총액을 근무 월수로 나눈 금년도 보수월액(報酬月額)을 기준으로 산정하여 납부해야 할 보험료와 전년도 보수월액을 기준으로 산정하여 퇴직시까지 납부한 보험료를 비교하여 많으면 더 내고[추가납부], 적으면 돌려받는[반환 또는 환급] 정산을 실시한다. 따라서 근로자가 연도 중간에 퇴직하면 사용자는 당해 근로자의 건강보험료를 정산한 후 공단과 정산절차를 거친다.

• 신고기한 : 사유발생일로부터 14일 이내
• 신고서류 : 직장가입자격 상실신고서(별지 제 4호의 2 서식)

③ **연말정산 :** 직장가입자의 건강보험료는 전년도 **기준소득(基準所得)**을 기준으로 급여를 지급할 때 원천징수한 후, 다음 해 2월(개인사업자는 5월)에 사업장에서 확정된 소득에 의해 전년도 보험료를 재산정하여 3월 10일까지 공단에 신고하면, 전년도에 납부한 보험료와 정산하여 4월분(개인사업자 6월) 보험료에 추가납부 또는 반환(환급)하는 절차를 거친다.

- 정산신고의무자 : 일반사업장 사용자, 공무원이 소속되어 있는 기관의 장, 사립학교를 설립·운영하는 자
- 정산신고대상자 : 매년 12월 말일 현재 직장가입자, 대상 제외자, 중도 퇴직자
- 정산기한

구분	내용
일반근로자	○ 매년 3월 10일까지 신고, 4월에 정산 반영
개인사업장 사용자	○ 매년 5월 말일까지 신고, 6월에 정산 반영 ○ 성실신고사업자는 매년 6월 말일까지 신고, 7월 정산 반영

- 주요 정산업무

> ○ 「직장가입자 보수총액 통보서」 작성(전년도 보수총액, 근무월수 기재) 제출
> ○ 정산보험료 산출내역 결과에 따른 착오자 이의신청서 제출
> ○ 정산보험료 납부 및 분할납부신청서 제출(납부마감일까지 신청 가능)

2) 업무흐름도 및 업무의 내용

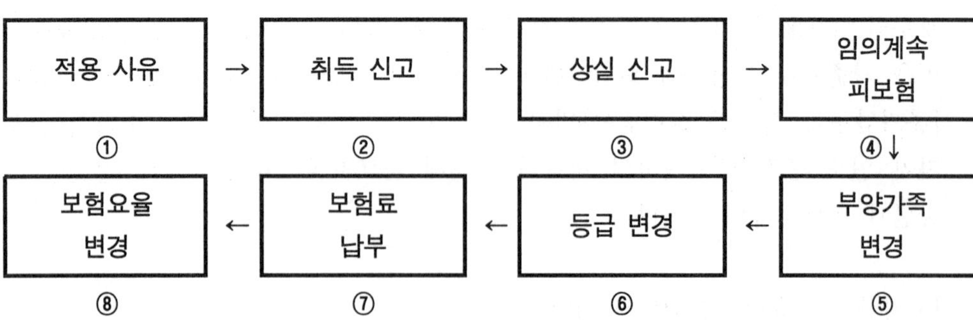

① 적용 사유 : 적용 사유 발생

- 입사/퇴직자 발생
- 부양가족 추가/감소
- 급여 증감(등급 변경)

② 취득 신고
- 신규채용자 발생시 취득 신고(3개월 이내 계약자는 제외)
- 취득신고서 작성(양식 첨부)

ㅇ 본인만 취득 : 피보험자 자격취득신고서 ㅇ 부양가족 있을시 : 피보험자 및 피부양자 신규 자격취득신고서

- 표준보수월액을 산출하여 조견표상의 등급 적용 : [급여관리시스템]에서 등급 자동 산출 : 월봉(식대, 차량보조비 포함) + 정보비
- 주민등록등본 첨부하여 신고 : 주민등록상에 미포함시는 가족관계부 제출
- 원격지 카드 필요 유무 확인
- 채용담당에게는 등본 요청
- 자격취득일로부터 7일 이내 신고
- 우편 또는 직접 전달로 제출하고 사본 보관
- 신고처 : 국민건강보험공단(위치 확인할 것)
- 건강보험카드 수령 및 전달

③ 상실 신고(양식 첨부)
- 퇴직 및 기타 사유로 자격 상실시 신고
- 피보험자 자격상실 신고서 작성
- 자격상실일로부터 14일 이내 신고

④ 임의계속피보험 : 임의계속피보험자 적용 신청(양식 첨부)
- 퇴직자가 재취업을 하지 않고 [고용노동부 고용센터]에 구직(求職) 등록을 한 경우 건강보험 적용을 받기 위함
- 퇴직자가 직접 임의계속피보험자 적용신청서를 작성하여 공단(조합)에 직접 제출
- 고용노동부에서 발급한 「구직 등록 신청 수리 증명서」 첨부(1년간 적용 가능)

⑤ 부양가족 변경 : 부양가족 변경 신고
- 피부양자가 증감하였을 경우 작성 신고
- 피부양자격 취득/상실 신고서
- 관련 증빙(주민등록등본, 가족관계부) 첨부
- 피부양자 신고 즉시 처리

⑥ 등급 변경 : 등급 변경 신고(등급기준 임금)(양식 첨부)
- 임금 인상 및 변경으로 인하여 보험료가 1등급 이상 변경된 경우
- 변경 등급은 [급여관리시스템]의 건강보험 등급 변경 작업시 자동계산

○ 통합정보시스템의 [급여관리] → 연금건보관리 → 건강보험등급변경 접속 : 적용할 급여 연월 입력 → 검색 → 변경 여부 확인 → 저장 ○ 통합정보시스템의 [급여관리] → 기초정보관리 → [급여기본사항 조회] → 개인별 등급 변경 확인

- 변경된 자료에 의하여 「피보험자 표준보수월액 변경 신고서」 및 「표준보수월액 변경 일람표」를 작성하여 신고
- 변경 월 25일까지 신고

⑦ 보험료 납부 : 건강보험료 납부
- 급여 작업시 보험료는 등급별로 자동계산되어 공제됨
- 건강보험료 = 개인부담 1.5% + 회사부담 1.5%
- 건강보험료 납부서 접수
- 이상 유무 확인 작업
- 지급신청서 작성 : 급여에서 공제한 개인부담금(예수금a/c)과 회사에서 납부하여야할 금액(건강보험료a/c)을 포함하여 신청
- 보험료 납부
- 퇴사자 및 신규채용자 적용 기준

○ 매월 1일 퇴사자도 보험료 징구(徵求) ○ 매월 중도입사자는 보험료 징구하지 않음(단, 직장건보 피부양자로 되어있었을 경우에는 징구)

⑧ 보험요율 변경

급여관리시스템의 [건강보험요율 관리] 접속 : 검색 → 반영률 입력 → 적용 클릭 → [건강보험 등급표 관리]에서 변경 이상 유무 확인 → 개인별 급여기본사항에서 변경 여부 확인

- 건강보험요율 변경시 국민건강보험공단에서 공문 접수
- 급여 작업시 자동 계산됨

3) 산출물(실습할 서식)

- 자격취득신고서
- 피보험자 및 피부양자 신규 자격 취득신고서
- 건강보험증(건강보험카드)
- 피보험자자격상실신고서
- 임의계속 피보험자 적용 신청
- 피부양자격 취득/상실 신고서
- 피보험자 표준보수월액 변경 신고서 및 표준보수월액 변경 일람표
- 지급신청서
- 납부고지서
- 요율 변경 공문

【예제 10-1】 다음은 4대 보험기관의 핵심 업무, 연락처 및 홈페이지 주소입니다. 홈페이지에 접속하여 각 기관의 조직 및 업무의 내용을 알아봅시다.

기 관	핵 심 업 무	연 락 처	홈 페 이 지
4 대 보 험 센 터	4대보험포털	02)2240-1150-60	www.4insure.or.kr
국 민 연 금 공 단	국민연금	1355	www.nps.or,kr
국 민 건 강 보 험 공 단	건강보험, 4대보험료 고지·납부	1577-1000	www.nhic.or.kr
근 로 복 지 공 단	고용·산재보험	1588-0073	total.kcomwel.or.kr
고 용 노 동 부 고 용 센 터	고용보험 피보험자	1350	www.ei.go.kr

□ 조직 및 주요 업무

구 분	국민연금공단	국민건보공단	근로복지공단	고용센터
설 립 일				
조 직				
주 요 업 무				
지 부 위 치				

3. 국민연금 업무

1) 업무의 개요

(1) 업무의 요약

국민연금(國民年金)은 가입자가 퇴직 등으로 소득원(所得源)을 잃을 경우 일정한 소득을 보장하는 제도로 1988년 1월 1일부터 실시되었다. 국민연금은 18세 이상 국민이 일정기간 가입하여 만 65세부터 혜택을 받는 것이 기본이며, 연금급여 종류는 노령연금, 장애연금, 유족연금, 반환일시금 등 네 가지이다.

연금액은 하후상박(下厚上薄) 구조로 되어 있으며, 평균액은 가입 기준 최종 보수의 10% 수준이다. 사용자(회사)는 국민연금 납부의무자로서 매월 근로자부담분을 급여에서 원천징수(源泉徵收)하여 회사부담분과 함께 다음 달 10일까지 일괄 납부한다.

(2) 국민연금보험료 납부

사업장가입자의 국민연금 납부금은 사용자(회사)와 근로자(종업원)가 각각 절반씩 부담한다. 사용자는 납부의무자로서 매월 근로자부담분을 급여에서 원천징수하여 다음 달 10일까지 일괄 납부한다. **국민연금보험료(國民年金保險料)**는 가입자 자격 취득시의 신고 또는 정기적인 결정에 따른 월보험료는 **기준소득금액(基準所得金額)**에 연금보험료율을 곱하여 산정한다.

국민연금보험료 = 가입자의 기준소득금액 × 연금보험료율

- 연금보험료 산정 : 기준소득금액 × 연금보험료율
- 연금보험료율 : (　　)%
- 연금보험료 부담 : 근로자와 사용자가 각각 절반(50%)씩 부담
- 납부기한 : 매월 10일(급여지급일 다음 달 10일)

[표 10-4] 국민연금보험의 요약

신고사유	신 고 서 류	유 의 사 항
사업장 신규적용	당연적용사업장 해당신고서	가입대상자(사용자와 근로자) 자격취득 신고서도 같이 제출
사업장 내용변경	사업장내용변경신고서	대표자, 사업자등록번호, 주소, 명칭 등 변경시 제출
사업장 탈퇴	사업장탈퇴신고서	휴·폐업, 최종 근로자 퇴사 등 근로자가 없는 경우 제출
근로자 채용	자격취득신고서(외국인 포함)	근로자 1인 이상을 채용시 당연적용사업장 해당신고도 같이 제출
근로자 퇴사	자격상실신고서	최종근로자 퇴사시 사업장 탈퇴신고도 같이 함
무보수 휴직	납부예외신청서	납부예외신청이 없으면 납부의사가 있는 것으로 봄(무보수 대표이사의 경우 상실 대상임)
건설현장별 사업장 성립	• 당연적용사업장 해당신고서 (건설현장사업장용) • 일괄경정고지신청서 • 근로자 자격취득신고는 가급적 EDI로 신고	현장에 근무하는 상용직근로자는 일용근로자와 별도로 사업장취득 (대표이사는 본점과 현장 간 분리전출입 안됨)
사업장 분리적용	분리적용사업장 가입자 전입신고서(본·지점간 이동 근로자)	신규로 분리 적용하는 경우 (단연적용 사업장 해당 신고서의 분리적용사업장 해당여부에 체크)

(3) 사업장 가입신고

1인 이상의 근로자를 고용하는 사업장은 외국인을 포함하여 국민연금공단에 국민연금 사업장(事業場) 가입신고를 해야 한다.

[표 10-5] 국민연금 사업장 가입신고

구분	내용
신고기관	○ 국민연금공단
신고대상	○ 근로자를 1명 이상 고용(사용)하는 사업장 ○ 대표이사 1명만 있는 법인사업장
적용일자	○ 근로자(종업원)를 1명 이상 고용한 때
신고의무	○ 사업장 사용자(사장·대표)는 국민연금 당연적용 신고의무자임
신고기한	○ 근로자 1명을 고용하는 사업장 또는 법인사업장 1인 대표이사가 된 달의 다음 달 15일까지
신고서류	○ 당연적용사업장 해당 신고서 1부 ○ 사업장가입자 자격취득신고서 1부

☞ 사업장 가입시 유의사항

○ 4대 보험 공통신고시 해당 기관을 반드시 표기해야 한다.
○ 사용자 자격취득 신고를 빠뜨리지 않도록 한다.

☞ 사업장 변경신고

국민연금 사업장 가입 사용자(대표·사장)는 국민연금 가입사항 중에서 사업장의 사업자등록번호, 대표자, 사업장 주소 등이 변경된 경우에는 국민연금공단에 사업장 변경신고를 해야 한다. 그러나 개인사업장 사용자가 변경된 경우는 사업장 내용변경 대상이 아니라 기존 사업장 탈퇴 후 사업장을 신규로 적용해야 한다.

[표 10-6] 국민연금 사업장 변경신고

구분	내용
신고기관	국민연금공단
신고대상	대표자, 사업장등록번호, 사업장명칭, 사업장 주소 등이 변경된 사업장
신고의무	사업장 사용자(사업주·사장·대표)
신고기한	내용변경 사유발생일이 속하는 다음달 15일까지
신고서류	사업장내용변경신고서 1부(필요시 법인등기부 등본 등 제출)

(4) 사업장 탈퇴신고

국민연금가입사업장이 당연적용사업장에서 자격사항이 소멸하는 경우, 사업장(事業場) 사업주(사용자)는 사유발생일이 속하는 달의 다음 달 15일까지 국민연금가입 탈퇴신고를 해야 한다.

- 근로자의 일부라도 근로기준법 제46조에 따른 휴업수당이 지급될 경우 탈퇴신고를 할 수 있다. 단, 노동쟁의(勞動爭議)로 인한 파업(罷業) 또는 직장폐쇄는 탈퇴신고대상에서 제외한다.
- 휴업기간 중 조업(操業)이 재개되거나 휴업기간이 종료된 경우 재가입 신고를 해야 한다.
- 합병(合併) 후 사업장을 흡수(신설)한 사업장은 흡수(소멸)된 사업장의 가입자에 대해 자격상실일과 동일한 날짜로 자격취득신고를 해야 한다.
- 개인사업장 사용자가 변경된 경우는 사업장 내용변경 대상이 아니라 기존 사업장을 탈퇴 후 사업장을 신규로 적용해야 한다.
- 제출서류 : 국민연금사업장탈퇴신고서, 사업장가입자자격상실신고서

☞ 사업장 탈퇴신고 대상 사업장

① 휴업이나 폐업으로 영업을 하지 않는 사업장 ② 합병이나 분할로 소멸되는 사업장 ③ 근로자가 없는 개인사업장

(5) 국민연금 가입대상자

- 18세 이상 60세 미만인 사용자 및 근로자(종업원)
- 근로자 중에서 18세에 도달한 사람(18세 미만 근로자는 본인이 원하는 경우 사용자의 동의를 얻어 가입 가능)
- 일용근로자/단시간근로자는 1개월 이상, 월 60시간(주15시간) 이상 일하는 사람
- 조기노령연금 수급권자로서 소득 있는 업무에 종사하는 것으로 확인되어 연금 지급이 정지된 사람

- 월 60시간 미만인 단시간근로자 중 생업 목적으로 3개월 이상 근로를 제공하기로 하고 사용자 동의를 받아 근로자 적용을 희망하는 사람(대학시간강사 제외)

☞ 「소득 있는 업무」에 종사란?

○ 소득금액(급여/수입금액이 아님)이 월 (　　　　　)원 이상이 발생되는 경우 ○ 사업소득자는 필요경비 공제 후 금액, 근로소득자는 근로소득공제 후 금액을 말함

☞ 가입자격 취득시기

○ 사업장이 1인 이상의 근로자를 사용하게 된 때 ○ 국민연금 적용사업장에 근로자 또는 사용자로 종사하게 된 때 ○ 국민연금 적용사업장에 종사하는 근로자가 18세 이상이 된 때 ○ 임시·일용·단시간근로자가 당연적용사업장에 사용된 때 또는 근로자로 된 때 ○ 국민연금 가입사업장의 18세 미만 근로자의 가입신청이 수리된 때 ○ 국민연금 가입사업장의 월60시간 미만 단시간근로자 중 생업을 목적으로 3개월 이상 근로를 제공하는 사람(대학시간강사 제외)의 가입신청이 수리된 때 ○ 근로계약서를 제출하고 근로개시일이 속한 달의 다음 달 15일까지 신고하면 근로개시일을 취득일로 인정한다. ○ 사업주가 신고를 하지 않는 경우, 근로자의 청구 또는 공단 직권(職權)으로 확인시 자격을 취득한다.

(6) 변경신고

사용자(使用者)는 신고한 내용을 변경할 사유가 발생하였거나 착오로 인하여 내용을 정정(訂正)할 필요가 있는 경우에는 공단에 「사업장가입자 내용변경(정정)신고서」를 제출하고 변경신고를 해야 한다.

- 내용변경(4대 보험 공통) : 성명, 주민등록번호, 특수직근로자 해당 여부 등
- 내용정정(국민연금 고유) : 취득일, 상실일, 기준소득월액 등
- 내용 정정(訂正) 신고는 명백한 착오(錯誤)인 경우에만 가능하며 단순한 사정변경은 정정대상이 아님

• 신고의무자는 사용자이며, 신고기한은 다음과 같다.

○ 내용 변경은 사유발생일이 속하는 달의 다음달 15일까지 ○ 내용 정정은 착오(錯誤) 발견 즉시

• 제출서류

○ 내용 변경(4대 기관 공통) : 사업장가입자 내용변경신고서 1부 ○ 내용 정정(국민연금 고유) : 사업장가입자 내용정정신고서 1부

(7) 상실신고

사업주(事業主)는 사업장가입자가 국민연금 가입자격을 상실한 때에는 사유발생일이 속하는 달의 다음 달 15일까지 공단에 「사업장가입자 자격상실신고서」를 제출해야 한다.

☞ 가입자격 상실신고 대상

○ 사용관계 종료(퇴직) ○ 국외이주 또는 국적상실 ○ 사망 ○ 60세 도달 ○ 60세 미만 특수직종 근로자가 노령연금수급권을 취득한 자 ○ 60세 미만자로서 조기노령연금 수급권을 취득한 때 ○ 다른 공적연금 가입 및 퇴직연금 등 수급권 취득

☞ 자격상실시기

○ 각 사유가 발생한 날의 다음 날 ○ 다른 공적연금에 가입했거나 퇴직연금 등의 수급권을 취득한 경우에는 그 사유가 발생한 날 ○ 근로계약이 없는 일용직/단시간 근로자가 계속 근로 중 월 60시간 미만을 사유로 자격상실신고를 하는 경우에는 '해당 월 기산일(起算日)'

(8) 기준소득월액 산정

기준소득월액(基準所得月額)이란 연금보험료와 급여를 산정하기 위하여 가입자의 소득월액을 기준으로 하여 대통령령(시행령)으로 정한 금액을 말한다.

기준소득월액 = (전년도 소득총액 ÷ 연간근무일수) × 30일

기준소득월액(基準所得月額) 상한액(上限額)과 하한액(下限額)은 국민연금 사업장가입자와 지역가입자 전원(납부예외자 제외)의 평균소득월액의 3년간 평균액이 변동하는 비율을 반영하여 매년 3월 말까지 보건복지부장관이 고시(告示)한다.

☞ 기준소득월액 하한액/상한액 고시금액

- 2014년 7월 ~ 2015년 6월 기준고시 : 하한액 (26)만원, 상한액 (408)만원
- 2015년 7월 ~ 2016년 6월 기준고시 : 하한액 (　　)만원, 상한액 (　　)만원
- 2016년 7월 ~ 2017년 6월 기준고시 : 하한액 (　　)만원, 상한액 (　　)만원
- 2017년 7월 ~ 2018년 6월 기준고시 : 하한액 (　　)만원, 상한액 (　　)만원
- 2018년 7월 ~ 2019년 6월 기준고시 : 하한액 (　　)만원, 상한액 (　　)만원
- 2019년 7월 ~ 2020년 6월 기준고시 : 하한액 (　　)만원, 상한액 (　　)만원

(9) 소득총액신고

사업자(事業者)는 사업장가입자에게 적용할 기준소득월액을 결정하기 위해 공단에서 송부한 「소득총액신고서」에 신고대상자의 전년도 해당사업장에서의 근무일수 및 소득총액을 작성하여 직접, 우편 또는 팩스로 제출하여 신고한다.

- 신고대상 : 국민연금공단에서 발부한 「소득총액신고서」에 기재된 대상자
- 신고사항 : 근무일수, 소득총액

ㅇ 근무일수 : 전년도 중 해당 사업장에 근무한 일수(휴직일수 제외) ㅇ 소득총액 : 전년도 근무기간에 사업장에서 지급한 급여 - 계속근로자 및 사업자 : 전년도 1월 1일부터 전년도 12월 31일까지의 소득총액 - 전년도 입사자 및 사업개시자 : 입사일(사업개시일)부터 전년도 12월 31일까지의 소득총액

• 신고기한

ㅇ 사용자와 해당 근로자 : 매년 5월 말까지 ㅇ 개인사업장사용자 중 성실신고확인대상은 매년 6월말까지

• 신고방법 : 공단에서 송부한 「소득총액신고서」에 신고대상자의 전년도 해당사업장에서의 근무일수 및 소득총액을 작성하여 직접/우편/팩스 제출

2) 업무흐름도 및 업무의 내용

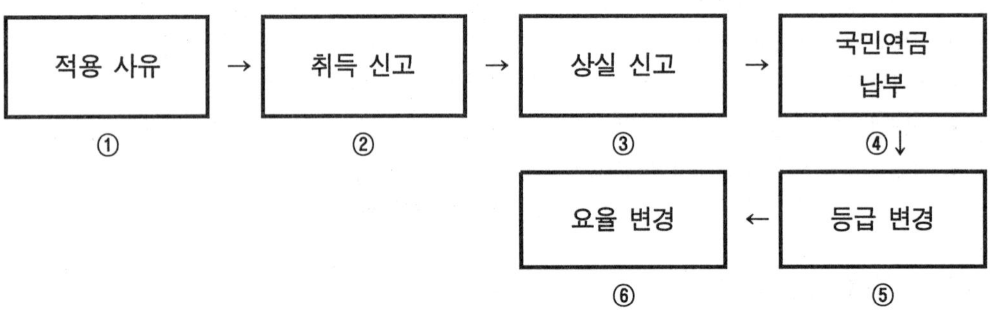

① 적용 사유 : 적용 사유 발생

• 입사자/퇴직자 발생
• 대상 : 60세 미만, 3개월 이상 고용 직원

② 취득 신고(양식 첨부)

• 신규채용 인사발령시 취득 신고 대상임
• 3개월 이하 계약자나 60세 이상은 제외
• 발령월 익월(翌月 다음달) 15일까지 취득신고서 제출

- 제출처 : 국민연금관리공단

③ 상실 신고(양식 첨부)
- 사용관계 종료시(퇴직)
- 자격상실월 익월 15일까지 상실신고서 제출(15일 이전은 당월 15일까지)
- 상실일 : 사유발생일 다음날
- 퇴직정산시 퇴직전환금 내역 확인 후 공제

④ 국민연금 납부
- 급여 작업시 연금은 등급별로 자동계산 되어 공제됨
- 국민연금보험료 = 개인부담 (   )% + 회사부담 (   )%
- 국민연금관리공단 납부고지서 접수
- 이상 유무 확인 및 지급신청서 작성

○ 급여에서 공제한 개인부담금과 회사에서 납부해야할 금액을 포함하여 신청 ○ 납부할 금액 = 개인부담분(예수금) + 회사부담분(국민연금/인건비)

- 익월(翌月) 10일까지 납부
- 매월 중도 입사자는 전(前)직장에서 당월분 납부 여부 확인 후 미납시에는 징구

⑤ 등급 변경
- 표준소득월액 결정(등급 변경)
- 국민연금 총액신고서를 접수하여 3월까지 전년도에 연말정산한 소득총액을 기록하여 공단에 제출
- 통합정보시스템 [급여관리] → 연금건보관리 : 기준년도 입력 후 저장 → 총소득액 작성
- 공단에서 등급을 결정하여 확인 통보함
- 확인 후 이상이 있을시 공단에 가서 수정
- 변경된 등급을 적용하여 급여 작업시 원천징수
- 통합정보시스템 [급여관리] → 연금건보관리 → [국민연금등급변경] 접속 → 검색 후 변경 등급과 일치 여부 확인 후 저장 : 급여 작업시 변경 등급 개인 적용 확인

⑥ 요율변경 : 국민연금 요율변경
- 요율변경 공문 접수(국민연금관리공단)
- 통합정보시스템 [급여관리] → 연금건보관리 접속 → [국민연금등급표관리]에서 검색 후 변경된 반영률 입력 → 적용 버튼 클릭
- 급여 [기초정보관리/급여기본사항] 조회에서 금액 변경 여부 확인
- 급여 작업시 변경 내용 최종 확인

3) 산출물(실습할 서식)
- 취득신고서
- 상실신고서
- 납부고지서
- 지급신청서
- 총액신고서
- 요율변경 공문

쉼터(23) 전화응대(5) - 상사가 부재중일 때

○ 상사 부재 중에 상사를 찾는 전화를 받으면 상대방의 소속, 용건을 확인한다.
○ 부재 중의 전화메모는 적는 즉시 상사의 책상 위에 놓고 나중에 상사가 보았는지를 반드시 확인한다.
○ 상대방이 오해하지 않도록 부재의 사유를 전한다.
- **지금 외출 중입니다. 한 시간 후에 돌아오실 예정입니다.**
- **자리를 잠시 비우셨는데, 전화하셨다고 전해 드릴까요?**
- **지금 출장 중이신데, 다음 주 월요일에 출근하십니다.**
- **지금 출장 중이신데 무언가 부탁하실 말씀이라도 있으십니까?**
- **죄송합니다만 사장님은 지금 회의 중이십니다. 회의 마치시는 대로 전화드릴까요?**

3. 고용보험 업무

1) 업무의 개요

(1) 업무의 요약

해고(解雇)나 감원(減員) 등 비자발적 퇴사로 직장을 잃은 실업자에게 실업보험금을 주고, 구직활동이나 직업훈련 등을 위한 장려금(獎勵金)을 지원하는 제도로 1995년 7월 1일부터 시행되었다.

[표 10-7] 고용보험업무의 절차 및 내용

절 차	사업장 고용보험 업무
사업장신고	사업장 보험관계 성립신고 : 성립일로부터 14일 이내
⇩	
근로자 고용신고	• 입사 : 근로자고용 신고 → 다음달 15일까지 • 퇴사 : 근로자고용종료 신고 → 다음달 15일까지 • 전근 : 근로자 전근 신고 → 전보일로부터 14일 이내 • 휴직 : 근로자 휴직 등 신고 → 휴직일로부터 14일 이내 • 변경 : 근로자 정보변경 신고 → 변경일로부터 14일 이내
⇩	
월별 보험료 납부	• 보험료 산정 : 근로자별 월평균보수 합계액 x 보험료율 • 고지 : 납부기한 10일 전(당해 월 말일)까지 도착 • 납부 : 해당 월의 다음 달 10일까지
⇩	
월평균보수 변경신고	• 변경신고 : 월평균보수 변동(인상·인하)된 경우 • 적용시점 : 월평균보수 변동(인상·인하)을 신고한 다음 달부터
⇩	
보수총액 신고	• 전년도에 지급한 보수총액 신고 안내(공단) : 2월중순 • 전년도 보수총액 신고(사업주) : 3월 15일까지
⇩	
보험료 정산	• 당해연도 보수총액으로 정산(반환·추가징수) • 공단직권정산 : 보수총액 미신고, 신고가 사실과 다른 경우 • 정산차액은 정산한 달의 보험료에 합산 징수

사업주와 근로자는 각각 **월정급여액(月定給與額)**의 일정비율을 고용보험료(雇傭保險料)로 납부해야 한다. 70인 이상 사업장의 사업주(事業主)는 「고용안정 및 직업능력개발을 위한 고용보험료」를 추가로 내야 한다.

근로자는 나이와 보험 가입기간에 에 따라 실직(失職)/실업(失業)시에 복리후생 성격의 수당을 제외한 임금총액의 50%까지 **실업급여(失業給與)**를 받을 수 있다. 실업급여를 수령할 수 있는 기간은 90일에서 240일까지이다. 단, 실직 후 거주자 관할 고용센터에 실업신고를 해야 하며, 신청 후 2주 이내에 자격 인정여부를 확인받게 된다. 자격 인정을 받은 후 **고용안정센터**에 2주마다 출석하여 교육을 받으면 실업급여가 지급된다.

본인의 큰 잘못이나 불법행동 등으로 해고(解雇)를 당했을 경우나 정당한 사유 없이 직장을 스스로 옮기려 할 경우 등에는 실업급여 혜택을 받을 수 없다. 전국적인 고용보험 전산망 구축에 따라 근로자는 지방노동사무소 또는 시·군·구청에서 구인(救人) 및 구직(求職) 정보를 제공받아 구직활동을 원활하게 수행할 수 있다.

[그림 10-1] 실업급여 수급절차

피보험자격상실신고(사업주)

⇩

고용보험홈페이지 가입 후 수급자격신청자 온라인교육수강

⇩

워크넷을 통한 구직활동(이력서 등록)

⇩

고용센터 방문하여 실업급여신청(강의수강 후 2주 이내, 신분증 지참)

⇩

1차 실업인정(신청 2주후 재방문)

⇩

구직활동

(2) 고용보험 가입대상

산재보험(産災保險)은 사업주만 가입대상자이지만 **고용보험(雇傭保險)**은 사업주와 근로자 모두가 가입대상이다. 근로자를 1인 이상 사용(고용)하는 모든 사업 또는 사업장은 고용보험 가입대상 사업장이다. **당연가입사업(사업장)**은 사업주의 고용보험 가입의사와 관계없이 계속사업자와 건설업자는 자동으로 보험관계가 성립한다. 반면에 **임의가입사업(사업장)**은 산업재해보상보험법 및 고용보험법의 당연가입대상 사업이 아닌 사업으로서 보험가입 여부가 사업주의 자유의사에 일임(一任)되어 있는 사업을 말한다.

건설업자 등에 의한 건설공사(建設工事)는 총공사금액 또는 연면적(延面積)을 고려하지 않고 당연가입 사업이지만 건설업자 등이 아닌 자가 행하는 건설공사의 경우에는 총공사금액 또는 연면적을 기준으로 가입 적용 여부를 판단한다. 건설업은 **도급계약(都給契約)** 형식으로 여러 차례의 하도급(下都給)이 이루어지는 경우가 허다하므로 원수급인(원청업자)이 보험가입자가 되고, 국내건설사가 국내에 소재하지 않는 외국건설사로부터 하도급을 받아 시행하면 그 최초 하수급인(하청업자)이 보험가입자가 된다.

☞ 가입제외 근로자 : 고용보험 가입을 할 수 없는 근로자

○ 1월간 근로시간이 60시간 미만인 자(1주간 근로시간이 15시간 미만인 자 포함) ○ 외국인 근로자. 단, 다음의 외국인 근로자는 고용보험 가입 대상이다. - 외국인의 체류자격 중 주재/기업투자/무역경영의 체류자격을 가진 자 - 취업활동을 할 수 있는 체류자격을 가진 자로서 고용보험 가입 신청자 - 결혼이민의 체류자격을 가진 자 - 체류자격을 가진 자로 고용보험 가입 신청자 - 외국인의 체류자격 중 영주(永住)의 체류자격을 가진 자

「고용보험 적용 제외사업」의 사업주는 근로복지공단의 승인(承認)을 얻어 보험에 가입할 수 있다. 다만 근로자(적용제외 근로자 제외) 과반수(過半數) 이상의 동의(同意)를 얻어 임의(任意) 가입할 수 있다.

☞ 고용보험 적용제외사업

- ○ 농업·임업·어업·수렵업 중에서 법인이 아닌 자가 상시 5명 미만의 근로자를 사용하는 사업
- ○ 가구 내 고용활동(가사서비스업)
- ○ 건설업자, 주택건설업자, 전기공사업자, 정보통신공사업자, 소방시설업자, 문화재수리업자가 아닌 자가 시공하는 공사로 다음 각 호에 해당하는 공사
  1. 총공사금액이 2천만원 미만인 공사
  2. 전체면적이 100㎡ 이하인 건축물의 건축 또는 전체면적이 200㎡ 이하인 건축물의 대수선에 관한 공사

(3) 보험가입의 성립

고용보험(雇傭保險)은 당해 사업이 개시(開始)된 날 또는 일정 규모 이상의 사업에 해당하게 된 날로 보험가입이 성립된다. 보험가입이 성립되면 사업주는 보험가입 신고 및 고용보험료 신고·납부의 의무(義務)가 발생하고, 근로자는 재해나 실직을 당했을 때 보험급여청구권 등의 각종 권리의무(權利義務)가 발생한다.

[표 10-8] 당연가입사업장과 임의가입사업장의 비교

구 분	당연가입사업장	임의가입사업장
성 립 일	해당 사업 개시한 날 또는 일정 규모 이상의 사업에 해당하게 된 날	보험가입신청서를 근로복지공단에 접한 날의 다음날(하수급인사업주 승인을 받은 경우는 하도급공사 착공일)
제 출 서 류	○ 보험관계성립신고서 ○ 사업자등록증 ○ 주민등록표등본 ○ 근로자명부 등	○ 보험가입신청서 ○ 사업자등록증 ○ 주민등록표등본 ○ 근로자명부 등
제 출 기 한	보험관계가 성립한 날로부터 14일 이내(14일 이내 종료되는 사업은 종료일 전날)	건설공사 및 벌목업의 경우는 사업 종료일의 전날
근 로 자 고용신고서	근로자를 고용한 날이 속하는 달의 다음 달 15일까지	근로자를 고용한 날이 속하는 달의 다음 달 15일까지

(4) 신고사항

사업주(事業主)는 보험에 가입된 사업에 대하여 다음에 해당하는 사항이 변경된 경우에는 그 변경된 날로부터 14일 이내에 근로복지공단에 신고하여야 한다.

- 사업주(대표이사)의 이름과 주민등록번호
- 사업의 명칭 및 소재지
- 사업의 종류
- 사업자등록번호(법인등록번호 포함)
- 사업의 기간(건설공사 또는 벌목업 등 기간의 정함이 없는 사업)
- 상시근로자 수

☞ 신고(제출) 서류 및 장소

ㅇ 보험관계변경사항신고서 1부 ㅇ 상시근로자 수 변경 : 보험연도 초일부터 14일 이내에 「우선지원대상기업신고서」 ㅇ 사업장 소재지 변경 : 소재지 변경 전 관할 지역본부(지사)에 신고

근로자의 고용이 종료되어 보험관계가 소멸되면 사업주는 고용종료일로부터 14일 이내에 [보험관계소멸신고서]를 공단/지사에 제출해야 한다. 신고사유별 고용종료일은 다음과 같다.

- 근로자의 퇴사 : 퇴사한 날의 다음 날
- 근로자의 사망 : 사망한 날의 다음 날
- 산재보험 적용 근로자가 적용제외 근로자가 된 때 : 적용 제외된 날
- 사업종류변경으로 부과고지대상사업에서 자진신고대상사업으로 변경 : 변경된 날
- 국내사업장 소속 근로자의 해외 파견 : 국내사업장에서 고용관계가 끝나는 날의 다음 날
- 보험관계 소멸 : 보험관계가 소멸한 날

[표 10-9] 고용보험신고 요약

신 고 사 유	고 용 보 험 업 무	신 고 기 한
근로자를 새로 고용한 경우	피보험자격취득 신고	다음 달 15일
근로자와 고용관계를 종료한 경우	피보험자격상실 신고	
근로자가 타사업장으로 전보되는 경우	피보험자전근 신고	사유발생일로부터 14일 이내
근로자가 휴업 등의 사유로 근로를 제공하지 않게 된 경우	근로자 휴직 등 신고	
근로자의 성명 또는 주민등록번호가 변경된 경우	피보험자내역변경 신고	
일용직근로자 고용정보 신고	근로내용 확인 신고	다음 달 15일

(5) 고용보험료 산정

고용보험료(雇傭保險料)는 그달의 보험료를 다음 달 10일까지 납부해야 한다. 사회보험(社會保險) 징수통합에 따라 전 사업에 대하여 공단에서 월별보험료를 산정(算定)하여 부과(賦課)하고, 국민건강보험공단에서 발송하는 고지서(告知書)로 납부하거나 자동이체, 가상계좌 등으로 납부한다.

고용보험 월별보험료 = (근로자 개인별 월평균보수) × 보험료율

[그림 10-2] 고용보험 가입신고에서 보험료 납부까지의 절차

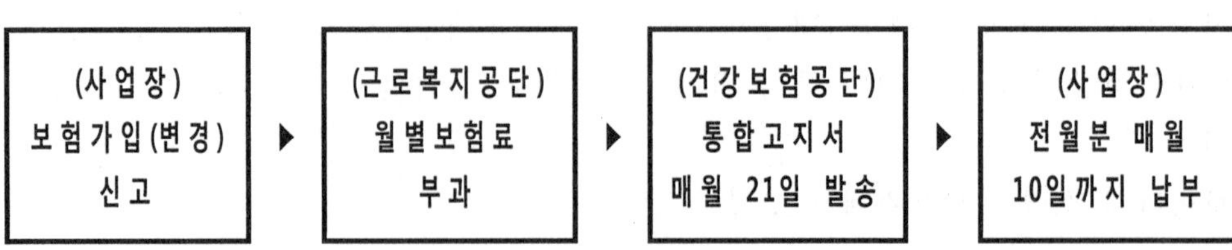

① **고지납부하는 사업(Up-down 방식)** : 다음에 해당하는 사업의 고용보험료는 사업

주가 신고한 근로자 개인별 보수(報酬)에 보험료율을 곱한 금액을 합산(合算)하여 산출한 보험료를 공단에서 매월 부과고지(賦課告知)한다.

- 건설업 등의 사업을 제외한 전 사업
- 건설업 중 건설장비운영업
- 중소기업사업주 및 특수형태근로종사자
- 건설업 외의 해외파견사업
- 고용보험 자영업자(2012. 1. 22. 이후 신규가입자)

② **신고납부하는 사업(Down-up 방식)** : 건설업 등 대통령령으로 정하는 사업에 대하여는 자진신고 및 납부한다.

- 건설업(건설본사 포함)
- 임업 중 벌목업
- 건설업 해외파견사업
- 고용보험 자영업자(2012. 1. 22. 이전 기존가입자)

③ **고용보험료 산정방법**

- 근로자 : 보수총액 × 고용보험료율
- 개인사업자 : 사업소득(수입금액이 아님) × 고용보험료율

④ **고용보험료의 구성** : 실업급여 + 고용안정 + 직업능력개발사업

- 고용보험료 = 보수총액 × 고용보험료율
- 근로자 부담 보험료 = 보수총액 × 실업급여보험료율
- 사업자 부담 보험료 = (보수총액 × 실업급여보험료율) + (보수총액 × 고용안정·직업능력개발사업 보험료율)

⑤ **보수의 정의 : 고용보험료(雇傭保險料)** 산정의 기준이 되는 **보수(報酬)**란 소득

세법(所得稅法)에 따른 근로소득(勤勞所得)에서 비과세(非課稅) 근로소득을 뺀 금액으로 「근로소득의 범위」는 다음과 같다.

- 근로의 제공으로 받는 봉급·급료·보수·세비·임금·상여·수당과 이와 유사한 성질의 급여(給與)
- 법인의 주주총회·사원총회 또는 이에 준하는 의결기관의 결의(決意)에 의하여 상여(賞與)로 받는 소득
- 법인세법(法人稅法)에 의하여 상여로 처분(處分)된 금액
- 퇴직으로 받는 소득으로서 퇴직소득(退職所得)에 속하지 아니하는 금액

사업의 폐업(閉業)이나 도산(倒産) 등으로 보수를 산정하거나 확인하기 곤란한 경우 또는 **기준보수(基準報酬)** 적용 사유에 해당하는 경우에는 고용노동부장관이 고시하는 금액[기준소득월액]을 보수로 한다.

- 사업의 폐업·도산 등으로 보수의 산정 및 확인이 어려운 경우
- 보수 관련 자료가 없거나 불명확한 경우
- 사업/사업장의 이전 등으로 사업/사업장의 소재지 파악이 곤란한 경우

⑥ 고용보험료의 부담

- 실업급여 : 사업주와 근로자가 각각 50%(절반)씩 부담
- 고용안정·직업능력개발사업 : 사업주가 100%(전액) 부담

⑦ 고용보험료율 : 고용보험료율은 보험수지(保險收支)의 추이 및 경제상황 등을 고려하여 1,000분의 30 범위에서 실업급여(失業給與)의 보험료율과 고용안정 및 직업능력개발사업의 보험료율로 구분하여 고용보험법 시행령(대통령령)으로 고시한다. 각자가 빈 칸을 채워 보세요!

[표 10-10] 고용보험료율

사업구분 및 사업장규모별 보험료		보험료율	부담률	
			근로자	사업주
실업급여		%	%	%
고용안정·직업능력개발사업	150인 미만 기업	%	-	%
	150인 이상(우선지원대상기업)	%	-	%
	150인 이상 1,000인 미만 기업	%	-	%
	1,000인 이상 기업	%	-	%

(6) 보수총액 신고

사업장(事業場)에서 전년도에 근로자가 받은 **보수총액(報酬總額)**을 금년 3월 15일까지 보수총액을 공단(지사)에 신고하여야 한다. 그 이유는 실제 근로자에게 지급한 보수총액을 산정하여 산출한 당해 확정보험료와 전년도에 납부한 개산보험료를 비교하여 정산하는 절차를 거쳐야하기 때문이다

① 신고기한

- 사업을 계속 운영 중인 사업장 : 매년 3월 15일까지
- 사업의 폐지·종료 등으로 보험관계가 소멸한 사업장 : 소멸일로부터 14일 이내

② 신고방법

- 근로자 수가 10인 이상 사업장 : 전자신고만 가능(http://total.kcomwel.or.kr)
- 근로자 수가 10인 미만 사업장 : 전자신고 또는 서면신고(보수총액신고서) 가능

③ 유의사항

- 보수총액신고는 전자신고를 해야 한다. 다만 근로자 수가 10인 미만인 사업장은

서명으로도 신고할 수 있다.

- 전년도에 퇴사(고용종료)한 근로자도 보수총액신고를 해야 한다.
- 일용근로자 및 월 60시간 미만 단시간 상용근로자는 구분하여 각각 신고한다.
- 공단에서 보수총액 신고를 위해 제공하는 정보가 틀린 경우 별도 변경 신고한다.
- 전년도에 근로자(상용, 일용, 그 밖의 근로자 포함)를 사용하지 않아 지급된 보수가 없는 경우에는 "201×년도 근로자 사용 및 보수지급액 없음"에 표시하여 신고한다.
- 전보(轉補)근로자의 경우 전보일 기준으로 전보 전후 사업장에서 발생한 보수를 구분하여 각각 작성하여 신고한다.
- 휴직기간 중 지급된 보수가 있는 경우 산재보험을 제외, 고용보험은 포함하여 조수총액을 신고한다.
- 연도 중 산재보험 업종변경이 있는 사업장은 [연도 중 산재보험 업종변경 사업장 기간별 보수총액]을 별도 작성한다.
- [자활근로종사자] 또는 [노동조합 등으로부터 금품을 지급받는 노조전임자]의 보수총액은 신고서 뒷면에 별도 작성한다.
- 특수형태근로종사자는 보수총액신고서를 작성하지 않는다.

(7) 고용보험료 정산

고용보험료 **정산(精算)**이란 사업장에서 실제로 지급한 보수총액을 신고하여 산출되고 확정된 보험료[확정보험료]와 전년도 보수총액 또는 해당 연도 고용신고를 기초로 산출된 **월평균보수(月平均報酬)**로 산정·부과된 보험료[기납부보험료, 개산보험료]를 비교하여 정산절차를 거치게 된다. 정산 결과 기납부보험료(개산보험료)가 확정보험료보다 많으면 납부할 보험료에 충당(充當)하거나 반환(返還) 또는 환급(還給)하고, 적으면 4월분 보험료에 추가해서 납부해야 한다.

- **확정보험료 > 납부보험료(기납부액) … 4월분 보험료에 추가납부**
- **확정보험료 < 납부보험료(기납부액) … 납부할 보험료에 충당 또는 반환**

[그림 10-3] 정산절차

기관 및 절차	업 무 내 용
근로복지공단	전년도 [보수총액신고서] 제출 안내 : 매년 2월
⇩	
사 업 장	[보수총액신고서] 제출 : 매년 3월 15일까지
⇩	
근로복지공단	정산보험료 신청/추가납부/충당/반환(환급)
⇩	
건강보험공단	정산보험료 고지
⇩	
사 업 장	고용보험료 납부

- 정산기한

○ 정상사업장(계속사업장) : 매년 3/15까지 보수총액 신고 ○ 소멸사업장(폐업) : 소멸일로부터 14일 이내 보수총액 신고

- 정산대상 : 전년도/소멸일 전날까지 사업주가 고용한 모든 근로자에게 지급한 보수

○ 고용정보가 있는 상용근로자는 개인별 보험료를 정산한다. ○ 일용근로자 및 고용정보가 없는 상용근로자(월 60시간 미만의 단시간 상용근로자, 「산재보험 고용정보 미신고 외국인근로자」)는 사업장 보수총액으로 정산한다.

2) 업무흐름도 및 업무의 내용

적용사유 발생	→	자격취득 신고	→	자격상실 신고	→	정산 및 개산 신고
①		②		③		④

① 적용사유 발생 : 입사자 및 퇴직자 발생

② 자격취득 신고(양식 첨부)
- 자격 : 1개월 이상 근무를 하면 자격취득을 하게 되어있으나 형편상 센터에서는 3개월 이상의 기간을 계약하여 근무한 자를 대상으로 함(추후 보완 사항)
- 신규채용 인사발령에 의하여 발령일이 자격취득일임
- 고용보험 피보험자격 취득신고서를 자격취득일로부터 14일 이내 신고
- 사업(사업장)의 소재지를 관할하는 [근로복지공단 지역본부]에 전자/우편/인편으로 제출

③ 자격상실 신고(양식 첨부)
- 퇴직 및 계약해지 기타 사유로 인하여 근무를 하지 않을 경우
- 65세에 달한 경우 노동관서에서 직권면직처분을 하여 통보함
- 피보험자격 상실 신고서를 작성하여 상실일로부터 14일 이내 신고
- 사업의 소재지를 관할하는 지방노동관서에 전자/우편/인편으로 제출
- 고용보험법에 의하여 이직확인서 발급

○ 대상자는 본인의 신청에 의하여 [이직확인서] 발급 : 구조조정, 계약만료, 해고 등 ○ 이직확인서 양식은 [피보험자격상실신고서]와 동일하며, 구분의 [이직확인서]란에 표시함 → 이 경우 신고서 뒷면까지 작성하여 신고(가입기간 및 평균임금 산출) ○ 자격상실(소멸)이로부터 14일 이내에 신고

- 신고 후 1주일 뒤, 퇴사자는 주소지 관할 고용안정센터에 나아가 구직등록 및 실업급여 신청

④ 정산 및 개산 신고 : 보험료 정산 및 개산 신고/납부(양식 첨부)
- 정산 및 개산 신고기한 : 매년 보험년도 초일로부터 70일 이내 신고
- 신고처 : 근로복지공단 지역본부

□ 정산 및 개산신고 요령
- 전년도 임금총액 산출
- 임금총액에서 제외되는 금액(비과세소득) 산출

- 적용할 임금총액 산출
- 확정고용보험료 산출(요율 확인할 것)

○ 실업급여 = 임금총액 × 실여급여보험료율 ○ 고용안정 = 임금총액 × 고용안정보험료율 ○ 직업능력개발사업 = 임금총액 × 직업능력개발사업보험료율

- 확정보험료에서 개산(槪算) 납부분을 공제하여 정산(精算) 차액 산출
- 신고서에 확정 정산분 기록
- 당해 연도 예상임금총액 산출 : 예상임금 총액이 전년도 임금 대비 10% 이상 인상된 경우에는 예상총액을 적용하여 산출하고, 10% 이내인 경우에는 전년도 임금총액 적용
- 확정보험료 산출 요령으로 당해 연도 개산보험료를 산출하여 신고서에 기록
- 납부할 금액 지급신청서 작성(일시납의 경우 5% 할인)
- 신고서에 직인 날인 후 근로복지공단에 신고하고 지로용지를 작성하여 정산차액 및 개산보험료 납부
- 고용보험료 중 실업급여는 노사 각각 50%를 부담하고, 나머지(고용안정/직업능력개발사업)는 사업주 부담
- 고용보험료 실업급여 근로자 부담분은 선납하고 매월 급여에서 공제
- 급여관리에서 보험료율을 관리하고 급여 작업시 공제함

3) 산출물(실습할 서식)

- 인사발령문
- 피보험자격취득신고서
- 피보험자격상실신고서
- 이직확인서
- 고용보험 확정 개산 신고서
- 기안문
- 지급신청서
- 지로용지

4. 산재보험 확정/개산/신고 업무

1) 업무의 개요

(1) 업무의 요약

산재(産災)는 산업재해(産業災害)를 말한다. **산재보험(産災保險)**은 근무 중에 산업재해를 당한 근로자를 보호하기 위하여 1964년에 도입된 우리나라 최초의 사회보험제도이다. 산업재해로부터 근로자를 보호하기 위해서는 산업재해 자체를 예방하는 것이 가장 바람직하다고 할 수 있으나 산업재해로 근로자가 부상을 당하거나 사망한 경우에는 피해 근로자 및 그 가족에게 적절한 보상을 해 줄 필요가 있다.

산재보험은 산재근로자 및 그 가족의 생계를 보장(保障)하기 위하여 국가가 책임지는 의무(강제)보험으로 근로기준법상 사용자의 재해보상책임을 보장하기 위하여 국가(근로복지공단)가 사업주로부터 보험료를 징수(徵收)하여 그 기금(基金)으로 사업주를 대신하여 산재근로자에게 보상을 해주는 제도이다.

☞ 산재보험의 특징

- ○ 근로자의 업무상 재해에 대하여 사용자의 고의·과실 유무를 불문하는 **무과실책임주의**
- ○ 보험사업에 소요되는 재원인 보험료는 원칙적으로 **사업주가 전액 부담**
- ○ 산재보험급여는 재해발생에 따른 손해 전체를 보상하는 방식이 아니라 평균임금을 기초로 지급하는 **정률보상방식**
- ○ 산재보험은 **자진신고납부** 원칙
- ○ 재해보상과 관련되는 **이의(異議) 신청에 대한 심사(審査) 및 재심사 청구제도** 운영

(2) 산재보험 가입대상

산재보험의 가입대상은 산재보험사업장에서 일하는 모든 근로자(勤勞者)이다. 산업재해보상보험법에서 명시하는 근로자는 근로기준법에 규정된 근로자로서 「직업의 종류를 불문하고 사업 또는 사업장에서 임금(賃金)을 목적으로 근로를 제공하는 자」를 말한다. 산재보험 적용이 제외(배제)되는 근로자의 범위는 다음과 같다.

- 공무원연금법/군인연금법/사립학교교직원연금법에 따라 재해보상이 되는 자
- 선원법 또는 「어선원 및 어선 재해보상보험법」에 따라 재해보상이 되는 자

(3) 산재보험 사업장

가. 당연가입사업

산재보험 가입대상 사업장은 근로자를 사용(고용)하는 모든 사업이며, 적용단위는 「사업(事業)」 또는 「사업장(事業場)」이다. 당연가입사업 대상은 사업주의 의사와는 관계없이 자동으로 보험관계가 성립하는 사업을 말하는 것으로, 적용제외 사업을 제외한 1인 이상의 근로자를 사용(고용)하는 모든 사업 또는 사업장이다.

따라서 사업주가 보험성립 신고를 하지 아니했을지라도 당연적용사업에 해당하게 된 날 이후에 재해를 당한 근로자는 산재보험의 보상을 받을 수 있다. 당연가입사업 해당 사업주는 당해 사업이 개시된 날 또는 일정 규모 이상의 사업에 해당하게 된 날, 즉 보험관계가 성립한 날로부터 14일 이내에 다음 서류를 제출하여야 한다.

- 일반사업 : 보험관계성립신고서, 사업자등록증, 주민등록등본, 근로자명부 등
- 건설공사 및 벌목업 : 보험관계성립신고서, 공사도급계약서(공사비내역서 포함), 건축허가서 또는 벌목허가서

나. 임의가입사업

임의가입사업 보험가입자는 사업주가 보험가입신청서를 근로복지공단에 접수한 다음 날부터 보험관계가 성립한다. 제출서류는 보험관계가 성립한 날로부터 14일 이내에 제출하여야 한다. 제출서류는 당연가입사업과 같다.

다. 적용제외사업

- 농업/임업(벌목업 제외)/어업/수렵업 중 법인이 아닌 자의 사업으로서 상시근로자 수가 5명 미만인 사업
- 가구(家口) 내 고용활동(가사도우미)

- 주택건설사업자, 건설업자, 전기공사업자, 정보통신공사업자, 소방시설공사업자, 문화재수리업자가 아닌 자가 시공하는 다음 각 호의 공사

1. 총공사금액이 2천만원 미만인 공사 2. 연면적이 100㎡ 이하인 건축물의 건축공사 3. 연면적이 200㎡ 이하인 건축물의 대수선공사

- 공무원연금법/군인연금법/사립학교교직원연금법에 따라 재해보상이 되는 사업
- 선원법 또는「어선원 및 어선 재해보상보험법」에 따라 재해보상이 되는 사업
- 그 밖의 사업으로 상시근로자 수가 1명 미만인 사업

(4) 산재보험 특례

산재보험(産災保險)의 특례요건(特例要件)에 해당하거나 근로복지공단의 승인을 받은 다음 근로자와 사업주는 산재보험의 적용을 받는다.

① 해외파견자(海外派遣者)

산재보험(産災保險)에 가입한 국내사업장(보험가입자)에서 국외사업에 근로자를 파견(派遣)한 경우, 국외근무근로자(해외파견자)는 산재보험에 가입할 수 있다. 다만 국내사업장에 근로자가 없고 해외파견만을 목적으로 근로자를 채용하여 채용과 동시에 해외 현지사업장에 파견하는 경우, 해외파견자는 산재보험에 가입할 수 없다. 사업주(보험가입자)는 다음 사항을 기재하여「해외파견자 산재보험가입신청서」를 공단에 제출해야 한다.

- 해외파견자 명단
- 해외파견 사업장의 명칭 및 소재지
- 해외파견기간
- 해외파견자의 업무 내용
- 해외파견자의 보수(임금·급여) 지급방법 및 지급액

② 현장실습생(現場實習生)

산재보험적용사업장에서 「직업교육훈련촉진법」 제7조의 규정에 따라 직업교육 훈련과정을 이수하는 중 산업체에서 현장실습을 받는 사람은 산재보험에 가입할 수 있다. 현장실습사업장의 보험가입자(사업주)는 현장실습생의 성명, 현장실습생의 훈련(실습)수당, 직업교육훈련기관 관련 서류를 작성·비치하여야 한다.

③ 특수형태근로자(特殊形態勤勞者)

다음에 해당하는 특수형태근로자(사장도 아니고 종업원도 아닌 사업자?)는 본인들이 원하면 산재보험에 가입할 수 있다.

- 보험설계사
- 콘크리트믹서트럭(레미콘차량) 자차기사
- 학습지 교사
- 골프장 캐디
- 택배기사

(5) 산재보험료 계산

산재보험료(産災保險料)는 근로자의 당해 **보수총액(報酬總額)**에 산재보험료율을 곱한 금액으로 한다.

산재보험료 = 가입자(근로자) 보수총액 × 산재보험료율

산재보험료율은 매년 6월 30일 현재, 과거 3년 동안의 보수총액에 대한 산재보험급여총액의 비율을 기초로 하여, 산재보험법에 의한 연금 등 산재보험급여에 드는(소요되는) 금액, 재해예방 및 재해근로자의 복지증진에 드는(소요되는) 비용 등을 고려하여 사업의 종류별로 고시한다. 유의할 사항은 사업종류별로 산재보험료율이 다르다는 것. 기업체에는 매년 산재보험료율이 내려온다. 연도별로 산재보험료율이 어떻게 변동되고 있는지 고용노동부나 근로복지공단 홈페이지를 통하여 확인해 보기로 한다.

[표 10-11] 연도별 산재보험료율

연 도	최저보험료	최고보험료	평균보험료	대상업종 수
2015년	7/1000	340/1000	17/1000	58개
2016년	6/1000	340/1000		
2017년				
2018년				
2019년				
2020년				

(6) 재해보상(요양신청)

산업재해보상보험법의 적용을 받는 사업 또는 사업장 내외에서 업무상 사유로 부상 등을 재해를 당한 산재근로자는 근로복지공단에 비치한 최초요양신청서에 인적사항, 재해경위 등을 작성한 후 뒷면에 주치의(主治醫)의 소견을 받아 근로복지공단에 제출하면, 공단에서는 기재사항 확인 및 재해경위 등을 검토하고 조사한 후 업무상 재해(災害) 여부를 결정하여 통지한다.

☞ 요양대상 요건

i. 산업재해보상보험법이 적용되는 사업자의 근로자 ii. 업무상 사유에 의하여 당한 부상 또는 질병 iii. 당해 부상 또는 질병으로 4일 이상의 요양기간

산재근로자가 산업재해보상보험법에 따른 **보험급여(保險給與)**를 받기 위해서는 공단으로부터 산재 요양승인을 받아야 하며, 산재근로자는 사업장 관할 공단 지사에 **요양신청서(療養申請書)**를 작성 제출해야 한다. 일반적으로는 산재근로자가 요양신청서를 작성하여 병원에 제출하면, 병원에서는 인터넷으로 근로복지공단의 「고용·산재보험 토탈서비스」에 접속하여 요양신청서를 접수한다. **요양급여(療養給與)** 신청과 관련된 서류의 원본(原本)은 3년간 보관해야 한다.

요양급여를 신청하는 절차를 요약하면 다음과 같다.

[그림 10-4] 요양급여 신청절차

절차	업무내용
사업장	재해 발생
⇩	
응급차	병원으로 이송
⇩	
의료기관	진단서(소견서) 발급
⇩	
사업장(청구인)	최초요양신청서 제출
⇩	
근로복지공단	최초요양신청서 접수, 재해경위 등
⇩	
심의(공단) 및 통보	의학적 자문 필요시 결정사항 통보
⇩	
청구인/사업장/의료기관	요양급여 수령

2) 업무흐름도 및 업무의 내용

확정/개산
신고

①

① 확정/개산 신고 : 산재보험 확정/개산 신고(양식 첨부)
- 정산/개산 신고기한 : 매년 보험년도 초일로부터 70일 이내 신고
- 신고처 : 근로복지공단 지역본부

☞ 산재보험료 신고납부절차

산업재해보상보험법의 적용을 받는 사업/사업장에서는 당해 연도 예상임금총액을 기준으로 산출한 개산액을 신고 납부하고[개산보험료], 전년도의 임금총액이 확정되면 확정보험료를 산출하여[확정보험료] 보험료를 정산해야 한다. 산재보험료를 신고납부하는 절차는 다음과 같다.

- 전년도 임금총액 산출 : 비과세소득 제외, 적용할 임금총액 산출
- 확정보험료를 산출(업종별 보험료율 확인).
- 확정보험료와 개산납부분(개산보험료/기납부보험료)을 비교하여 정산차액 산출
- 신고서에 확정정산분 기록
- 당해 연도 예상임금총액 산출 : 예상임금 총액이 전년도 임금 대비 10% 이상 인상된 경우에는 예상총액을 적용하여 산출하고, 10% 이내인 경우에는 전년도 임금총액을 적용한다.
- 확정보험료 산출 요령으로 당해 연도 개산보험료를 산출하여 신고서에 기록
- 납부할 금액 지급신청서 작성(일시납의 경우 5% 할인)
- 신고서에 직인 날인 후 근로복지공단에 신고
- 정산차액 및 개산보험료 납부

3) 산출물(실습할 서식)

- 산재보험 확정/개산 신고서
- 기안문
- 지급신청서
- 지로용지

5. 산재사고처리 업무

1) 업무의 개요

본 업무는 **산재근로자(産災勤勞者)**를 위하여 회사에서 적절한 조치에 취해야 할 업무에 관한 내용이다. 「산업재해보상보험법」 적용 사업장 내외에서 근로자가 업무와 관련하여 재해(災害)를 당하면 사업주는 근로자를 보호하기 위해 근로자를 빨리 병원으로 옮겨 치료를 받을 수 있도록 적절한 조치를 취해야 한다. 사고를 당한 산재근로자가 병원에서 진료(치료)를 받는 것을 **요양급여(療養給與)**라고 한다.

산재근로자가 적시에 적절한 치료를 받을 수 있기 위해서는 먼저 요양급여를 신청해야 한다. 요양급여 신청(申請)은 재해근로자가 직접 하거나 의료기관이 산재근로자의 동의(同意)를 얻어 그 신청을 대행(代行)할 수 있다. 의료기관이 요양급여 신청을 대행할 경우 의료기관은 근로자가 동의하였음을 알 수 있는 서류를 신청서에 첨부해야 한다.

2) 업무흐름도 및 업무의 내용

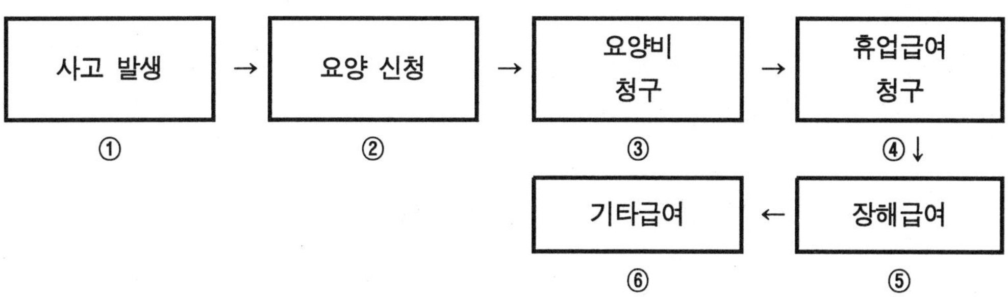

① 사고 발생 : 사고 발생 사실 및 내용을 부서장에게 신속 보고
- 산재사고 판단은 근로복지공단에서 하므로 사실대로 기록하여 산재처리 요청
- 사고자 응급처치 및 산재 지정병원 후송(後送) 후 치료받을 수 있도록 조치

② 요양 신청 : 사고자 기본인적사항 기록 및 병원 치료비 청구

- 목격자/동행인 진술서 확보 → 산재 심사 대비
- 최초요양신청서 3부 작성

○ 양식 뒷면의 진단서를 병원으로부터 받음(병원 보관 1부) ○ 회사 직인 날인(보관 1부) ○ 근로복지공단 제출 1부

- 심사 후 산재 적용 여부 통보

③ 요양비 청구 : 요양비청구서(양식 첨부)
- 긴급 부득이한 사유로 용양승인을 받지 않고 자비로 치료한 경우 작성
- 작성 및 절차는 요양신청서와 동일
- 심사 후 본인이 부담한 치료비를 근로복지공단에서 환불함

④ 휴업급여 청구 : 휴업급여청구서(양식 첨부)
- 부상/질병으로 휴업기간에 대하여 생활보호를 위해 임금대신 지급하는 급여
- 2회 청구분부터는 사업주(회사)와 병원의 확인 생략

⑤ 장해급여 : 치유 후 장해가 남는 경우 장해급여 신청
- 「장해급여청구서」 작성, 제출
- 심사시 청구자가 출석하여 심사를 받음
- 장해등급 결정 후 보상금 지급

⑥ 기타 급여 : **유족급여(遺族給與), 장의비(葬儀費)**

3) 산출물(실습할 서식)

- 진술서
- 요양신청서, 요양비청구서
- 휴업급여청구서, 장해급여청구서
- 유족급여청구서
- 장의비청구서

제 11 장
도서 구입 및 관리 업무

1. 도서 구입(단행본/정간물) 업무

1) 업무의 개요

본 업무는 도서 구입과 관련된 업무이다. 회사에서는 업무에 필요한 도서뿐만 아니라 필요하지 않지만 이해관계자들(주로 언론사나 협회)과의 관계를 고려하여 단행본(單行本)이나 정기간행물(定期刊行物)을 구입하고 관리한다. 업무에 필요한 도서는 개인이 구입하기도 하지만 대부분은 회사에서 구입하여 사무실이나 도서실에 비치한다. 업무처리와 관련하여 어떤 책이 필요한지는 직원으로부터 주문(注文)을 받아야 한다. 물론 정기적으로 구독을 하는 책이나 정기간행물은 그럴 필요가 없다. 회사에서 주로 구입하는 도서로는 다음과 같은 것들이다.

- 업무 관련 단행본 : 설계(CAD), 회계 및 세무. 컴퓨터, 기술, …
- 정기간행물 : 시사저널, 월간○○, 잡지, 협회에서 발간하는 정기간행물
- 기타 : 교양, 취미, 종교 등과 관련된 단행본/정기간행물

2) 업무흐름도 및 업무의 내용

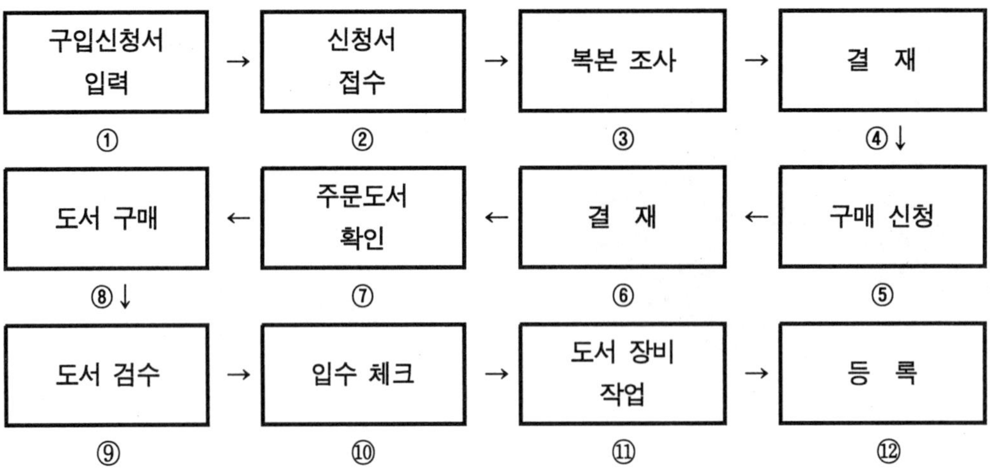

① 구입신청서 입력 : 자료구입신청서 입력
- 통합정보시스템의 [자료관리/도서구입신청] 선택
- 도서구입신청서 작성
- 정기간행물 중 잡지(雜誌)의 경우에는 업무담당자가 년 1회 대상물을 파악하여 관련 부서에 구입 여부 문의 → 구입 필요시 업무담당자가 일괄 구입 신청
- 내부결재 후 업무담당자에게 이송

② 신청서 접수 : 업무담당자가 신청서 접수

③ 복본(複本)조사 : 자료의 중복(重複) 여부 조사
- 소장 도서 조사
- 신청도서 및 주문도서의 중복 여부 조사
- 정기간행물은 팀별 중복 신청 여부 확인
- 중복 신청된 도서인 경우 제외

④ 결재 : 총무과장에게 결재 상신
- 자료구입신청서 이상 유무 확인 후 결재 상신
- 총무과장 결재 후 공용문서함에 보관

⑤ 구매신청 : 구매신청서 작성
- 신청서 결재 완료 후 구매신청
- 통합정보시스템의 전체메뉴/자료관리/신청관리 선택
- 중복 신청된 도서를 제외한 나머지 구입신청 도서 자료 리스트(목록)를 가지고 구매신청 작업 실시

여러 부서에서 구입 신청한 도서를 [신청관리] 화면에서 업무담당자가 구입할 도서를 선택하면 하나의 신청번호로 묶어져 구매신청리스트(신청번호) 생성

- 화면상의 신청번호를 클릭하면 구매신청 할 수 있는 메뉴가 화면에 출현
- [구매/지급/법인카드] 중 사안(事案)에 따라 선택

○ 일정금액(예/500만원) 미만 : 지급신청서(사안에 따라 조정) ○ 일정금액(예/500만원) 초과 : 구매요구서

- 선택을 하면 공통메뉴의 [구매/지급/법인카드신청]으로 구매자료가 이송됨
- 화면을 종료하고, 통합정보시스템의 [공통메뉴/신청관리]에 접속하여 도서구매를 하기로 선택한 신청서를 선택함
- 신청서에서 자료를 검색하여 이송된 자료를 선택 신청서를 작성함
- [결재선/협조/수신부서] 지정 후 결재 상신

⑥ 결재 : 전결권자의 결재
- 사안 및 금액에 따라 전결권자를 결재선에서 선택

• 전결권자 결재 후 업무담당자에게 이송

⑦ 주문도서 확인
• 결재 완료 후 통합정보시스템의 [전체메뉴/자료관리/신청관리] 선택
• [신청확인] 화면에서 주문 확인란의 도서리스트를 체크하여 [주문 중]인 도서로 등록하여 주문도서를 최종 확인하고 시스템에 [주문 중]으로 등록함

⑧ 도서 구매
• 구매신청서를 사용한 경우 구매담당자가 구매신청을 함
• 지급/법인카드 : 지급신청서 및 법인카드를 선택한 경우에는 업무담당자가 구매함 : 인터넷, 유선 또는 FAX로 도서 주문

⑨ 도서 검수 : 주문한 도서가 도착하면 업무담당자가 검수(檢受)
• 구매건은 구매업무처리절차에 의함
• 검수요령

○ 파본(破本) 및 부록 자료 체크 ○ 정리 중 서가(書架)에 배열(등록이 완료되지 않은 자료를 임시 배열)

⑩ 입수(入手) 체크
• 통합정보시스템의 전체메뉴/자료관리/신청관리/입수체크 선택
• 구입된 도서를 확인하여 체크함
• [구입완료]로 등록됨
• 정기간행물일 경우

종합정보시스템의 [자료관리] → 정간물 → 정간물 등록 선택 → 기존도서 계속 구독시 [입수] 체크, 신규 구입시에는 [신규] 버튼 클릭 → 신규도서를 등록하여 입력

⑪ 도서 장비(章備) 작업
• 구입된 도서에 장서인(藏書印) 및 측인(側印) 날인
• 입수일 기록

⑫ 등록 : 통합정보시스템에 도서 등록

3) 산출물(실습할 서식)

- 자료구입 신청서
- 구매신청서
- 지급/법인카드
- 구입신청서
- 구입된 도서

쉼터(24) 현금으로 자산을 취득한 경우

○ 유가증권은 부가가치세법 상의 재화나 용역에 해당하지 않으므로 법정지출증빙 수취 대상이 아님 → 지급 사실을 입증할 수 있는 영수증을 보관하면 ok!

○ 3만원을 초과하는 상품 등 재고자산 매입시 지출증빙수취특례의 경우를 제외하고는 법정지출증빙(세금계산서/계산서/신용카드매출전표/직불카드영수증/현금영수증/지로영수증)을 수취해야 한다. → 수취하지 않으면 증빙불비가산세 문제 발생

○ 개인사업자 중 간이과세자의 경우는 세금계산서를 발급할 수 없으므로 신용카드매출전표나 현금영수증을 수취하면 ok!

Q. 소위 「김영란법」에서 말하는 3만원, 5만원, 10만원의 의미를 되새겨보자.

Q. 일반사업자로부터 세금계산서를 발급 받은 것과 간이사어자로부토 현금영수증을 발급 받는 것 중 어느 것이 유리한지 그 이유를 말해보자.

2. 단행본(수증도서 포함) 정리 업무

1) 업무의 개요

본 업무는 구입하거나 기증받은 단행본(單行本)을 정리하는 업무이다. 정리의 달인(達人)을 생각해 보라. 책 정리도 마찬가지다. 도서관(圖書館)의 책을 보면 옆면에 각각의 이름표를 달고 있는 것을 볼 수 있을 텐데, 숫자와 문자가 함께 사용되어 언뜻 보기에 복잡해 보이지만 원리를 알면 신기하기까지 할 것이다. 맨 앞자리 숫자는 0에서 9까지의 숫자로 적혀 있는데 나름의 의미를 가지고 있다.

000은 태초의 인간과 자연이 혼동에서 출발한다는 의미에서 특정 학문이나 주제에 속하지 않는 분야를, 100은 혼돈에서 질서를 찾기 위한 이성의 노력을 담을 철학을, 200은 인간이 절대적인 신을 숭배한다는 뜻에서 종교를, 300은 인간이 가족과 사회, 국가를 형성하는 데 필요한 사회학을, 400은 사회가 서로 소통하기 위해 필요한 언어학을 모았다. 500은 생활에 필요한 과학적 지식인 자연과학을, 600은 지식이 기술로 발전된 기술과학을, 700은 생활수준이 나아지면서 예술을, 800은 정신을 풍요롭게 하는 문학을, 900은 이 모든 것을 기록한 역사를 모았다.

이렇게 책을 나누는 방법은 1876년 미국의 멜빌 듀이(Melvil Dewey 1851-1931)에 의하여 개발한 듀이십진분류법(DDC)이다. **십진분류법(十進分類法)**은 주류(主流)를 10개로 나누고, 다시 10개의 숫자로 세부(細部)를 분류하는 방식으로, 세계적으로 널리 쓰이고 있다. 이러한 도서분류법은 도서물품(서적, 컴퓨터파일, 지도, 청각자료 등)을 정리하고, 부호화한 뒤 이를 구분하는 번호를 할당하는 체계이다.

[표 11-1] 도서분류법

기호	듀이(DDC)	한국(KDC)	기호	듀이(DDC)	한국(KDC)
000	총류	총류	500	**자연과학**	**기술과학**
100	철학	철학	600	**기술과학**	**예술**
200	종교	종교	700	**예술**	**언어**
300	사회학	사회학	800	문학	문학
400	**언어**	**자연과학**	900	역사	역사

2) 업무흐름도 및 업무의 내용

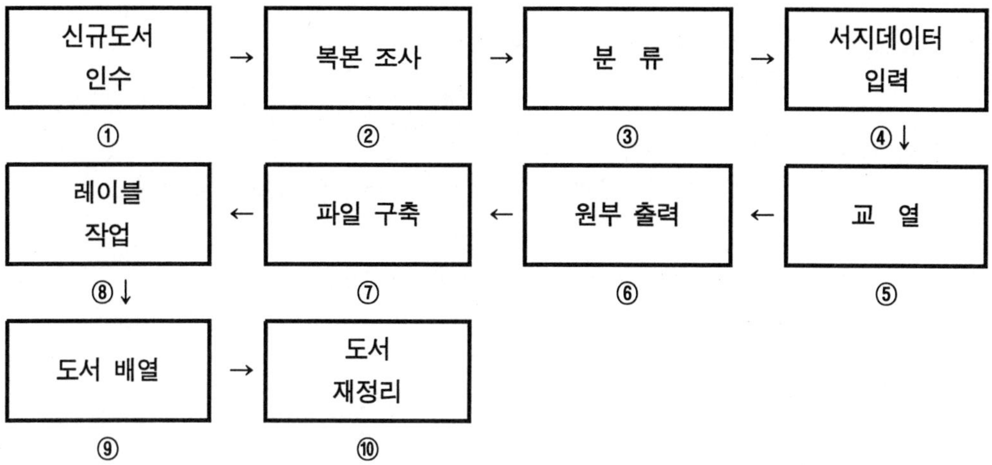

① 신규도서 인수 : 신규구입 목록 인수
- 수서(受書)시 등록한 도서 목록

② 복본조사 : 자료의 중복 여부 조사
- 중복 도서의 복본처리
- 신규도서의 청구기호 부여에 참고

③ 분류
- DDC/KDC로 분류
- 저자기호 : 동양서(이재철저자기호표), 서양서(Cutter-Sanvorn)

④ 서지(書誌) 데이터 입력
- 청구기호 입력 : 분류번호와 도서기호 입력
- 편목 내용 입력

⑤ 교열(校閱)

- 편목내용/청구기호 출력
- 내용 교정하고 기존도서와 비교

⑥ 원부 출력 : 등록 원부를 출력하여 유지

⑦ 파일 구축 : 도서 DB에 입력데이터 Update
⑧ 레이블 작업 : 통합정보시스템에 등록된 data label을 출력하여 부착

⑨ 도서 배열 : 자료형태별/주제별 도서를 서가(書架)에 배열

⑩ 도서 재정리
- 재정리 대상 도서 인출
- 서지(書誌) 데이터 수정
- 라벨 정정
- 도서 재배열

3) 산출물(실습할 서식)

- 구입도서목록
- 편목(篇目)자료
- 청구 Data
- 1차 입력 Data
- 등록원부
- 도서 DB

3. 정기간행물 정리 업무

1) 업무의 개요

본 업무는 **정기간행물(定期刊行物)**을 정리하는 업무이다. 정기간행물이란 주간지(週刊誌)나 월간지(月刊誌) 등 정기적으로 간행되는 출판물(出版物)을 말한다. 일간신문(日刊新聞)을 제외하고는 잡지(雜誌) 형태를 취하는 것이 많으며, 미국에서는 정기간행물(periodical)이라고 할 경우 일간지는 제외된다. 잡지라고 해서 모두 정기간행물이 아니며 부정기적인 것도 있다. 정기적으로 발행되는 잡지는 주간, 월간, 연간 등이 있다. 정기간행물의 정리하는 방법은 단행본을 정리하는 방법과 거의 동일하다.

2) 업무흐름도 및 업무의 내용

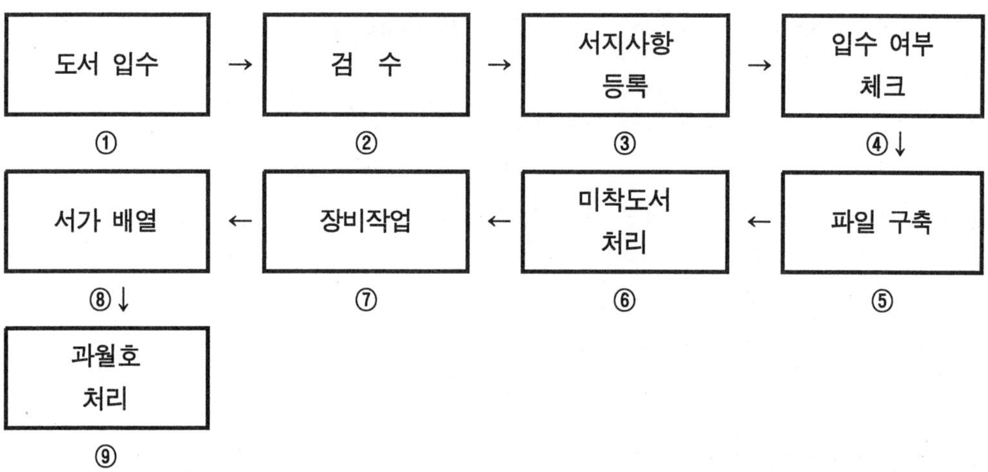

① 도서 입수 : 신규구입 도서 우편물 접수

② 검수 : 자료의 파손(破損) 및 오손(汚損) 여부 조사
- 파손도서의 반송처리
- 부록자료 입수 여부 체크

③ 서지(書誌)사항 등록
- 통합정보시스템의 정간물 관리
- 자료의 서지사항 입력

④ 입수 여부 체크 : 권/호 패턴에 따른 자료 입수 체크
⑤ 파일 구축 : 정간물 전체 리스트 파일 구축
- 거래처 사항 입력
- 도서 대출/반납파일 관리

⑥ 미착도서 처리 : 미착도서 리스트(list) 출력
- 클레임(claim) 도서 리스트
- 클레임 처리
- 입수여부 재(再)체크

⑦ 장비작업(章備作業) : **장서인(藏書印), 측인(側印)**을 찍는 작업

⑧ 서가(書架) 배열 : 잡지명에 따라 배열

⑨ 과월호(過月號) 처리 : 제본 대상 과월호 인출
- 잡지는 월별로, 신문은 일자별로 재정리
- 제본할 잡지 및 신문 리스트 선정
- 여러 권을 한 권으로 제본(製本)

3) 산출물(실습할 서식)
- 구입도서목록
- 입수체크 리스트
- 정기간행물 DB
- 클레임 리스트(claim list)
- 잡지 단행본
- 과월호 합본(合本)
- 제본(製本)된 신문

4. 도서관리(대출/반납) 업무

1) 업무의 개요

본 업무는 회사가 소장(所藏)하고 있는 장서(藏書)의 대출(貸出)과 관련된 업무이다. 회사에서 구입한 도서 또는 외부로부터 기증(寄贈) 받은 도서는 단행본이건 잡지건, 컴퓨터 파일이건 프로그램이건, 시각자료이건 청각자료이건, 심지어 일간 신문까지도 회사의 소유물이다. 그러므로 회사 재산인 도서를 잘 관리해야 하는데, **도서관리(圖書管理)**의 주된 업무는 대출 및 반납(返納)과 관련된 업무이다.

2) 업무흐름도 및 업무의 내용

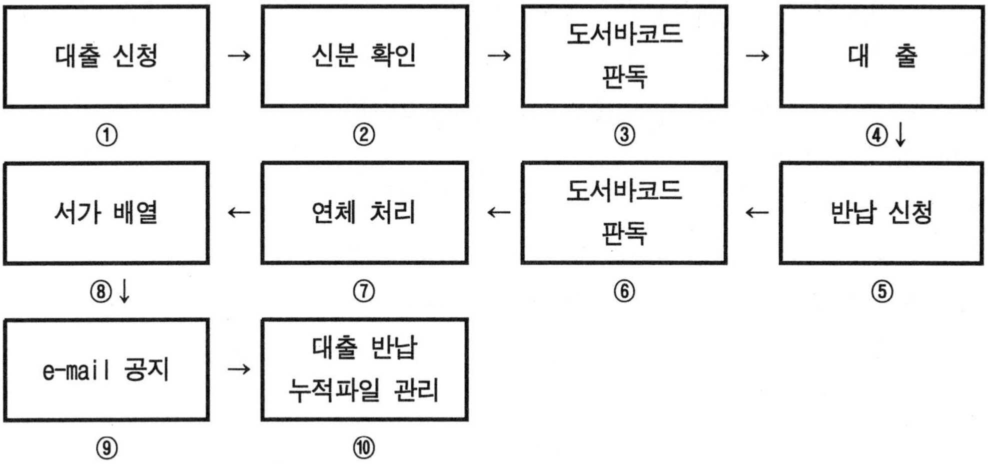

① 대출 신청 : 이용자가 직접 단말기 및 서가(書架)에서 도서 검색 후 신청

② 신분 확인 : 대출자의 성명/사번을 시스템에 입력하여 확인

③ 도서바코드 판독(判讀)
- 바코드 이용 불가시 등록번호 입력

④ 대출(貸出) : 대출도서 인출(○권(卷)까지 가능)

⑤ 반납(返納) 신청 : 반납하는 대출도서를 인수(引受)
• 대출기간 : 1달(○회에 한하여 연장 가능)

⑥ 도서바코드 판독 : 반납도서 바코드를 판독하여 대출도서와 일치 여부 확인
• 대출기간, 도서의 상태 등을 확인

⑦ 연체(延滯) 처리 : 연체일수만큼 대출정지 통보
• 연체자 리스트 출력 및 연체 사실 입력
• 미반납도서 목록 출력 → 미납사실 통보 및 반납 독촉

⑧ 서가(書架) 배열 : 대출도서 서가에 배열

⑨ e-mail 공지 : 회원별 도서 예약 현황 출력 및 공지
• 반납도서 리스트 소팅
• 반납 현황 공지

⑩ 대출반납 누적파일관리 : 누적파일레코드 작성
• 전월 반납완결 데이터 제거
• 신규 누적 파일 생성

3) 산출물(실습할 서식)

• 대출도서목록
• 도서대출대장
• 대출자료
• 반납도서 목록
• 반납자료
• 연체도서 및 연체자리스트

[표 11-2] 도서대출대장

연번	대 출 인		관리 번호	도서명	대출일	반 납 예정일	반납일	비 고
	소 속	이 름						

5. 정보서비스(신문스크랩) 업무

1) 업무의 개요

초등학생이나 중학생이 신문을 스크랩(scrap)하는 요령은 [신문을 봄 → 기사를 가위로 오림 → 공책에 붙임 → 중요한 신문기사에 형광펜으로 밑줄을 그음 → 신문의 여백에 생각을 적음 → 그 다음은 작심삼일(作心三日)?]이다. 스크랩을 만들고는 활용을 하지 않아 쓰레기로 전락하는 경우가 허다하다. 하지만 스크랩을 하는 목적이 신문기사를 자료나 정보로 활용하기 위함이기 때문에 일단 만든 스크랩은 지속적인 관리하고 활용하는 것이 중요하다. 따라서 활용할 수 있는 스크랩북이 되도록 신문을 스크랩하는 요령을 소개하면 다음과 같다.

[1단계] **체크(준비물: 형광펜)** : 신문제목(Head-line), 주요기사, 사진정도만 훑어보면서 신문을 읽는 목적별로 중요하다고 생각하는 부문을 형광펜으로 체크한다.

[2단계] **정독(준비물: 가위, 칼)** : 체크해둔 부분을 정독(精讀)하고, 스크랩할 필요가 있는 부분은 가위나 칼로 오려 둔다

[3단계] **스크랩(준비물: 스크랩북, 풀, 형광펜, 볼펜)** : 오려둔 기사(記事)의 중요한 부분에 형광펜이나 색연필 등으로 밑줄을 긋고 스크랩한다. 이 때 스크랩북의 아래 부분에 분야, 출처, 날짜, 기사를 읽고 난 자신의 생각 등을 적는다. 기사를 읽을 때 애매하거나 모르는 단어가 나오면 사전이나 인터넷에서 정확한 뜻을 찾아 정리한다. 요즈음 신문은 새로 나온 단어나 이슈화된 키워드(keyword)를 정리한 경우가 있어 이를 같이 스크랩하면 좋다.

[4단계] **활용** : 신문스크랩의 제일 중요한 부분으로 활용 여부에 따라 보물이 될 수도 있고 쓰레기가 될 수도 있다. 축적된 자료나 정보를 적기(適期)에 그리고 적재적소(適材適所)에 활용하여 새로운 아이디어를 포착하기 위한 방편으로 삼아야 한다. 중간 중간에 나중에 필요하지 않을 것 같은 자료는 과감하게 버려야 한다. 쉽게 넣고 쉽게 버리기 위해서는 다이어리식 바인

더(binder)에 정리하는 것이 좋다.

회사에서의 정보서비스나 신문스크랩은 위에서 언급한 것과는 약간 차이가 있다. 회사에서 관심을 가지는 기사는 일반인들이 가지는 그것과는 차이가 있기 때문이다. 일반인들은 새로운 지식습득이나 관심분야의 자료를 축적하기 위한 목적이지만 회사는 기업의 재무/영업/투자활동 등과 관련 있는 내용, 즉 회사의 이미지와 관련된 기사, 회사 및 경쟁사의 제품에 관한 기사, 신제품이나 신기술 관련 기사, 회사의 경영전략에 영향을 미칠 수 있는 정부의 정책, 각종 경제 및 경기 관련 지표, 주가/유가/환율/원자재 등의 가격 변동에 관한 기사 및 지구촌 도처에서 일어나는 이슈가 될 만한 기사 등에 관심을 가진다.

2) 업무흐름도 및 업무의 내용

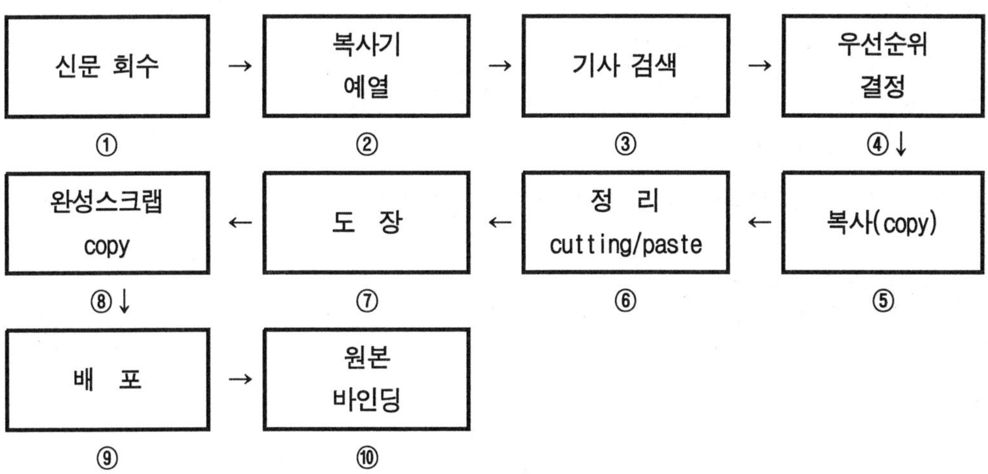

① 신문 회수(回收) : 자료실 우편함에 신문 회수

② 복사기 예열(豫熱) : 복사기 전원을 켬

③ 기사 검색 : 헤드라인(head-line) 중심으로 기사를 검색

• 기사추출 : 해당 기사에 노란 형광펜으로 마킹
• 포스트잇에 신문명/면수 기재하여 신문 상단에 부착

④ 기사 우선순위 결정 : 검색한 기사를 filtering하여 우선순위 결정
• 회사 관련 기사, 업무 관련 기사를 우선적으로 결정

⑤ 복사(copy) : 골라낸 기사를 복사(cop)
• 복사기를 이용하나 스캐너 이용

⑥ 정리 : 기사 cutting & paste
• 기사 잘라내서 A4용지에 부착

⑦ 도장 : 출처신문의 도장을 찍고 면수 기재
⑧ 완성된 스크랩 copy

⑨ 배포 : 사장/부사장/전무/상무 및 관련 부서장에게 배포

⑩ 원본 바인딩 : 클리어 파일에 일자별로 바인딩

3) 산출물(실습할 서식)

• 신문
• 청구 Data
• 1차 입력 Data
• 등록원부
• 도서 DB

제 12 장
물품·자산 관리 업무

1. 물품의 반출/반납 업무

1) 업무의 개요

본 업무는 물품관리와 자산관리에 관한 업무이다. 회계학에서는 자산을 유동자산과 비유동자산으로 구분하고, 유동자산은 당좌/재고자산으로, 비유동자산은 투자/유형/무형/기타비유동자산으로 분류한다. 여기서「물품 및 자산」이라 함은 회사가 보유하고 있는 각종 고정자산(건물, 구축물, 기계장치, 차량운반구, 비품), 재고자산(상품, 제품, 반제품, 부품, 원재료, 소모품)을 말한다. 어떤 형태의 자산이든 회사의 재산이란 점에서 관리에 소홀함이 없어야 한다.

여기서 **물품관리(物品管理)**는 주로 비품관리를 말한다. **비품관리(備品管理)**란 비품의 구입, 유지, 보수 및 폐기 등의 업무를 말한다. 비품(備品)이란 회사의 영업 활동(제조 및 판매)에 필요한 내구성(耐久性) 있는 자산, 즉 책상, 컴퓨터, 복사기, 에어컨, 각종 공구와 기구 등을 말한다. 비품은 내용연수와 취득가액을 참작하여 공기구/사무용품/소모품으로 구분할 수 있다.

[표 12-1] 비품의 종류

종 류	내 용
공기구 비품	• 자산으로서 효용가치가 있는 감가상각 대상인 공구와 비품 • 내용연수가 1년 이상인 공구와 비품 • 구매가(취득원가) 100만원 이상인 공구와 비품
사무용 비품	• 사무용품과 집기류 등으로 감가상각 대상이 아닌 비품 • 내용연수가 1년 미만인 비품 • 구매가(취득원가) 100만원 미만인 비품
소모성 비품	• 업무에 사용하는 소모성 물품(소모품) • 공기구와 사무용 비품을 제외한 소모성 품목 • 문구용품, 전산용품, 인쇄물, 복사용지 등 소모성 품목

자산관리(資産管理)는 비품을 제외한 고정자산(유형자산)의 구입, 유지, 보수 및 폐기 등의 업무를 말한다. 회사에서는 과목과 관계없이 자산의 성능(性能)과 내구성(耐久性)이 유지되도록 철저한 관리를 해야 한다. 물품관리와 자산관리는 주로 총무부서에 주관하고, 필요에 따라 사용부서에서 관리하도록 관리책임자(정/부)를 지정하기도 한다.

관리방법은 총무부서에 의한 **집중관리(集中管理)**와 각 부서에 의한 **분산관리(分散管理)**가 있다. 기업 규모나 업종의 특성에 따라 총무부서에서는 특정한 품목만 집중(중점) 관리하고, 그 밖의 것은 편의상 부서별/부문별/사업별로 관리한다.

☞ **물품/자산의 관리요령**

- ㅇ 사무용품 및 소모성비품은 관리부서가 적정 재고를 유지하고 계획적으로 구매한다.
- ㅇ 연간구매계획 수립 > 발주처 선정 > 견적서 접수 > 결재 등 절차를 거쳐 발주한다.
- ㅇ 구매금액이나 구매량이 많으면 수의계약보다는 입찰을 통해 구매한다.
- ㅇ 배분계획 및 부서의 요구에 따라 적정량을 배분하고, 소모품은 수불대장에 기록한다.
- ㅇ 정기적인 재물조사(재고조사)를 실시하여 현재 품목과 장부가 일치하는지를 확인한다.
- ㅇ 자산의 특성, 용도, 금액, 내구성 등을 감안하여 적절한 장부(고정자산대장/비품대장/소모품대장)를 작성한다.
- ㅇ 파손, 훼손, 망실, 수리, 폐기, 재구매 등의 사유나 문제가 발생하면 신고 또는 신고서를 작성한다.
- ㅇ 고정자산(固定資産)은 감가상각방법 및 상각연수(내용연수) 등을 참고하여 관리한다.

2) 업무흐름도 및 업무의 내용

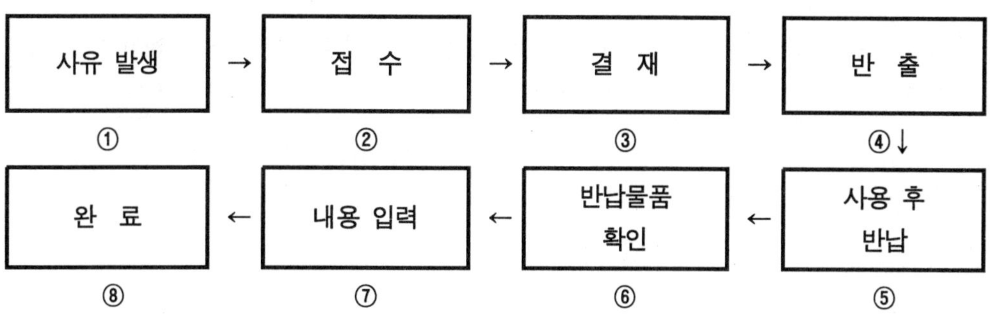

① 사유 발생 : 반출 사유 발생하면 통합정보시스템에 물품반출신청서 입력

> 통합정보시스템의 [신청관리/물품반출신청서] 선택 → 내용입력 → 신청자, 작성번호, 신청일자, 직번 자동 출력 → 반출장소, 반출예정일, 반입예정일, 반출사유 입력 → 자산 번호를 입력하면 품명, 규격 자동 등재 후 저장 → 반출신청서 화면 출력 → 결재선 지정 후 결재 상신(내부결재)

② 접수 : 총무과 접수
- 수신문서함에서 반출신청서 접수
- 반출 내용 확인 후 결재 상신

③ 결재 : 총무과장 결재

④ 반출 : 결재 완료 후 물품 반출

⑤ 사용 후 반납 : 사용 후 물품 반납
- 반납시 반출자가 업무담당자에게 통보

⑥ 반납 물품 확인 : 통보받은 즉시 담당자가 실물 확인
- 반입(搬入)된 물품의 이상 유무 확인

⑦ 내용 입력 : 통합정보시스템에 반납 내용 입력

통합정보시스템의 [신청관리/물품반출신청서] 선택 → 반출물품 호출 → 반납 내용 입력 : 반납일, 반납상태 입력, 반납 유무

- 손망실(損亡失) 발생시 고정자산관리규칙에 의거 처리

⑧ 완료 : 담당자 전결 후 완료 처리

3) 산출물(실습할 서식)
- 반출신청서
- 불출반납관리대장
- 비품관리대장
- 비품배치표
- 비품배치(이동)표

[표 12-2] 비품배치표

비품배치표

<table>
<tr><td rowspan="2">품 명</td><td colspan="2" rowspan="2"></td><td>규 격</td><td colspan="3"></td></tr>
<tr><td>제조일</td><td colspan="3"></td></tr>
<tr><td>코 드</td><td colspan="2"></td><td>구매일</td><td colspan="3"></td></tr>
<tr><td>일자</td><td>장 소</td><td>사용부서</td><td></td><td>책임</td><td>담당</td><td>비고</td></tr>
<tr><td></td><td></td><td></td><td></td><td></td><td></td><td></td></tr>
<tr><td></td><td></td><td></td><td></td><td></td><td></td><td></td></tr>
<tr><td></td><td></td><td></td><td></td><td></td><td></td><td></td></tr>
<tr><td></td><td></td><td></td><td></td><td></td><td></td><td></td></tr>
</table>

[표 12-3] 비품배치(이동)표

비품배치(이동)표

<table>
<tr><td rowspan="2">일자</td><td rowspan="2">관리부서</td><td colspan="2">관리자</td></tr>
<tr><td>정</td><td>부</td></tr>
<tr><td></td><td></td><td></td><td></td></tr>
<tr><td></td><td></td><td></td><td></td></tr>
</table>

코드	품 명	규격	제조일	구매일

* 이 표는 비품 배치시에 현품에 부착하여 이동한다.

[표 12-4] 비품관리대장

비품관리대장

부 서 : 책임자 : 담당자 :

관리번호	품 명	사 용 처	구 매 일	구 매 가	비 고

2. 소모품 구매/등록/불출 업무

1) 업무의 개요

본 업무는 **소모품(消耗品)**을 구매하고, 등록하고, 불출(拂出)과 관련된 업무이다. 소모품(supplies, expendables)이란 말 그대로 한번 사용하면 닳아 없어지거나 못 쓰게 되는 사무용품(문방구), 전산용품, 청소용품 등을 말한다. 회사에서는 소모품을 구매하고 사용하는 데 필요한 각종 서식 및 장부를 작성하는 등의 관리에 만전을 기하여야 한다. 각 부서에서는 소모품이 낭비되지 않도록 사용하여 관리비용이나 제조원가 절감에 노력해야 한다.

2) 업무흐름도 및 업무의 내용

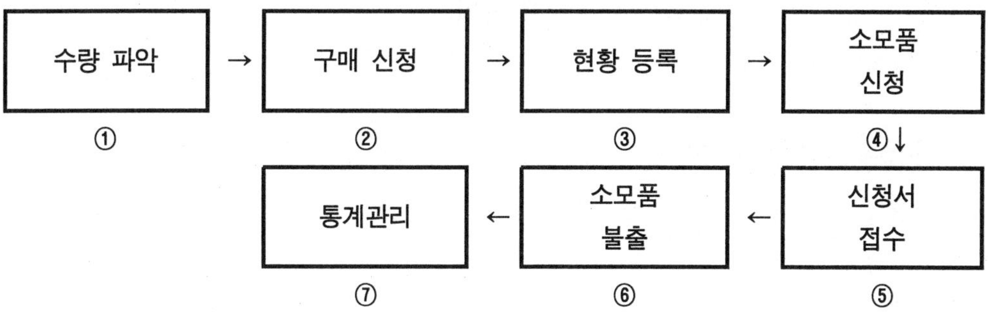

① 수량 파악 : 주기적으로 필요 물품(소모품) 수량 및 현황 파악

② 구매 신청 : 부족 및 부족예상 물품(소모품) 구매 신청
- 소모품 현황에서 부족 수량 파악
- 부서별 팀별 예산 협조 후 취합(聚合) 구매

③ 현황등록 : 구매물품 현황을 등록하여 현황 유지
- 재고 현황 업데이트
- 물품 보관창고에 보관

④ 소모품 신청 : 소모품 신청자가 통합정보시스템에 소모품 신청

통합정보시스템의 [신청관리] → 소모품신청 접속 → 필요한 소모품 내용 입력 → 물품 선택 후 수량 입력 → 저장 : 신청 완료

⑤ 신청서 접수 : [소모품신청현황]에서 접수 확인

통합정보시스템 : 신청관리 → [소모품신청현황] 접속 → 신청자 및 불출 내용 확인

⑥ 소모품 불출 : 매일 정해진 시간에 불출(拂出) 및 불출 내역 저장

⑦ 통계관리
- 매월 부서별/팀별 사용현황 공지
- 전월 대비 금월 부서별/팀별 사용현황 공지
- 연도별 소모품 사용현황 등을 공지

3) 산출물(실습할 서식)
- 구매신청서
- 소모품현황
- 소모품신청서
- 소모품 수불대장

[표 12-5] 소모품 수불대장

소모품 수불대장							
날짜	적 요	단 위	구 입	지 급	사용처	수령인	비 고

[표 12-6] 소모품청구서

<table>
<tr><td colspan="3" rowspan="2">소모품 청구서</td><td>담 당</td><td>과 장</td><td>부 장</td></tr>
<tr><td></td><td></td><td></td></tr>
<tr><td>연번</td><td>품 목</td><td>규 격</td><td>단 위</td><td>수 량</td><td>비 고</td></tr>
<tr><td></td><td></td><td></td><td></td><td></td><td></td></tr>
<tr><td></td><td></td><td></td><td></td><td></td><td></td></tr>
<tr><td></td><td></td><td></td><td></td><td></td><td></td></tr>
<tr><td></td><td></td><td></td><td></td><td></td><td></td></tr>
<tr><td colspan="3">합 계</td><td></td><td></td><td></td></tr>
<tr><td colspan="6">201×년 월 일
신청인: (인)</td></tr>
</table>

[표 12-7] 소모품신청서

<table>
<tr><td colspan="5" rowspan="2">소모품 신청서</td><td>담당</td><td>과장</td><td>부장</td></tr>
<tr><td></td><td></td><td></td></tr>
<tr><td>부서명</td><td colspan="3"></td><td>직 위</td><td colspan="3"></td></tr>
<tr><td>성 명</td><td colspan="3"></td><td>연락처</td><td colspan="3"></td></tr>
<tr><td colspan="8">소모품신청내역</td></tr>
<tr><td>연번</td><td>품 명</td><td>수 량</td><td>단 가</td><td>금 액</td><td>신청일</td><td>신청부서</td><td>비고</td></tr>
<tr><td></td><td></td><td></td><td></td><td></td><td></td><td></td><td></td></tr>
<tr><td></td><td></td><td></td><td></td><td></td><td></td><td></td><td></td></tr>
<tr><td></td><td></td><td></td><td></td><td></td><td></td><td></td><td></td></tr>
</table>

[표 12-5] 전산용품 및 소모품 구매 의뢰서

전산용품 및 소모품 구매의뢰서

신 청 자		부 서 명		직 위	
용 도					
신 청 사 유					
기 타 요구사항					

□ 신청목록

NO	품 목	규 격	제 조 사	수 량	단 가	금 액	비 고
1							
2							
3							
4							
5							
6							
7							
8							
9							
10							
합 계							

3. 작업의뢰 업무

1) 업무의 개요

본 업무는 비품을 새로 설치하는 작업, 기존에 있는 것을 다른 곳으로 옮기는 작업, 고장 난 장비나 비품의 수리(수선)을 요청하는 작업 등과 관련된 업무를 처리하는 것이다. 기계(機械), 설비(設備), 비품(備品) 등을 사용하다가 보면 고장이 나거나 성능이 떨어질 수 있다. 특히 공장의 생산설비에 이상이 생기거나 기능이 저하되면 작업능률이 떨어질 뿐만 아니라 품질 저하 내지 불량에 이를 수 있다.

그러므로 기계 등의 고장이나 성능이 떨어진 것을 발견하는 즉시 사용 부서에서는 수선(수리) 작업을 요청하고, 업무담당은 공무부서나 외부에 수선작업을 의뢰해야 하는데, 이와 관련된 업무가 작업의뢰서(作業依賴書) 처리 업무이다.

2) 업무흐름도 및 업무의 내용

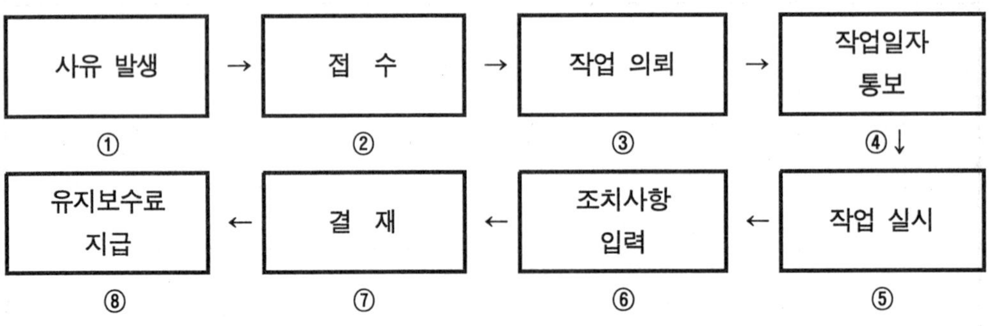

① 사유발생 : 작업의뢰서 작성 사유 발생

- 통합정보시스템의 신청관리/작업의뢰서 선택

[작업의뢰서 입력]으로 들어가면 성명, 부서(소속팀), 직번 자동 출현 → 자산번호를 입력하면 제품명 자동 출현 → 서비스 의뢰사항 입력 후 저장 → 결재상신 버튼 클릭 : 작업의뢰서 화면 출력 → 수신처 지정 후 결재 상신

② 접수 : 총무과에 작업의뢰서 접수
- 내부결재 완료시 총무과로 이송됨
- 업무담당자는 수신문서함에서 의뢰서 접수

③ 작업의뢰 : 작업의뢰서 내용을 확인 후 조치(선조치)
- 내부 조치 가능시에는 내부에서 조치 : A/S업체 현황 확인할 것
- 내부조치 불가능시에는 업체에 A/S의뢰

④ 작업일자 통보 : 조치 및 작업예정일을 파악하여 의뢰자에게 유선으로 통보

⑤ 작업 실시

⑥ 조치사항 입력
- 업무담당자는 작업완료 후 통합정보시스템에 조치사항 입력

업무담당자는 통합정보시스템의 [신청관리/작업의뢰서] 선택하여 해당되는 작업 선택 → 작업자로부터 수리내역 및 금액을 확인하여 입력 → 입력 후 [결재상신] 클릭하면 작업의뢰서 화면 출력 → 결재선 및 수신부서 지정 후 결재 상신

⑦ 결재 : 총무과장 결재

⑧ 유지보수료 지급 : 월 1회 유지보수료 지급
- 업체의 수리내역서 및 청구서 접수(매월말)
- 수리내역 및 금액 확인
- 지급신청서 작성
- 결재 후 유지보수료 지급(매월말)

3) 산출물(실습할 서식)
- 작업의뢰서
- 지급신청서

4. 자산등록 업무

1) 업무의 개요

본 업무는 일정 금액 이상의 **고정자산(固定資産)**을 등록하는 업무이다. 고정자산(유형자산)은 토지와 '건설 중인 자산' [이상 비상각자산]을 제외하고는 **감가상각(減價償却)**을 해야 한다. 그러므로 고정자산을 구입하면 총무부서에서는 반드시 고정자산대장에 기입해야 하고, 사용부서는 업무에 차질이 발생하지 않도록 적절하고도 적법하게 잘 활용하고 관리해야 한다.

법인세법상 소액의 **감가상각자산(減價償却資産)**에 대하여는「**즉시상각의제**」로 보아 경비로 인정하고 있고 있다. 따라서 취득금액(취득원가)이 건당 100만원 미만인 소액의 감가상각자산은 고정자산으로 등록하지 않고 비용으로 처리해도 무방하다. 등록할 내용은 취득한 고정자산의 품목, 자산코드, 취득일자, 취득원가, 내용연수, 감가상각방법(정액법, 정률법, 작업시간비례법 등), 기타 필요한 내용이다.

2) 업무흐름도 및 업무의 내용

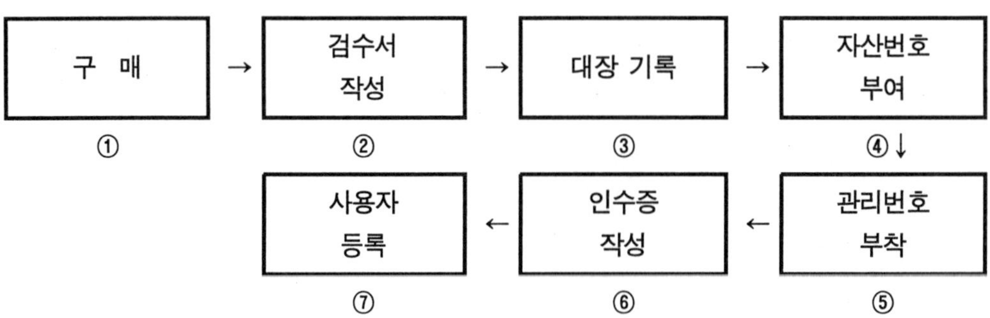

① 구매 : 구매절차에 의거 신청 및 구입(購入)

② 검수서 작성 : 물품 도착하면 즉시 검수서 작성
- 구매담당자가 검수서에 필요사항 입력 후 검수조서를 구매요구자에게 송부

• 구매요구자 검수조서를 수신문서함에서 접수하여 서명 후 결재 상신
• 구매요구자의 검수가 완료된 문서를 자산담당이 수신문서함에서 접수
• 이상 유무 확인 후 총무과장 결재 후 자산대장에 기록

③ 대장 기록 : 고정자산대장에 자산을 기록
• 자산관리 담당자는 통합정보시스템에 자산 기초데이터 입력

통합정보시스템의 [자산관리/고정자산등록] 선택 → 고정자산 현황 조회 → 해당 자산 선택 : 자산번호, 품명, 규격, 취득일자, 검수번호는 자동등록 되어 있음 → 최초등록 일자, 구입처, 설치장소, 내용연수, 제조번호, 예산연도, 예산과목 등을 입력

④ 자산번호 부여 : 자산코드규정에 따라 자산번호 부여
• 고정자산은 바코드 사용 : 실사(實査)/반출(搬出)/반입(搬入)시 사용

⑤ 관리번호 부착 : 자산관리번호를 출력하여 부착

⑥ 인수증 작성 : 취득한 고정자산에 대한 인수증(引受證) 작성
• 고정자산 인수증을 작성하여 자산 인수자에게 송부
• 자산인수자가 수신문서함에서 인수증을 접수, 서명 후 업무담당자에게 송부

⑦ 사용자 등록 : 통합정보시스템에 자산 사용자 등록

통합정보시스템의 [자산관리/고정자산등록] 선택 → 자산관리번호 입력하여 자산 호출 → 사용자/사용부서/공용여부/책임자 입력

3) 산출물(실습할 서식)

• 검수조서, 관리번호출력물
• 고정자산인수증
• 고정자산대장, 자산관리대장, 설비관리대장
• 기계장치관리대장
• 비품관리대장

[표 12-6] 자산관리대장

<table>
<tr><td rowspan="4">자산(설비)관리대장</td><td>☐</td><td>생산설비</td></tr>
<tr><td>☐</td><td>측정설비</td></tr>
<tr><td>☐</td><td>금형</td></tr>
<tr><td>☐</td><td>공기구</td></tr>
</table>

<table>
<tr><td colspan="2">자산(설비)명</td><td></td><td rowspan="9">(사진 첨부)</td></tr>
<tr><td colspan="2">자산(설비) 번호</td><td></td></tr>
<tr><td colspan="2">형식(MODEL)</td><td></td></tr>
<tr><td colspan="2">기기번호(S/N)</td><td></td></tr>
<tr><td rowspan="3">규격</td><td>측정범위</td><td></td></tr>
<tr><td>지시범위</td><td></td></tr>
<tr><td>최소단위</td><td></td></tr>
<tr><td colspan="2">용도</td><td></td></tr>
<tr><td colspan="2">제조업체</td><td></td></tr>
<tr><td colspan="2" rowspan="2">관리책임자</td><td>정</td><td>(소속) (성명)</td></tr>
<tr><td>부</td><td>(소속) (성명)</td></tr>
</table>

<table>
<tr><th colspan="4">부속품 및 예비품</th></tr>
<tr><th>명칭</th><th>규격</th><th>수량</th><th>비고</th></tr>
<tr><td></td><td></td><td></td><td></td></tr>
<tr><td></td><td></td><td></td><td></td></tr>
<tr><td></td><td></td><td></td><td></td></tr>
<tr><td></td><td></td><td></td><td></td></tr>
<tr><td></td><td></td><td></td><td></td></tr>
<tr><td></td><td></td><td></td><td></td></tr>
<tr><td></td><td></td><td></td><td></td></tr>
</table>

5. 자산손망처리 업무

1) 업무의 개요

본 업무는 손실(損失)되거나 망실(亡失)된 자산을 처리하는 업무이다. 손망(損亡 loss & damage)이란 손상과 망실의 합성어(合成語)로 손망실(損亡失)이라고도 한다. 손망 또는 손망실은 사전적으로 사용하는 말은 아니고 줄임말로 사용되며, 주로 제품이나 물품의 재물조사에 쓰이는 용어이다. 자산의 손망은 외형의 손괴, 변질 등으로 자산의 가치를 감소시키는 것뿐만 아니라 본래의 용도 상실에 의한 손해 및 수량의 감소 또는 자산이 멸실된 상태를 말한다.

- **손상(損傷) : 고의 또는 과실로 인한 자산의 파손**
- **망실(亡失) : 자산의 횡령, 도난, 분실**

자산이 손상(損傷)되거나 망실(亡失)되면 자산의 장부가치가 감소할 뿐만 아니라 그 기능을 제대로 할 수 없기 때문에 기업의 생산(제조), 판매 등의 영업활동(營業活動)에 막대한 지장을 초래할 수 있다. 그러므로 자산의 손실이나 망실이 발생하면 그 현황과 원인을 파악하고 적절한 조치를 취하는 등의 관리를 해야 한다. 이 업무는 자산의 사용자, 사용부서의 책임자, 자산관리부서 모두와 관련이 있다.

2) 업무흐름도 및 업무의 내용

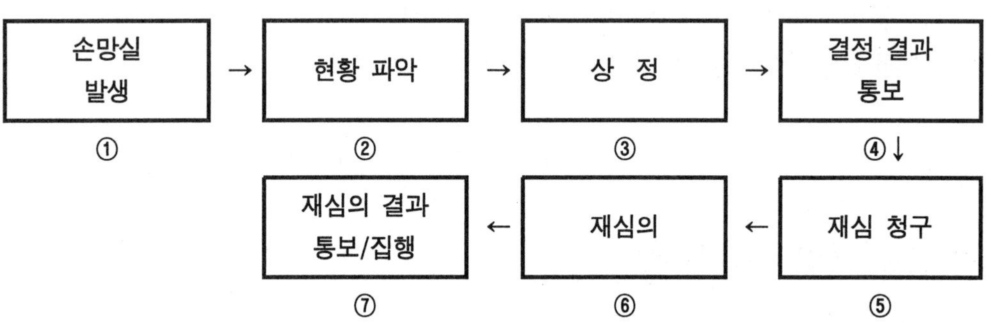

① 손망실 발생 : 「손망실보고서」를 작성하여 총무과에 접수
• 손망실이 발생하면 사용자 및 관리책임자는 업무담당에게 즉시 통보

② 현황 파악 : 업무담당자는 다음 내용으로 손망실 현황 파악

○ 자산의 사용부서, 예산과목, 관리번호, 품명, 수량, 손상의 정보 ○ 취급시기, 취득원가, 장부금액, 잔존가액 ○ 손망실 발생일시, 장소, 원인 ○ 사용자 또는 취급책임자 ○ 고의 또는 과실 유무 및 기타 필요사항

③ 상정 : 자산관리심의위원회에 변상 여부에 대한 심의를 상정(上程)
• 심의 결과에 따라 사장/부장 결재 후 시행
• 변상책임 : 사용자(단, 사용자를 알 수 없거나 퇴직, 부재중인 때는 취급책임자)

④ 결정 결과 통보 : 위원회 결정 결과 통보
• 업무담당자가 변상통보서 2부 작성(변상책임자 1부, 소속부서장 1부 송부)

⑤ 재심(再審) 청구
• 변상통보를 받은 자가 그 판정이 부당하다고 여길 때는 10일 내 「재심청구서」를 업무담당자에게 제출 : 청구내용, 이유, 그에 대한 증거서류

⑥ 재심의
• 재심 청구가 이유 없다고 인정할 때 : 기각(棄却)
• 재심 청구가 이유 있다고 인정할 때 : 재심의(再審審議)

⑦ 재심의 결과 통보 및 집행 : 재심의 결과를 사장/부장에게 보고 후 집행

3) 산출물(실습할 서식)

• 손망실보고서
• 변상판정서, 변상통보서, 재심청구서

제 13 장
직원채용 업무

1. 정규직채용 업무

1) 업무의 개요

(1) 채용관리

취업(就業)은 졸업반 학생들에게 가장 관심 있는 분야인 동시에 가장 스트레스를 많이 받는 분야임에 틀림없다. 구직자(求職者) 입장에서는 취업이고, 기업체(회사) 입장에서는 채용이다. 채용관리(採用管理)는 기업이 필요로 하는 양질의 인적자원

(人的資源)을 필요로 하는 인원만큼 조달하여 필요한 시기에 필요한 곳에서 노동력(勞動力)을 발휘할 수 있도록 모집(募集 recruitment)하고, 선발(選拔 selection)하여, 배치(配置 placement)하는 체계적인 인적자원관리활동이다.

기업이 필요한 인적자원을 확보하는 방법은 교육과 훈련을 통해서 인력을 개발할 수도 있고, 채용을 통해서 필요한 인력을 확보할 수도 있다. 신입사원을 채용할 수도 있고, 경력사원을 채용할 수도 있다. 어느 방법을 택할 것인가는 비용과 시간 등을 종합적으로 고려해야 한다.

[표 13-1] 채용기간 및 양성계획에 따른 채용 매트릭스

양성계획 \ 채용기간	정 기 채 용	수 시 채 용
신 입 사 원	정규, 비정규	정규, 비정규
경 력 사 원	정규, 비정규	정규, 비정규

구직(求職)이냐 구인(求人)이냐? 기업체의 채용담당자는 채용기간에 따른 정기/수시 채용계획을 수립하고, 인력 양성 및 충원 계획에 따라 신입/경력 채용계획을 수립하고, 정원계획에 따라 정규직/비정규직 채용계획을 수립해야 한다.

① **정기채용** : 주로 신입사원과 경력사원으로 구분하여 모집하게 되며, 퇴사 예정자 및 충원 인원을 정확하게 조사하여 채용인원을 결정하고, 전사적인 정원관리에 따른 인원을 결정하여 채용계획을 수립하여야 한다.

② **수시채용** : 주로 갑작스런 결원(缺員)이 생기거나 기업의 성장을 위한 역량(力量) 있는 경력사원의 채용을 중심으로 채용계획을 수립하여 매월 또는 분기별로 모집한다.

③ **상시채용** : 생산직이나 서비스직 등 이직률이 높은 직종(職種)을 대상으로 비정규직 채용이 주를 이룬다. 퇴직률(이직률)이 높은 직종과 업무를 구분하여 매

월 결원(缺員)에 따른 인원을 모집한다.

☞ 채용시기별 채용사원

ㅇ 정기채용 : 정규직 신입사원, 정규직 경력사원, 비정규직 인턴사원
ㅇ 수시채용 : 경력사원, 결원인력, 비정규직 인턴사원
ㅇ 상시채용 : 생산직/서비스직/비정규직 사원

(2) 채용시 고려사항

기업에서 직원을 신규로 채용하면 인건비 부담, 노동조합과의 세력이 발생한다. 따라서 기업은 직원을 채용하기 전에 먼저 초과근무(超過勤務 overtime), 하도급(下都給 subcontract), 임시직(臨時職 temporary employee), 파견근로(派遣勤勞 employee leasing) 등을 먼저 활용할 방안을 찾아야 한다. 그럼에도 불구하고 신규 인력의 초과수요문제를 해결하기 어려운 경우, 기업은 필요한 인재를 확보하기 위해 채용활동을 시작하게 된다. 이 때 고려해야 할 사항은 다음과 같다.

- 노동시장 여건 : 청소년층 감소, 고령인구 증가, 여성의 학력수준 향상, 여성 전문직종 확대, 맞벌이부부 증가, 노동인구의 고학력화, 외국인 노동자 증가
- 회사의 조직 구조 및 현황 : 조직의 관행과 문화, 직무규정
- 종업원의 구성 : 현재 종업원의 평균연령, 남녀 성비, 학력, 기술수준 등
- 사회적 환경 : 소외계층(장애인, 은퇴노인, 기초수급자) 채용 여부

(3) 모집공고

「남녀 고용 평등과 일·가정 양립 지원에 관한 법률」 제 7조에 의거 사원 모집에 있어서 남녀를 차별하면 안 된다. 특히 여성 근로자를 모집(채용)함에 있어서 용모, 키, 체중 등의 신체적 조건이나 미혼조건 등을 제시(표기)하면 안 된다. 모집공고에 나타난 차별 사례를 열거하면 다음과 같다.

- 여성지원자의 응모가 불가 예) 사무직 남자 사원 ○명 모집

- 직종별로 남녀 분리 모집 예) 사무직 남자 ○명, 판매직 여자 ○명
- 학력 차별 모집하는 문구 예) 사무직 5급 : 고졸 남자, 사무직 6급 : 고졸 여자
- 신체조건을 제시하는 문구 예) 신장 170㎝ 이상, 체중 60㎏ 이하
- 동일 직종(職種) 동일 직급(職級)에서 남녀 간 시험과목이 다른 경우

2) 업무흐름도 및 업무의 내용

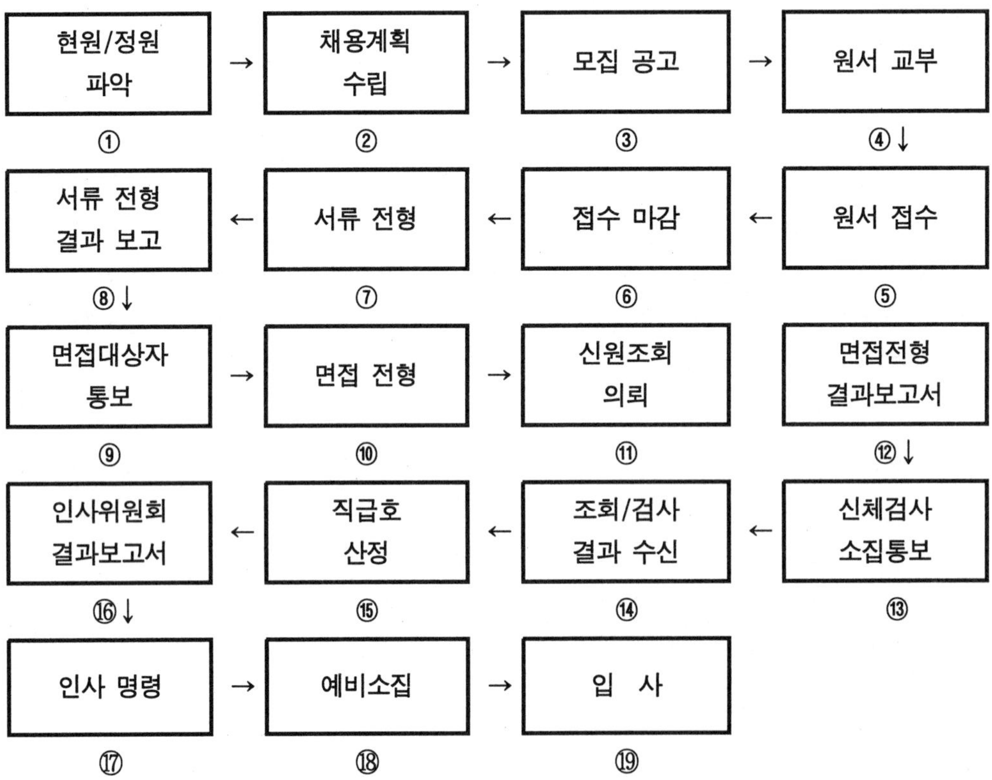

① 현원/정원 파악 : 정원 대비 현인원 파악
- 부서별/직종별/직급별 충원 요청 인원 파악
- 인사위원장과 협의 : 모집분야/조건/일정/규모/지원자격 등

② 채용계획 수립 : 기안 및 품의(사장 결재)

- 광고처 접수마감일 확인 후 일정 확정할 것
- 가용예산 사전 확인할 것

③ 모집 공고 : 사원모집 공고

- 일간지 및 홈페이지
- 각 대학에 공문 및 취업 담당자에게 e-mail 발송

☞ 모집공고문에 들어갈 내용

○ 지원기간(접수기간) : 201×년 월 일부터 201×년 월 일까지 ○ 모집직종 및 인원 : 예) 회계 ○명, 세무 ○명 ○ 지원자격 : 모집 직종에 따라 최종학력, 자격증 등을 표기하여 지원자격 제한 예) 전산세무 1급 소지자, 병역필 또는 병역면제자, 국외여행에 결격사유가 없는 자 ○ 근무지역 : 본사/공장/외국지사, 서울/지방 ○ 지원서류 : 지원서, 이력서, 자기소개서, 졸업(예정)증명서, 성적증명서 ○ 접수방법 : 홈페이지/이메일/우편/방문접수 및 접수기한(201×년 월 일 17:00까지) ○ 접수처 : 회사명/접수부서, 주소, 전화번호, 담당자, 홈페이지/이메일 주소

④ 원서 교부

- 공고기간 10일 이상
- 당사 홈페이지에 응시원서 제공

⑤ 원서 접수

- 우편/직접접수/홈페이지 접수
- 신입/경력 및 분야별 접수번호 부여

[표 13-2] 신입사원 지원서류 및 입사서류

지 원 서 류	이력서, 자기소개서, 졸업(예정)증명서, 성적증명서, 자격증서, 병적증명서(주민등록초본)
입 사 서 류	주민등록등본, 신원보증서, 재정보증서, 건강진단서, 서약서

⑥ 접수 마감
- 접수서류 확인 : 응시원서, 학위증명서, 성적증명서, 이력서, 자기소개서 등

⑦ 서류전형
- 서류전형 인사위원회 개최 준비
- 인사위원 일정 체크 및 확정 통보
- 장소 확보 및 접수서류 사본 준비(위원수 참조)

⑧ 서류전형 결과 보고
- 인사위원회 개최하여 합격자 결정 : 100점 만점에 ○점 이상 합결 처리
- 기안 및 품의(부장/사장 결재)

⑨ 면접대상자 통보 : 서류전형 합격자 대상 면접일자 유선통보
- 준비서류: 가족관계부(기본증명서), 신원진술서, 주민등록등본 각 1부
- 면접전형 준비(각종 서식)
- 인사위원 일정 체크 및 확정 통보
- 장소 확보 및 면접비 수령
- 서류전형합격자 접수서류 사본준비(위원수 참조)

⑩ 면접전형
- 면접비(교통비) 지급
- 신원조회 서류 징구
- ○점 이상자 예비합격 처리(200점 만점)
- 모집정수 외 3~5인 별도 관리

⑪ 신원조회 의뢰

⑫ 면접 전형 결과 보고 : 기안 및 품의(사장 결재)

⑬ 신체검사 소집통보 : 예비합격자 대상 신체검사 실시 통보
- 신검병원/일자 통보(전화 및 문자)

• 지정병원 사전 협조 요청(비용 등 협의)

⑭ 신원조회 및 신체검사 결과 수신 : 신원조회 회보서 및 신검 결과 확보
• 법정전염병(法定傳染病) 및 기타 근무 불능 질병자(疾病者), 신원조회 특이자(特異者)는 사장 보고 후 불합격 처리
• 직급호(職級號) 부여를 위한 인사위원회 개최 준비
• 인사위원 일정 체크 및 확정 통보
• 장소 확보

⑮ 직급호 산정 : 합격자 직급호 산정
• 불합격자 및 탈락자 대비 추가 확보
• 예비인원 포함하여 직급호 산정 및 인력배치(안)
• 합격자 개별면담 실시

○ 직급호 안내 수용 여부 타진 ○ 미수용자(수용 거부자) 인사위원회에 보고 및 재조정 ○ 재조정 미합의시 사장에게 보고 후 불합격 처리

⑯ 인사위원회 결과보고서 : 기안 및 품의(사장 결재)
• 직급호 산정 및 부서 배치
• 인사위원회 심사 결과에 대한 최종 결심과정임 : 인사위원장 협조 서명

⑰ 인사 명령 : 기안 및 품의(사장결재)
• 인사명령일, 직급호, 부서 배치(해당 부서장 협조 서명)

⑱ 예비소집 : 출근 3일전에 합격자 예비소집
• 공지사항 알림
• 계약서 작성

⑲ 입사
• 입사에 따른 후속 행정처리 조치 요구 : 자리 배치 등

- 교육, 신분증 발급, 건보카드 발급 등

3) 산출물(실습할 서식)

- 직원채용품의서
- 광고문안
- 접수대장
- 서류전형심사표
- 서류심사결과서
- 서류전형결과품의서
- 면접전형심사표
- 신원조회의뢰서
- 면접전형결과 보고 품의서
- 신검실시 품의서
- 신원조회 결과서
- 신체검사결과서
- 직급호 산정표
- 인사위원회 결과보고 품의서
- 인사명령 품의서

쉼터(25) 전화응대(6) - 상사가 통화 중일 때

○ 상사가 통화 중임을 밝히고, 기다릴지, 메시지를 남길지, 상사가 통화를 끝내고 전화를 걸러 주기를 원하는지를 확인하고 그에 따른다.

- 사장님은 지금 통화 중이십니다. 잠시 기다리시겠습니까? 아니면 사장님이 통화 마치는 대로 전화를 저희가 드릴까요?

○ 오랫동안 기다리게 할 때에는 미리 양해를 구한다.

- 오래 기다리게 해서 대단히 죄송합니다만 조금만 더 기다려 주십시오.

[표 13-3] 인사발령기록부

인사발령기록부

☐ 성명 : ☐ 주민등록번호 : ☐ 사원번호 :

구 분	발 령 명	부 서	직 위	발 령 일	비 고

상 벌 기 록

구 분	종 류	사 유	수 여 및 처 분	일 자	비 고
상					
벌					
비 고					

[표 13-4] 인사기록부

인사기록부							
성 명	한글		주민등록 번 호			사진	
	한문						
부 서			혼 인	미 혼, 기 혼			
주 소							
전 화			휴 대 폰				
입사일			입사구분	신입 · 경력			
학 력	초등학교	년 월 ~ 년 월	전 공	소 재 지			
	중학교						
	고등학교						
	대학교						
	대학원						
능 력	영어	상, 중, 하	기타외국어( )	상, 중, 하			
경 력	근 무 처	소 재 지	근 무 기 간	부 서	직 위		
			~				
			~				
			~				
자 격 면 허	종 류 및 등 급	취 득 일	병 역	역 종		사 유	
				군 별		계 급	
				병 과		기 간	
신 체 · 건 강	신 장		시 력	(교정시력:)			
	체 중		질 병	유 · 무			
	혈 액 형		종 교		특 기		
	장 애		출 근 거 리				
가 족 관 계	관 계	성 명	생 년 월 일	학 력	직 업		
비 고							

[표 13-5] 취업규칙 신고(변경신고) 서식

취업규칙 □신 고 □변경신고			처리기간 1일
① 사 업 자 명		② 사업의 종류	
③ 대표자 성명		④ 주민등록번호	
⑤ 근 로 자 수	총 명(노동조합원수 : 명)		(여성) 명
⑥ 소 재 지	(전화:)		
⑦ 의견 청취일 또는 동의일	201×년 월 일		

근로기준법 제96조 및 동법 시행규칙 제17조의 규정에 의하여 위와 같이 취업규칙을 (변경)신고 합니다.

201×년 월 일

우리정공(주) 대표이사 송 주 원 (서명/날인)

○○지방노동청장 귀하

(구비서류)	수수료
1. 취업규칙(변경신고의 경우에는 변경 전과 변경 후의 내용을 비교하여 기재한 서류) 2. 근로자의 과반수를 대표하는 노동조합 또는 근로자의 과반수의 의견을 들었음을 입증하는 자료 3. 근로자의 과반수를 대표하는 노동조합 또는 근로자의 과반수의 동의를 얻었음을 입증하는 자료(근로자에게 불이익하게 변경되는 경우에 한함)	없음

[표 13-6] 취업규칙 의견(동의)서

취업규칙 의견(동의)서

취업규칙 부칙 제○조의 201×년 월 일부터 시행하는 취업규칙에 동의하는 의견(동의)서를 제출합니다.

의견(동의)일: 201× 년 월 일

연번	부 서	직 책	성 명	의견(동의)	서명(날인)

총 종업원 ( )명 중 동의자 ( )명으로, 종업원 과반수 동의하여 「취업규칙 동의서」를 제출합니다.

제출일자 : 201×년 월 일

우리정공(주) 대표이사 송 주 원 (서명/날인)

○○지방노동청장 귀하

[표 13-7] OJT지도계획서

<table>
<tr><td colspan="8">OJT 지도계획서</td></tr>
<tr><td>회 사 명</td><td></td><td>부 서 명</td><td></td><td>직 위</td><td></td><td colspan="2">처리기간</td></tr>
<tr><td>사 번</td><td></td><td>성 명</td><td></td><td>구 분</td><td>신입·경력</td><td colspan="2" rowspan="2">신규사원
입사 후
3일內</td></tr>
<tr><td>지도기간</td><td colspan="3"></td><td>지도사원</td><td></td></tr>
<tr><td>지도목표</td><td colspan="7"></td></tr>
<tr><td colspan="8">1.일대일 지도 일정표</td></tr>
<tr><td>주 차</td><td colspan="2">기 간</td><td colspan="4">중점 지도 항목</td><td>비 고</td></tr>
<tr><td>1주차</td><td colspan="2"></td><td colspan="4"></td><td></td></tr>
<tr><td>2주차</td><td colspan="2"></td><td colspan="4"></td><td></td></tr>
<tr><td>3주차</td><td colspan="2"></td><td colspan="4"></td><td></td></tr>
<tr><td>4주차</td><td colspan="2"></td><td colspan="4"></td><td></td></tr>
<tr><td>5주차</td><td colspan="2"></td><td colspan="4"></td><td></td></tr>
<tr><td colspan="8">2. 업무매뉴얼 작성</td></tr>
<tr><td>주 차</td><td colspan="2">기 간</td><td colspan="4">작성 매뉴얼 항목</td><td>비고</td></tr>
<tr><td>6주차</td><td colspan="2"></td><td colspan="4"></td><td></td></tr>
<tr><td>7주차</td><td colspan="2"></td><td colspan="4"></td><td></td></tr>
<tr><td colspan="8">3. 업무개선과제</td></tr>
<tr><td>주 차</td><td colspan="2">기 간</td><td colspan="4">업무개선과제 항목</td><td>비고</td></tr>
<tr><td>8주차</td><td colspan="2"></td><td colspan="4"></td><td></td></tr>
<tr><td colspan="8"></td></tr>
</table>

[표 13-8] OJT 교육일지

<table>
<tr><th colspan="6">OJT 교육일지</th></tr>
<tr><td rowspan="2">교육대상자</td><td>소 속</td><td>직 위</td><td>사 번</td><td>성 명</td><td>작성일자</td></tr>
<tr><td></td><td></td><td></td><td></td><td></td></tr>
<tr><td>OJT과정명</td><td colspan="5"></td></tr>
<tr><td>교 육 내 용</td><td colspan="5"></td></tr>
<tr><td>문 제 점
및
건 의 사 항</td><td colspan="5"></td></tr>
<tr><td colspan="6">※ 당일 교육받은 내용을 정리 작성하여 지도사원에게 제출바랍니다.</td></tr>
</table>

2. 신원조회요청 업무

1) 업무의 개요

회사에서 직원을 채용할 때 또는 비밀보안업무를 맡겨야 할 때 결격사유가 없는지 확인하기 위해 경찰서에 **신원조회(身元照會)**를 요청(의뢰)하고, 이를 기록 관리하기 위해 신원조회대장(background check list)을 작성한다. 따라서 신입사원이건 경력사원이건 직원을 채용함에 있어서 인사위원회에서 채용하기로 결정하였으면 최종적으로 신원조회를 실시하여 채용에 결격사유가 없어야 채용을 확정짓게 된다.

뿐만 아니라 최근에는 기술유출 문제가 심각하기 때문에 신기술 개발부서 및 보안업무에 근무하는 직원의 신원은 확실해야 하고, 그렇기 때문에 이들에 대한 신원조회도 필요하다. 따라서 본 업무는 신원조회 사유가 발생하면 당사자로부터 신원진술서를 받고, 신원조회대장에 기록한 후 신원조회를 의뢰하고, 회신(신원조시회보서)이 오면 접수를 하고 이에 따른 조치를 취해야 하는 업무이다.

2) 업무흐름도 및 업무의 내용

신원조회 사유	→	신원진술서 작성	→	신원조회 의뢰	→	회보 접수 및 조치
①		②		③		④

① 신원조회 사유 : 신입 및 경력직 채용 및 기타 필요시

② 신원진술서 작성
- 해당자에게 신원진술서 ○부 징구(1부 보관, 4부 발송)
- 1장 작성하여 필요 부수만큼 복사 후 사진 부착 및 날인
- 원적 : 호주의 전 호적을 기재

③ 신원조회 의뢰
- 관련 공문을 작성 결재 후에 신원진술서를 첨부
- 임원 신원조회 : 사장 결재
- 직원 신원조회 : 총무과장 전결
- 관할경찰서에 조회 요청

○ 수신 : 관할경찰서장 ○ 참조 : 정보과장 ○ 공문에 조회 의뢰자의 원적, 본적, 현주소를 정리하여 첨부 ○ 조사 목적은 채용 또는 비취인가를 구분 기재

④ 회보 접수 및 조치 : 신원조사회보서 접수 및 조치
- 신청일로부터 14~20일 소요
- 신원조사회보서 수령 및 신원조회 결과 보고
- 채용발령 또는 비밀취급 인가 조치

3) 산출물(실습할 서식)
- 신원진술서
- 기안문
- 신원조회대장
- 신원조사회보서

[표 13-9] 신원조회대장

신원조회대장

연번	결 재	조 회 년월일	성 명	주민등 록번호	본 적	조회기관	조회목적	비 고

[표 13-10] 신원조사회보서

<table>
<tr><td colspan="6">신원조사 회보서
문서번호 20 년 월 일 작성</td></tr>
<tr><td>① 제 호</td><td></td><td>② 요청기관</td><td></td><td>③ 조사규정</td><td></td></tr>
<tr><td>④ 본 적</td><td colspan="5"></td></tr>
<tr><td>⑤ 주 소</td><td colspan="5"></td></tr>
<tr><td>⑥ 소 속</td><td colspan="3"></td><td>⑦ 직 위</td><td></td></tr>
<tr><td>⑧ 주민등록번호</td><td></td><td>⑨ 성 명</td><td></td><td>⑩ 생년월일</td><td></td></tr>
<tr><td colspan="6">상기자에 대한 신원조사 결과는 아래와 같음</td></tr>
<tr><td>⑪ 사상관계</td><td colspan="5"></td></tr>
<tr><td>⑫ 성질소행</td><td colspan="5"></td></tr>
<tr><td>⑬ 상벌관계</td><td colspan="5"></td></tr>
<tr><td>⑭ 기타</td><td colspan="5"></td></tr>
<tr><td colspan="6">조 사 기 관 장</td></tr>
</table>

3. 계약직채용 업무

1) 업무의 개요

(1) 업무의 요약

본 업무는 계약직 채용에 관한 업무이다. 계약직(契約職)이란 정규에 대응되는 말로 일정한 근로기간, 근로방식, 임금 등을 계약을 통하여 약정하고 그 기간 내에만 고용이 지속되는 직위나 직무를 말한다. 계약직과 정규직의 차이는 근로계약기간이 있는가와 없는가의 차이이다. 근로계약기간은 기간의 정함이 없는 것, 일정한 사업의 완료에 필요한 기간을 정한 것을 제외하고는 1년을 초과하지 못한다(근로기준법 제 23조). 따라서 근로계약기간은 1년, 근로계약기간이 없는 것, 일정한 사업의 완료에 필요한 기산을 정한 것 등 세 가지로 나눌 수 있다.

(2) 근로계약기간에 따른 직군의 구분

근로계약기간의 정함의 여부에 따라 직군별 근로자를 구별하면 다음과 같다.

① **정규직근로자** : 근로계약기간의 정함이 없고 통상적으로 취업규칙에서 정한 정년퇴직일까지가 계약기간이다. 회사의 정상적이고 중심적인 인사체계를 적용받는 통상근로자로서 사용자는 정당한 이유 없이 해고할 수 없다.

② **계약직근로자** : 1년 이하 또는 일정한 사업의 완료에 필요한 기간을 정하여 근로계약을 체결한 근로자를 말한다. 사용자는 2년 이상 계약직 근로자를 고용하면 정규직으로 전환해야 한다.

③ **무기계약직근로자** : 기간의 정함이 없는 근로계약을 체결하고, 정규직과는 별도의 인사체계/임금체계/승급체계를 갖춘 직군의 근로자를 말한다.

④ **기간제근로자** : 기간의 정함이 있는 근로계약(기간제 근로계약)을 체결한 근로자를 말한다. 사용자는 원칙적으로 2년을 초과하지 아니하는 범위 안에서 기간제근로자를 사용할 수 있다.

⑤ **단시간근로자** : 1주 동안의 소정근로시간이 당해 사업장의 동종 업무에 종사하는 통상근로자의 1주 동안의 소정근로시간에 비하여 짧은 근로자를 말한다. 사용자는 단시간근로자의 근로계약을 서면으로 명시해야 하고, 소정근로시간을 초과하여 근로하게 하는 경우에는 당해 근로자의 동의를 얻어야 하며, 이 경우에도 1주간에 12시간을 초과하여 근로시킬 수 없다.

(3) 근로계약의 내용

구두계약(口頭契約)이나 관행(慣行) 또는 관습(慣習)에 의한 근로관계는 성립한 것으로 보지만 **근로계약(勤勞契約)**은 원칙적으로 서면(書面)으로 체결해야 한다. 왜냐하면 서명으로 근로내용 및 근로조건 등을 명확하게 해야만 당사자 간의 분쟁을 예방할 수 있기 때문이다. 근로계약 불이행(不履行)에 대한 위약금(違約金)이나 손해배상액(損害賠償額) 등을 예정하는 계약을 체결할 수 없다.

① 정규직·기간제근로자의 근로계약

- 근로계약기간에 관한 사항
- 근로시간, 휴게시간에 관한 사항
- 임금의 구성항목, 계산방법 및 지불방법에 관한 사항
- 휴일, 휴가에 관한 사항
- 취업의 장소 및 종사해야 할 업무에 관한 사항

② 단시간근로자 근로체결

- 근로계약기간에 관한 사항
- 근로시간, 휴게시간에 관한 사항
- 임금의 구성항목, 계산방법 및 지불방법에 관한 사항
- 휴일, 휴가에 관한 사항
- 취업의 장소 및 종사해야 할 업무에 관한 사항
- 근로일 및 근로일별 근로시간

(4) 계약직의 실업급여

실업급여(失業給與) 지급요건은 계약직이나 정규직 모두 동일하다. 18개월 중 180일 이상 고용보험에 가입한 근로자자 회사의 도산, 경영상 해고, 권고사직, 계약만료, 기타 부득이한 사유로 이직한 경우에는 실업급여를 받을 수 있다.

☞ 구직급여 수급조건

ⅰ. 근로의 의사 및 능력이 있어야 하고(비자발적으로 이직) ⅱ. 적극적인 재취업활동(재취업활동을 하지 않는 경우 미지급)에도 불구하고 취업하지 못한 상태이며 ⅲ. 수급자격 제한사유에 해당하지 않아야 한다.

2) 업무흐름도 및 업무의 내용

소요인원 산출	→	요청서 접수	→	채용계획 수립	→	?
①		②		③		④

① 소요인원 산출 : 계약직 소요인원 산출(필요시 수시)
- 계약직 필요 부서에서 산출
- 필요인원/필요분야/필요학력/활용기간 등

② 요청서 접수 : 각 부서에서 필요한 계약직 요청서 접수
- 사업계획 반영 인원에 따라 채용 방법 상이

○ 다수인 경우 : 총무과에서 필요 인원을 파악하여 공채 실시 ○ 소수인 경우 : 활용분야에 적합한 인원을 필요 부서에서 선발하여 총무과에 의뢰 ○ 특수한 경우 : 사업계획에 반영되지 않은 인원을 계약직으로 채용하고자 할 경우에는 사업관리심의위원회 상정 후 결과에 따라 채용 진행

- 계약직요청서 작성 : 필요 부서에서 계약직 요청서를 작성, 내부결재 후 총무과(인사과)로 송부

☞ 요청서 첨부서류

○ 이력서, 자기소개서 ○ 응시원서, 주민등록등본(가족관계부, 기본증명서) ○ 졸업증명서(학위증명서), 경력증명서, 신원진술서 ○ 사진(반명함판) ◯매

③ 채용계획 수립
- 신청한 요청서를 접수하여 업무담당자가 채용계획을 수립하여 결재를 받음

④ 이후 과정은 정규직 채용과정과 동일

3) 산출물(실습할 서식)

- 계약직 요청서
- 채용계획 품의서(기안)
- 계약직 근로계약서

쉼터(26) 전화응대(7) - 전화를 끊을 때

○ 전화를 건 쪽에서 먼저 끊는 것이 원칙. 하지만 상대방이 손윗사람이거나 거래처일 경우에는 상대방이 끊기를 기다려야 한다. ○ 통화 끝났을 때 인사말을 건넨다. - **"감사합니다. 안녕히 계십시오."** ○ 통화 도중 전화가 끊어졌을 경우, 전화 건 쪽에서 다시 거는 것이 원칙. 하지만 상대방이 윗사람이거나 거래처일 경우에는 전화 받은 쪽에서 다시 걸도록 한다.

[표 13-11] 계약직 근로계약서(예시)

계약직 근로계약서

우리정공주식회사(이하 "갑" 이라 한다)와 홍길동(이하 "을" 이라 한다)은 아래와 같은 근로계약을 체결하고, 상호 성실하게 이행할 것을 약정한다.

제 1조【목적】 "갑" 은 본 계약이 정하는 제5조의 업무수행을 위하여 "을" 을 임시직으로 고용한다.

제 2조【계약기간】 20 년 월 일부터 20 년 월 일까지(○개월)

제 3조【근로시간】
1. 기본근로시간 : 1일 ○시간, 주 ○시간을 기준으로 한다.
2. 근무시간
   평 일 : ○○ : ○○ ~ ○○ : ○○(○시간)
   토요일 : ○○ : ○○ ~ ○○ : ○○(○시간)
3. 휴식시간 : ○○ : ○○ ~ ○○ : ○○(○시간)으로 한다.

제 4조【휴일 및 휴가】
1. 주휴일(일요일) 및 법정공휴일
2. 근로기준법에 따른 연월차, 보건휴가
3. 기타 취업규칙 및 단체협약에 따른 휴일 및 휴가

제 5조【취업업무 및 장소】
1. 취업업무 :
2. 취업장소 :

제 6조【보수】
1. "갑" 은 "을" 에게 제 3조의 근로시간에 제 5조의 업무를 정상적으로 수행하는 것을 조건으로 시간당 (　　)원을 지급한다.
2. "갑" 은 "을" 의 급여를 월단위로 정산하여 익월 ( )일 지급한다.

계약직 근로계약서

제 7조【안전보건】

1. “갑” 은 ‘을’ 에게 작업에 필요한 안전보호구를 무상으로 지급한다.
2. “을” 의 고의, 과실, 업무 외의 사유로 인한 재해에 대하여는 안전보호관리규정에 따른 처벌을 받는다.
3. “을” 은 “갑” 이 정한 안전에 관한 제규정과 안전관리자의 지시에 반드시 준수하여야 한다.

제 8조【고용해지】

“갑” 은 아래의 경우고용을 해지할 수 있다.

1. “을” 의 업무수행 능력이 심히 부적합하다고 판단될 때
2. “을” 이 업무상 고의 또는 중대한 과실로 “갑” 에게 손해를 끼쳤을 때
3. 제 5조의 업무가 중단되는 경우

제 9조【퇴직금】

“갑” 은 “을” 이 1년 이상 근속 후 퇴직시 근로기준법에 따른 퇴직금을 지급한다.

201×년 월 일

갑 : 우리정공주식회사 대표이사
송 주 원 ㊞

을 : 홍 길 동 ㊞
(주민등록번호:)

4. 산업기능요원채용 업무

1) 업무의 개요

본 업무는 **산업기능요원(産業技能要員)**의 배정을 요청하고, 채용을 공고하고, 채용된 산업기능요원을 관리하고, 만료 처분을 하는 업무와 관련한 것이다. 2005년 이후 「병역특례」란 용어는 산업기능요원으로 변경되었다. 산업기능요원제도는 군소요를 충원하고 남는 병역자원의 일부를 지정업체에 기술기능인력으로 지원함으로써 국가산업의 육성 발전에 이바지 하는데 목적이 있다.

현역입영대상자는 34개월간 해당기술 직무분야, 공익근무요원소집 대상자는 26개월간 제조·생산분야 또는 원재료·제품·생산품의 운송분야에서 산업기능요원으로 종사(근무)하면 군복무를 마치는 것으로 간주한다. 다시 말하면, 일반적인 군복무를 대체하여 지정된 산업체에서 일정기간 근무함으로 군복무를 이행하는 것으로 보는 제도이다.

2) 업무흐름도 및 업무의 내용

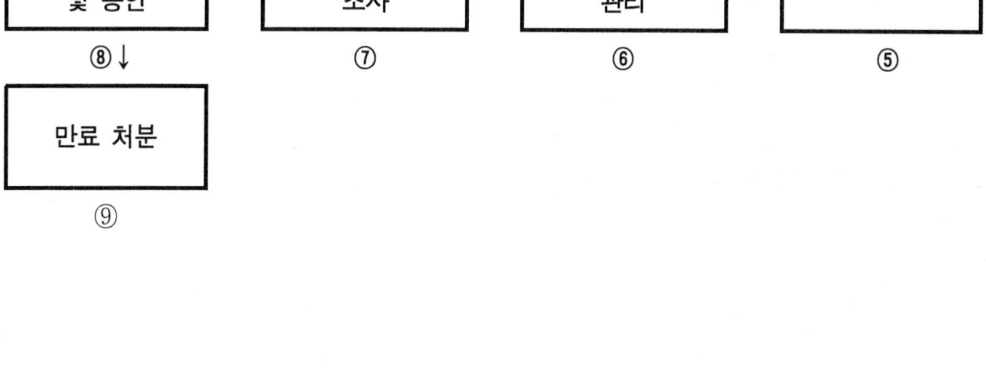

① 소요인원 배정 요청
• 익년도(다음 연도) 소요인원을 8월 10일까지 병무청에 통보
• 소용인원은 매년 요청해야함

② 배정인원 확인 : 병무청에서 연도별 배정인원 할당 확인
• 매 연도말 익년도 배정인원 확정(병무청)
• 배정인원 내에서 채용 가능

③ 채용 공고 : 산업기능요원 채용 시기/분야/인원 등을 사전에 결정하여 품의

④ 채용 : 채용절차 및 방법은 정규직 채용 절차와 동일함

⑤ 편입 신고 : 채용 후 산업기능요원 편입 신고
• 최소한 입대예정일 5일 전까지 지방병무청에 편입 신고(서류 도착)
• 구비서류 : 산업기능요원편입원서, 재직증명서, 학위수여증명서, 병적증명서

⑥ 채용 후 관리
• 해외출장에 따른 출국(구비서류 : 국외여행허가신청서, 업체장의 추천서, 귀국보증서, 보증인의 인감증명서, 보증인의 지방세(재산세·종합토지세) 과세증명서)
• 근태관리

◦ 무단결근 및 휴직시에는 그 기간만큼 복무기간에서 제외됨 ◦ 복무기록표 관리 ◦ 복무사항, 신상이동사항, 교육소집사항 기록

• 교육소집 : 복무기간 중 30일 이내의 군사교육을 받아야 함

⑦ 복무실태조사 : 병무청에서 암행(暗行)의 방식으로 복무실태조사를 함
• 신고한 근무지 및 분야에서 근무 여부 확인
• 일반직원에 비해 부당 대우를 받는지 여부 확인
• 기타 인사관리 실태

⑧ 전직 요구 및 승인

- 2년 이상 근무 후 병무청장의 승인을 얻어 타 회사로 전직할 수 있음
- 전직 요구시 구비서류 : 전직승인요청서, 전직 예정업체장의 동의서, 복무기록표 사본

⑨ 만료 처분 : 의무복무기간 만료 처분

- 의무복무기간 5년 만료월 전월 10일까지 병무청에 복무만료 예정자 통보
- 공문 및 기록카드 : 기록카드는 직인 날인 후 발송
- 병무청에서 복무만료 처분을 하여 공문 발송
- 복무기간 만료 후 14일 이내 향토예비군 편입신고

3) 산출물(실습할 서식)

- 소요인원현황
- 배정인원표
- 편입신고서
- 복무기록표
- 교육소집 통보서
- 전직승인서
- 복무만료예정자 통보서
- 복무만료처분 예비군신고

쉼터(27) 전화응대(8) - 기타

☞ 상대방이 부재중(不在中)일 경우

○ 언제 돌아오는 지를 묻는다.

- **몇 시쯤 돌아오실까요? 그러면 ○시쯤 다시 전화를 드리겠습니다.**
- **○○로부터 전화 왔다고 전해 주십시오.**

○ 상대방의 전화를 대신 받아주는 사람의 이름을 묻는다.

- **실례합니다만 전화 받으시는 분은 누구십니까?**

☞ 상사의 전언(傳言)을 전할 때

○ 자신의 의사가 아니고 상사의 의사임을 분명하게 밝힌다.

- **사정상 그 회의에 참석할 수 없으셔서 미안하다는 말씀 전해드리라고 하셨습니다.**
- **사장님은 가능하면 오후 3시로 미팅 약속을 변경하셨으면 합니다.**

☞ 상대방으로부터 전갈(傳喝)을 부탁받았을 때

○ 간단히 복창한다. 빨리 상사에게 보고한다.

- **잘 알았습니다. 사장님에게 바로 전해 드리겠습니다.**

Q. 다음은 비서가 외부에서 걸려온 전화를 상사(사장)에게 연결하는 전화응대이다. 적절한 표현으로 ____을 채우시오.

비　서 : (따르릉 따르릉) 안녕하십니까? 코끼리식품 비서실입니다.
외부인 :안녕하세요. 사장님과 통화할 수 있을까요?
비　서 : ____________________
외부인 : 새우전자 강호동 전무입니다.
비　서 : 안녕하세요. 강 전무님, 제가 용건을 여쭤봐도 될까요?
외부인 : ____________________
비　서 : 네, 알겠습니다. 강 전무님, 잠시만 기다려 주세요.
비　서 : (인터폰으로) 사장님, ____________________
용건은 직접 말씀 드리신답니다. 연결할까요?
상　사 : 네, 연결하세요.
비　서 : (외부인에게) ____________________
외부인 : 네 고맙습니다.
비　서 : (인터폰으로) 사장님, 전화 연결되었습니다.

제 14 장
근무평가 및 상벌 업무

1. 근무성적평정 업무

1) 업무의 개요

(1) 근무성적평정의 의의

근무성적평정(勤務成績評定)이란 회사가 종업원의 업적, 행동, 태도에 대한 평가 결과를 일련의 성과표준(成果標準 performance standard)과 비교하여 종업원이 자신이 맡은 직무를 얼마나 잘 수행하였는지를 평가하여 그 정보를 종업원에게 전달하는 과정이다. 근무성적평정은 종업원의 근무실적, 직무수행능력, 직무수행에 따른 태도 및 성과 등을 체계적으로 평가한 후 그 결과를 인사관리에 반영하는 제도라고 할 수 있다.

평가(評價 evaluation, appraisal)는 일반적으로 공식적이고 체계적으로 이루어지지만 관리자가 필요하다고 생각하면 종업원이 일상적인 직무를 수행하는 과정에서 혹은 식사자리나 티타임을 통해서도 비공식적인 평가가 이루어질 수 있다. 이러한 노력을 통해 모든 구성원들이 신뢰할 수 있는 객관적이고 공정한 인사관리가 될 수 있도록 구성원들에 대한 근무성적의 평정(評定)을 객관화(客觀化)하는 과정이 근무성적평정(勤務成績評定 performance evaluation)이다.

평정자(평가자)가 종업원들의 근무성적을 평정(평가)함에 있어서 자기의 주관적(主觀的)이고 자의적(恣意的) 판단은 지양(止揚)하고, 객관적이고 공정한 평가를 실시해야만 신뢰성(信賴性)을 확보할 수 있고, 저항과 반발을 최소화할 수 있으며, 회사에 대한 충성도(忠誠度 loyalty)를 높일 수 있다.

[표 14-1] 근무성적평정(인사평정) 요소

평가요소	평가항목	평가세부항목	평 가 내 용
성과평가	업무성과	업적달성도	양적 성과, 질적 성과
		업무처리	정확성, 신속성, 문제해결력
		부하육성	계획적 업무 부여, 의욕과 의지
		섭외활동	유대관계, 목표달성 정도
태도평가	직무수행태도	책임감	자부심, 헌신, 노력 정도
		인성(품성)	솔선수범, 성실성, 근태, 모범성
		창의력	업무개발능력, 제안 및 아이디어
능력평가	직무수행능력	업무추진력	적극성, 의욕과 의지, 노력
		지도통솔력	통솔능력, 솔선수범, 업무능률
		판단처리력	위기탈출 판단 및 처리

(2) 근무성적평정의 목적

근무성적평정(인사평가, 성과평가)의 목적은 크게 관리목적과 개발목적으로 분류할 수 있다. 관리목적의 근무성적평정은 평정결과가 종업원에 대한 보상(報償), 승진, 징계, 해고 등으로 활용되는 것이다. 개발목적의 근무성적평정은 종업원 개인의 잠재력(潛在力)을 개발하는 데 활용되는 것이다.

[표 14-2] 근무성적평정의 목적과 활용

관 리 목 적	보상, 승진, 징계, 해고
개 발 목 적	강점 확인, 개발분야 확인, 개발계획, 코칭과 경력계획

종업원에 대한 보상수준, 승진(昇進)과 강등(降等), 징계대상과 징계수준, 해고순서 등의 관리적 의사결정은 종업원의 신상에 해당되는 사항이기 때문에 종업원들은 공정성 여부에 촉각을 곤두세우는 등 민감한 반응을 보인다. 이러한 사실은 근무성적평정(勤務成績評定)이 공정성과 객관성과 타당성을 확보해야 하는 이유이기도 하다.

개발 목적의 근무성적평정은 평가 자료를 토대로 종업원의 강점과 약점을 확인하고, 강점을 어떻게 활용하고 약점은 어떻게 개선하고 보완해야 할지에 대한 개발계획을 논의하며, 종업원 스스로 자신의 역량을 개발하고 행동을 변화시킬 수 있도록 동기를 부여한다. 따라서 종업원들을 비교하여 서열화 하기보다 목표 대비 수행실적(산출성과)을 확인하고, 개개인의 역량개발과 행동변화를 위한 회사의 지원과 종업원의 의욕을 높이는 데 주력하게 된다.

- 근무성적평정은 능력개발을 돕고 직무 수행의 개선을 통한 업무수행능력의 향상에 도움이 된다.
- 근무성적평정은 승진/배치/전환/견책/보수 등을 결정하는 데 객관적인 기준을 제공함으로 인사권자의 자의적 평가를 사전에 방지하고 인사관리에 공정한 기준을 제시해준다
- 근무성적평정은 여러 가지 인사고과의 기술(技術)에 대하여 그것이 과연 타당성

이 있는지를 검증하는 평가기준으로 사용된다.

(3) 근무성적평정 방법

근무성적을 평정하는 방법에는 여러 가지가 있다. 어떤 방법으로 평정하더라도 평정 대상인 종업원 모두를 만족시킬 수는 없다. 그러므로 각 방법의 장점과 단점 및 특성을 파악하여 사용 목적이나 평가 대상 등에 따라 가장 적합한 방법을 선정하거나 여러 방법을 적절하게 섞어서 사용하는 것도 좋은 방법이 될 수 있다.

① 체크리스트법(checklist methods) : 단어나 지문 리스트로 구성된 양식을 평가자에게 제공하고, 피평가자의 근무성적, 성과, 특성을 가장 잘 나타내는 지문에 체크를 하도록 한 뒤, 체크된 지문의 점수를 합산하여 평가하는 방법

② 도표식 평정법(graphic rating scale method) : 직무에 따라 직무기준을 구분하고 직무기준별로 평정 요소를 나열하고 각 요소마다 등급을 설정한 후, 종업원의 근무성적을 해당 등급에 표시함으로써 평정하는 방법

③ 강제배분법/강제할당법(forced distribution) : 평정 성적의 분포가 어느 한쪽에 치우치지 않도록 미리 평가 범위와 범위별 성적분포의 비율을 미리 정해 놓고, 피평가자들을 비교하여 비율에 맞추어 각 범주에 배분(할당)하는 방법

④ 서열법(ranking method) : 평정 대상 종업원들의 근무성적을 비교하여 종업원 간의 서열을 매기는 방법

⑤ 산출기록법(production records) : 산출 실적에 따라 평가하는 방법

⑥ 집단평정법 : 종업원 한 사람을 평정하는 데 상관, 동료, 부하직원 등 여러 사람이 참여하는 방법

⑦ 직무기준법 : 직무수행의 기준을 미리 정해 놓고 실적을 여기에 비교하는 방법

⑧ 주요사건 기술법(critical incident) : 부서에서 발생한 주요 사건 상황에서 피평정자가 보여준 주요 행동(호의적 또는 비호의적)을 자유롭게 기술하는 방법

⑨ 에세이법(the essay) : 평가 전에 근무성적평정에 관련된 몇 가지 주제를 주고 주제별로 평가기간 동안 각 종업원의 근무성적을 간단한 에세이 형식으로 자유롭게 기술하는 방법

⑩ 목표에 의한 관리(Management by Objectives, MBO) : 종업원 개인이 일정 기간 내에 달성하기를 기대하는 성과목표를 구체화하여 관리하는 방식으로 주로 관리자의 평가에 사용

⑪ 행동기준 평정척도법(behaviorally anchored rating scales, BARS) : 종업원들이 직무와 관련하여 보편적으로 보이는 행동을 선정하고, 선정된 행동이 우열(優劣)이 나타나도록 기술한 양식을 개발하여, 피평가자의 모습에 가장 가까운 곳에 표시하도록 하는 방법

[표 14-3] 도표식 평정법

성 명:		직 무 명:		소속부서:	
감독자:		채용시기:		채용형태:	
평가일:		평가기간:		평가목적:	
요소 \ 점수	수(5)	우(4)	미(3)	양(2)	가(1)
판 단 력					
이 해 력					
협 조 성					
적 극 성					
작업의 질					
작업의 양					
합계점수					
총 점		점	고 과 자		㊞

(4) 근무성적평정의 피드백

종업원에 대한 **근무성적평정(勤務成績評定)**이 실시된 후에는 평가가 어떻게 진행되었으며, 회사의 경영진이 그 평가에 대하여 어떻게 인식하고 있는지 종업원이 이해할 수 있도록 평가 결과를 피평정자 개인에게 전달되어야 한다. 그리고 평가결과를 확인한 종업원들은 자신의 개발계획에 평가결과를 적극 활용해야 한다. 왜냐하면 인사평가 또는 근무성적평정을 실시하는 궁극적인 목적은 조직의 유효성을 높이고, 조직의 목표를 달성하고자 하는 것이기 때문이다. 조직과 개인의 목표를 통합하기 위해서는 평가결과를 다음과 같은 관리업무에 적극적으로 활용해야 한다.

- 공정한 보상(報償)을 결정하기 위해 활용한다.
- 합리적이고 공정한 승진(昇進)과 전환(轉換)을 결정하기 위해 활용한다.
- 선발도구의 타당성을 평가하기 위해 활용한다.
- 인적자원개발계획을 타당성 있게 수립하기 위해 활용한다.
- 회사에 필요한 적시의 인력유치활동을 위해 활용한다.
- 지속가능한 경영에 필요한 인력구조조정을 위해 활용한다.
- 직무 및 제도 재설계의 필요성을 평가하기 위해 활용한다.

2) 업무흐름도 및 업무의 내용

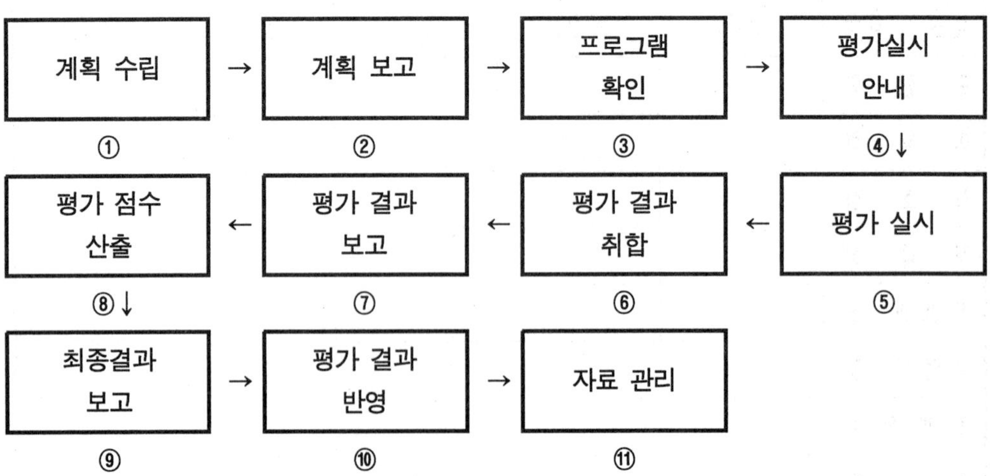

① 계획 수립 : 근무성적 평정계획 수립
• 사전 목표관리(目標管理 MBO)에 의한 업무목표 설정
• 실시일 도래 전 근무성적 평정계획 수립 : 평가별 일정 등
② 계획 보고 : 근무성적평정 계획 보고

③ P/G 확인 : 통합정보시스템 인사고과프로그램 적용
• 필요시 평가별 세부항목 수정

④ 평가 실시 안내 : 근무성적 평정 실시 게시

⑤ 평가 실시 : 근무성적 평정 실시
• 평가별 평가자가 인사고과 프로그램에 접속
• 항목별로 평가
• 평가 후 서명

⑥ 평가 결과 취합
• 평가 종료 후 인사고과프로그램에서 취합
• 평가별 계통도에 의한 점수 산출
• 조정계수 산출 및 적용
• 평가별 최종 점수 산출 및 취합
• 평가별 반영 비율에 의하여 점수 반영
• 반영비율이 적용된 최종 점수 산출
• 계통도에 의한 서열 및 평가 등급 산출

⑦ 평가 결과 보고

⑧ 평가 점수 산출
• 상반기 점수와 하반기 점수를 반영 비율에 의하여 점수 산출
• 계통도에 의한 서열 및 최종 등급 산출

⑨ 최종 결과 보고 : 해당년도 최종평가결과 보고 및 확정

- 사장 결재 및 등급 조정
- 등급 조정은 해당 등급별 인원의 10% 범위 내에서 한 단계씩 조정할 수 있음

⑩ 평가 결과 반영 : 개인별 평가등급을 연봉에 반영

- 최종 결과를 [급여관리] 프로그램에서 읽어 업적 연봉에 반영
- 지급계수에 의한 업적급 산출
- 산출된 연봉에 의한 연봉계약 실시

⑪ 자료관리 : 자료 보관 및 승호/승격에 반영

3) 산출물(실습할 서식)

- 근무성정평정계획
- 안내문
- 평가결과보고서
- 최종결과보고서
- 연봉계약서
- 승진심사자료

쉼터(28) 내방객 응대 - 상사의 기호 파악

- ○ 방문하는 손님은 누구든지 만나는가?(Open-door policy) **그렇지 않다면**
- ○ 주로 어떤 사람들과 만나는가? 선약 없이도 만나는 방문객은 누구인가?
- ○ 개인적인 친분관계가 있는 방문객은 누구인가?
- ○ 업무와 관련이 없는 방문객(영업사원 등)도 만나는가?
- ○ 내방객이 방문했을 때 상사에게 어떻게 알려야 하는가?
- ○ 선약이 되어 있지 않은 내방객에 대하여 어떻게 응대하는 것을 상사가 선호하는가?
- ○ 무리한 부탁이나 도움을 청하러 오는 사람인 줄 알면서도 상사는 이들을 만나는가?
- ○ 면담이 예정시간보다 길어질 경우 상사는 비서가 어떻게 대응하기를 원하는가?

[표 14-4] 시말서

<table>
<tr><td rowspan="2">시 말 서</td><td rowspan="2">결
재</td><td>담 당</td><td>관리자</td><td>대 표</td></tr>
<tr><td></td><td></td><td></td></tr>
<tr><td colspan="5">□ 소 속 :
□ 직 위 :
□ 성 명 :
□ 입사일자 :
□ 시말서 제출 사유 :

본인은 위와 같은 잘못에 대해 깊이 반성하고, 추후에는 이러한 잘못을 범하지 않을 것을 서약하며, 이에 시말서를 제출합니다. 만약 다시 본인이 문제를 야기한다면 어떠한 처분이 있더라도 이를 달게 받겠습니다.

20× 년 월 일

제출인 : ㊞</td></tr>
<tr><td colspan="5">※ 시말서 제출은 취업규칙에서 규정한 징계에 해당합니다. 만약 지시한 날짜까지 시말서를 제출하지 않을 경우 별도의 징계 처분이 있음을 감안하시기 바랍니다.</td></tr>
</table>

2. 승진심사관련 업무

1) 업무의 개요

(1) 승진의 의의

승진(昇進)이란 조직(회사)의 구성원(종업원·직원)이 현재의 직위보다 상위의 직위로 수직 상승하는 것을 말한다. 승진(promotion)을 하게 되면 지위와 보수가 오르고, 새로운 직무가 주어짐과 동시에 책임과 권한이 수반되며, 새로운 고차적인 욕구가 생겨난다. 승진은 구성원에게 만족감과 일하려는 의욕을 고취시키고 동기를 유발하며, 개인의 목표와 조직의 목표를 달성하기 위한 강력한 커뮤니케이션 역할을 한다.

승진과 정반대의 개념은 **강등(降等)**이다. 강등(demotion)은 기술/책임/신분/보상에 있어서 현직보다 낮은 직위로 내려가는 것을 말한다. 그러므로 회사에서나 종업원이나 승진 및 **승진제도(昇進制度)**에 관심을 가지지 아니할 수 없다.

[표 14-5] 종업원의 주요관심사

신분(身分)상 관심사	승진(昇進)	직접관심사
	교육훈련(敎育訓練)	간접관심사
보수(報酬)상 관심사	임금(賃金)	직접관심사
	복리후생(福利厚生)	간접관심사

(2) 승진제도의 유형

회사에서는 직원의 승진을 합리적으로 행사하기 위해 나름대로의 승진기준을 가지게 되고, 이 기준에 입각하여 회사에 적합한 승진제도를 설계하게 된다. 승진기준은 회사의 **인사관리(人事管理)**의 기본이념과 불가분의 관계를 맺고 있기 때문에 직원의 채용에서부터 배치, 이동, 보상, 교육훈련, 유지관리에 이르기까지 거의 모든 인사관리 영역에 영향을 미치게 된다.

① **연공주의(年功主義)** : 근속기간 또는 재직기간이 긴 사람을 우선적으로 승진시키는 제도로서, 능력을 객관적으로 측정하기 어려울 뿐만 아니라 오래 동안 일을 하면 기술이 숙련(熟練)되고 직무수행능력 또한 향상된다는 전제 하에 동서고금(東西古今)을 막론하고 널리 채택되어 왔다. 다시 말하면 연공주의는 인간의 능력을 객관적으로 평가하기 어려웠던 시대에 만들어진 것으로 근속연수에 비례하여 능력과 기술이 신장(伸長)된다는 전제로 장기간에 걸쳐 인간의 능력을 평가하려는 제도이다. 연공주의라고 해서 학력, 자격증 등을 전적으로 배제하는 것은 아니다.

② **능력주의(能力主義)** : 연공주의의 대안으로 등장한 능력주의는 노동력의 부족, 기술혁신, 자본집약형 산업의 등장, 개방경제 등의 새로운 발전에 대응하여 직원의 직무수행능력을 개발하고, 이를 효과적으로 활용함으로써 조직의 성과와 효율을 높이려는 인사관리의 총칭을 말한다. 능력주의는 명확한 직무분석과 객관적인 직무평가에 기초한 공정한 평가를 전제조건으로 채택이 가능하다. 능력주의에 의한 승진은 직무수행능력은 물론이고, 직무수행태도, 직무수행의 결과물인 성과와 실적을 중요한 평가기준으로 삼는다.

[표 14-6] 승진기준과 승진유형

승진기준	세 부 기 준	승 진 유 형
속인기준	ㅇ 구성원의 신분계층(주로 근속연수)을 기준으로 함	신분자격 승진
	ㅇ 구성원이 보유하는 직무수행능력을 기준으로 함	직능자격 승진
직무기준	ㅇ 직무의 조직상의 위치(중요성)를 기준으로 함	역직(役職)승진
	ㅇ 직무의 종류와 난이도, 책임도의 정도를 기준으로 함	직위(職位)승진

(4) 효과적인 승진관리

승진관리(昇進管理)가 보다 효과적으로 유효하게 작동하고 운용되기 위해서는 단지 우수한 인재의 확보와 발굴, 배분과 배치에 그치는 것이 아니라 종업원의 성취욕구와 성취동기를 자극하고 자아발전을 도모할 수 있는 **경력관리(經歷管理)**를 동시에 진행함으로써 조직의 목표와 개인의 목표가 통합될 수 있도록 해야 한다.

2) 업무흐름도 및 업무의 내용

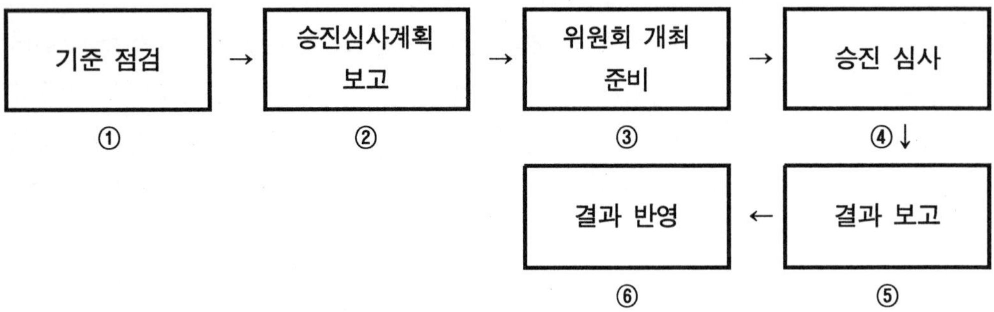

① 기준 점검 : 승진심사기준 점검

- 심사시기 : 매년 1회 심사 실시
- 승진시기 : 1월, 7월
- 심사대상자

○ 인사규정에 의거 승진자격요건을 갖춘 자 ○ 업무능력이 탁월함을 부서장이 인정하는 자

② 승진심사계획 보고 : 심사 일정/대상자/기준 등을 보고

③ 위원회 개최 준비

- 승진심사 대상자 및 심사자료 준비
- 심사기준 자료 준비
- 근무성적평정, 부서장 추천점수, 연공점수를 50:30:20으로 반영

○ 근무성적평정점수 : 근무성적평정 결과 ○ 부서장 추천점수 : 수행업적서에 의함 ○ 연공점수 : 승격 최저 소요 연수 경과에 따라 인사규정상의 점수 부여

- 인사위원회 소집 통보

④ 승진 심사 : 인사위원회를 개최하여 승격 심사
• 승진대상자 서열 결정

⑤ 결과 보고 : 승격심사 결과를 취합하여 보고

⑥ 결과 반영 : 승격 발령 및 연봉에 반영

3) 산출물(실습할 서식)

• 승진심사 품의
• 심사자료
• 결과보고서
• 인사 발령

쉼터(29) 내방객 응대의 기본원칙

○ 내방객을 맞이하여 성심 성의껏 상대방의 입장을 배려하여 응대한다.
○ 손님이 방문하면 하던 일을 멈추고 얼른 자리에서 일어나 공손히 인사한다.
○ 자주 방문하는 손님의 이름을 잊었을 경우, 이름을 잘못 부르는 않도록 한다.
○ 손님의 이름은 반드시 직책명과 함께 부르며, 직책명을 모르면 선생님을 붙인다.
○ 손님을 외모나 복장으로 판단하거나 차별해서는 안 된다.
○ 비서는 당연히 물을 권리가 있다는 투로 용건을 묻지 말고 공손하게 묻는다.
○ 손님에게 등을 보이거나 손님의 얼굴을 보지 않은 채 대화해서는 안 된다.
○ 자신의 일에만 열중한 나머지 손님을 도외시하는 인상을 주어서는 안 된다.
○ 손님이 여러 명이 있을 경우 안면이 있는 손님하고만 대화해서는 안 된다.
○ 아무런 설명 없이 손님을 5분 이상 기다리게 해서는 안 된다.

3. 인사발령관련 업무

1) 업무의 개요

(1) 인사발령(인사이동)의 의의

본 업무는 인사관리의 한 부분인 **인사발령(人事發令)**에 따른 사전·사후에 처리해야 할 업무의 내용이다. 인사발령 범위는 신규채용뿐만 아니라 승진(승격), 승호, 포상, 징계, 부서이동(수평이동), 휴직, 퇴직 등의 경우에 실시한다. 인사발령을 하기 위한 사전 업무는 인사고과(人事考課) 또는 근무성적평정이다. 공정한 인사고과를 실현시키기 위해서는 성적고과와 아울러 능력을 진단하고 분석한 능력고과를 중시해야 하고, 능력과 성적은 반드시 일치 않는다는 사실을 감안해야 한다.

인사발령의 결과 **인사이동(人事異動)**이 단행되는데, 인사이동은 같은 직장 내에서의 직위나 직책의 변동을 말한다. 인사이동이란 종업원을 선발(채용)하여 배치한 후에 종업원들이 업무를 수행하면서 나타나는 능력이나 성과 등을 평가하고, 평가결과를 반영하여 조직 내에서 실시하는 배치전환, 승진 등을 말한다.

(2) 인사발령(인사이동)의 목적

인사발령 또는 인사이동의 목적은 경영기능(계획/조직/지휘/조정/통제)의 효과적인 달성, 노동력의 효율적인 활용 및 인재육성에 도움이 되는 것을 목적으로 한다. 회사 측면에서는 매너리즘 타파, 조직의 유연성 제고, 생산성 향상, 업무능률 향상을 목적으로 하고, 종업원 측면에서는 능력 활용, 잠재력 개발, 직무에 대한 동기부여 및 직무만족도를 제고하는 것을 목적으로 한다.

- 한 부서나 동일 직위에 장기간 머물게 됨에 따라 발생할 수 있는 매너리즘(타성적 행동)을 타파할 수 있는 사고의 전환을 가능하게 할 수 있다.
- 인사이동을 통해 적재적소에 배치될 경우, 종업원 개인의 능력을 발휘할 수 있어 생산성이 향상될 수 있다.
- 종업원 개인의 능력과 적성에 맞는 직무로 전환될 경우, 새로운 직무수행을 위한 동기가 유발될 수 있다.

- 경영환경의 변화에 따라 사업별 또는 부서별로 필요인력의 변동이 있을 경우, 인사이동을 통해 유연하게 대처할 수 있다.
- 직무순환 등의 인사이동을 통해 다양한 업무를 경험할 수 있는 기회를 제공함으로 조직에 대한 충성도를 증가시킬 수 있다.
- 자신의 능력을 활용하거나 잠재력을 발휘할 수 있는 직무를 수행하게 되는 경우, 직무만족도가 증가되고 직무수행능력이 향상될 수 있다.

(3) 인사발령(인사이동)의 내용

① **배치전환(配置轉換)** : 새로운 직무로서의 수평적(水平的) 이동을 말하는 것으로 배치(配置 placement)와 전환(轉換 transfer)을 합성한 용어이다. 종업원에게 특정 직무를 맡기고 그 직무를 수행하게 하는 것을 배치라 하고, 배치된 종업원 회사의 필요에 의해서 다른 직무로 바꾸어 근무하게 하는 것을 전환이라고 한다. 따라서 전환은 특별한 사정이 없는 한 같은 직급(職級)으로 수평 이동하는 것으로, 임금, 직책, 직위에는 별다른 변화가 없다. 그러나 새로운 직무(職務)를 수행해야 하기 때문에 업무의 내용이나 작업의 조건은 다를 수 있다.

☞ 이동범위에 따른 전환의 유형

ㅇ 부서내 전환 : 동일 부서에서 이루어지는 전환으로 업무의 내용이 유사함
ㅇ 부서간 전환 : 부서와 부서 사이, 부문과 부문 사이에 이루어지는 전환으로 업무의 내용이 전혀 다를 수 있음
ㅇ 공장간 전환 : 생산 업무가 유사한 공장과 공장 사이에 이루어지는 전환
ㅇ 회사간 전환 : 그룹 차원에서 주로 임원(중역) 중심의 관리자를 대상으로 회사 간에 이루어지는 전환

② **승진(昇進** promotion**)** : 종업원이 상위 직급으로 수직(垂直) 이동하는 것을 말한다. 승진은 일반적으로 조직(회사) 내에서 보상, 권한, 책임이 함께 수반되는 신분상의 상승을 의미하기 때문에 대부분의 종업원들은 승진을 통해 성장과 발전의 기회를 도모하려고 노력하게 된다. 자신이 승진할 것이란 기대 속에서 승진에서 배제되거나 탈락한다면 근무 사기(士氣)가 저하되고 회사에 대한 불

만(不滿)이 발생할 수도 있다. **승진관리**의 역할과 중요성은 다음과 같다.

- 승진은 종업원 개인의 목표와 회사의 목표를 통합시켜 주는 역할을 한다.
- 승진은 종업원에게 회사가 중시하는 가치를 전달하는 의사소통 수단이다.
- 승진기준과 승진제도가 합리적으로 설정되고, 공정하고 투명하게 작동되면 회사의 충성도를 높인다.
- 객관적이고 공정한 승진관리는 인력구조조정 및 인사적체 해소에 도움이 된다.

☞ 객관적인 승진결정요소

[연공요소] 근속연수, 학력, 학벌, 경력, 연령, 경력
[능력요소] 근무실적, 성과(업적), 지식, 기능, 태도, 업무추진능력, 교육훈련평가
[승진시험] 승진시험, 교육연수성적, 구술면접시험, 논술시험, 실기시험, 어학점수
[추천] 멘토의 추천, 부서장의 추첨, 최고경영진의 후원

□ **승진제도의 유형**

① **직계(職階)승진제도** : 직무중심의 능력주의에 입각한 승진제도로서, 먼저 직무분석과 평가, 그리고 직무급에 의한 직계제도를 확립한 후에 그 직무에 적합한 자를 선정하여 승진시키는 제도

② **연공(年功)승진제도** : 사람중심의 연공주의에 입각한 승진제도로서, 근속연수/학력/학벌/경력/연령 등 개인적인 연공과 신분에 따라 승진시키는 제도

③ **자격(資格)승진제도** : 자격주의에 입각하여 직계승진과 연공승진을 절충한 승진제도로서, 경력/근속연수/근무실적/지식/기능/태도/잠재력 등을 평가하여 장래의 유용성과 가능성에 의해 승진시키는 제도

(4) 승진 사후관리

승진이 내정되었다 하더라도 이를 거부할 수도 있으므로 사전에 승진내정자의 최종의사를 확인해야 한다. 승진이 확정되었으면 직무재배치를 신속하게 해야 한다.

승진된 종업원에게는 새로운 직급과 직무에 대한 성취동기를 자극하고 자아발전을 도모할 수 있도록 회사 차원에서 달성해야 할 목표를 제시하고, 승진에 누락된 종업원에게는 좌절하거나 불만을 갖지 않도록 위로하는 등의 대책도 필요하다.

2) 업무흐름도 및 업무의 내용

사유 발생	→	발령 작업	→	결재 상신	→	시 행
①		②		③		④

① 사유 발생 : 인사발령 사유 발생
- 신규채용, 승격, 승호, 포상, 징계, 부서이동, 휴직, 퇴직 등

② 발령 작업 : 통합정보시스템 [인사관리] 접속하여 인사발령 작업

발령대상자별 발령내용 입력 → 저장 → 발령기안문 화면 출력 → 발령사항 이상 유무 확인 후 결재 상신

③ 결재 상신 : 결재선 및 협조, 수신부서 지정 후 결재 상신

④ 시행 : 인사발령자료 게시 및 D/B 확인
- 결재 후 시행문을 출력하여 해당 부서 발송 및 게시판에 게시
- 통합정보시스템 인사관리 D/B 확인
- 인사관리 발령사항 및 기본자료가 발령 결재 후 변경 또는 누적관리 되는지 확인

3) 산출물(실습할 서식)
- 발령기안문
- 시행문

4. 인사위원회 운영관련 업무

1) 업무의 개요

본 업무는 **인사위원회(人事委員會** personal committee) 운영과 관련된 업무이다. 인사위원회는 인사문제를 다루기 위해 설치되었거나 설치될 합의제기구 및 인사자문기구 등을 통칭하는 개념이다. 공무원 인사위원회에서는 공무원 충원계획 사전심의, 각종 임용시험 실시, 임용권자의 요구에 따른 징계의결 등을 행하나 회사의 인사위원회에서는 채용/포상/징계/승진/강등/인사제도 등을 다룬다.

☞ 인사위원회 주요 심의 안건

○ 채용(서류심사, 면접전형) ○ 상벌(표창, 징계), 승격 및 특별승급 심사 ○ 인사제도 및 기본방침 개정 ○ 다른 규정에서 인사심의를 요하는 사항

상시근로자 10인 이상의 사업장은 **취업규칙(就業規則)**을 작성하여 고용노동부에 신고해야 한다. 취업규칙에는 징계에 관한 규정이 명시되어 있어야 한다. 취업규칙에 근로자를 징계하기 위해 인사위원회(징계위원회)를 설치한다고 규정한 경우, 징계 전에 인사위원회(징계위원회)를 개최하여 징계 대상자를 출석시켜 징계사유가 있는지 여부, 징계사유에 대한 소명(疏明) 기회를 제공해야 한다.

2) 업무흐름도 및 업무의 내용

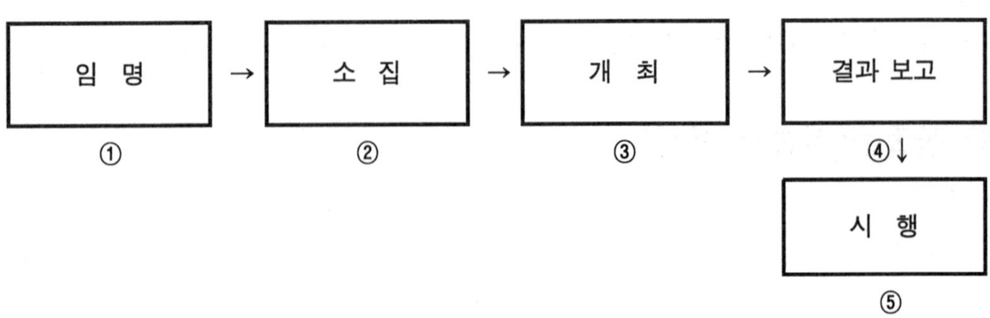

① 임명 :인사위원회 위원 임명(위촉)

- 인사발령에 의한 인사위원 및 위원장 임명
- 인사위원회 역할 : 사장(대표이사) 결심을 돕기 위한 심의사항 보고 수준

② 소집 : 결재 후 인사위원회 소집

- 인사위원회 개최 품의(稟議) : 사전에 위원들 일정 확인 후 품의
- 인사위원회 개최 통보 : 메일 및 유선 통보

③ 개최 : 인사위원회 개최

- 의사록(議事錄) 정리
- 심의 결과에 대해 인사위원 서명
- 인사위원회 결과를 정리하여 인사위원장 협조 후 이사/사장 결재

④ 시행 : 인사발령 및 집행

3) 산출물(실습할 서식)

- 인사발령 품의
- 소집통보서
- 심의자료
- 결과보고서

5. 포상관련 업무

1) 업무의 개요

본 업무는 종업원의 **포상(褒賞)**에 관한 업무이다. 회사에서 이루어지는 **인사평가(人事評價)**또는 **근무성적평정(勤務成績評定)**은 종업원의 일정기간 동안의 업적(성과), 현재 보유하고 있는 능력 및 잠재력, 인성과 태도와 기치관 등을 측정(평가)하며, 평가(평정) 결과에 따라 회사는 보상, 교육훈련, 전환 및 승진 등의 대응조치를 취하게 되는데, 포상은 평가(평정)의 결과로 종업원에게 주어지는 보상(報償)의 한 형태이다.

2) 업무흐름도 및 업무의 내용

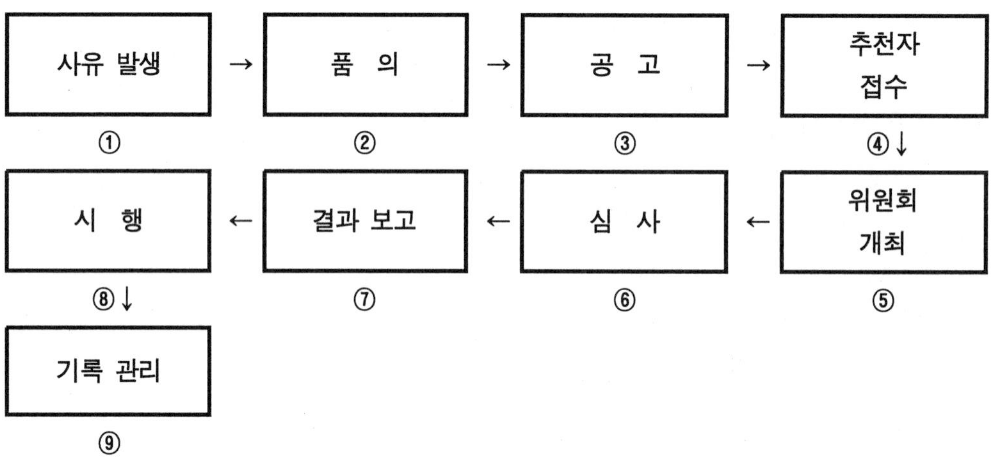

① 사유 발생 : 규정에 의하거나 기타 포상(褒賞) 사유 발생

☞ 포상 사유

○ 외부기관 표창 추천 의뢰 ○ 회사 내부 표창 : 창립기념, 연말, 기타 규정에 명기

② 품의 : 포상 품의
- 포상 내용, 포상의 종류, 인원, 선발방법, 시기 등

③ 공고 : 포상대상자 추천 공고
- 업무알림판 및 기타 방법
- 추천 방법(공적조서 양식 첨부)
- 외부기관에 추천서 발송

④ 추천자 접수 : 포상 추천대상자 접수
- 공적조서를 작성하여 담당자에게 제출
- 담당자는 종적조서를 접수하여 인사위원회 개최 준비
- 심사대상자 인적사항 정리, 「심사대장」 작성

⑤ 위원회 개최 : 인사위원회 소집 통보
- 절차 및 방법은 인사위원회 운영 참조

⑥ 심사 : 인사위원회 실시 추천자 심사
- 심사기준에 의거 포상대상자 심사
- 포상대상자 우선순위 결정

⑦ 결과 보고 : 심사결과 보고
- 인사위원회 심사결과를 사장에게 보고
- 사장(대표이사) 결재시 포상대상자 확정

⑧ 시행 : 행사에 맞추어 포상(시상)
- 표창장 작성(외부기관 포상은 포상 전수(傳授) 실시)
- 포상금 지급신청 및 수령
- 포상대상자 사전 연락(D-3)
- 포상금 수령 영수증 작성
- 포상 시상(施賞)시 전달자 및 사진 촬영자 선정
- 포상 전 예행연습 실시

⑨ 기록 관리 : 포상결과 인사관리 D/B에 관리

3) 산출물(실습할 서식)

- 접수시행문, 포상품의서
- 공고문
- 공적조서
- 소집통보서
- 심사자료
- 결과보고서
- 표창장, 포상금

쉼터(31) 내방객 응대(1) - 약속이 되어 있는 내방객

- ○ 약속시간에 맞춰 미리 응접실과 면회에 필요한 자료를 정리하고, 다과준비를 마친 다음 방문객을 기다린다.
- ○ 방문객 접수처에 미리 내방객의 이름/소속/방문시간 등을 알려주고 응대를 부탁한다.
- ○ 방문객이 사무실에 들어서면 하던 일을 멈추고 일어서서 인사한다. 방문객이 이름을 알리면, "○○님이시군요. ○○이 기다리고 계십니다." 하고 반갑게 맞이한다.
- ○ 코트, 우산 등은 받아서 일정한 곳에 보관하였다가 돌아갈 때 잊지 않고 돌려드린다.
- ○ 약속이 되어 있는 방문객을 상사에게 알릴 때는 구두로 알린다. 이때 내방객의 소속, 이름, 직책 등을 상사에게 재차 상기시켜 착오가 없게 한다.
- ○ 상사가 총화 중이거나 먼저 방문한 손님과의 면담이 끝나지 않았을 때에는 상사에게 내방객 방문을 메모로 알려서 상사의 지시에 따라 손님을 안내한다.
- ○ 약속된 방문객이 많거나 면담시간이 비슷한 경우에는 신경을 써서 착오가 없게 한다.
- ○ 상사와 개인적으로 약속이 된 경우 : 방문객을 잠시 기다리게 한 후 상사에게 약속 여부를 확인한 후, 상사의 지시에 따라 안내한다.

6. 징계관련 업무

1) 업무의 개요

(1) 징계의 의의

징계(懲戒 discipline)란 조직의 구성원으로부터 기대되는 일률적인 최저의 행동기준을 설정해 놓고, 이를 위반(違反)하는 구성원에 대한 적절한 조치를 취하는 인사관리(人事管理)의 한 부분이다. 다시 말하면 징계는 조직의 구성원으로서 주어진 책임과 의무를 위반한 종업원에 대한 제재(制裁) 및 처벌(處罰)을 말한다.

징계는 처벌이 목적이 아니라 조직의 효율적 관리에 목적이 있다. 징계는 조직의 구성원이 저지르는 징계사유에 해당하는 잘못을 바로 잡아 맡은 바 직무를 성실하게 수행하고, 행동기준과 행동규범을 자율적으로 준수하게 함으로써 조직의 목표를 효과적으로 달성하기 위한 인적자원관리활동의 하나로 볼 수 있다.

(2) 징계기준(징계규정)

사용자는 근로자의 기업질서 위반행위에 대하여 근로기준법 등 관련 법령에 반하지 않는 범위 내에서 이를 규율(規律)하는 **취업규칙(就業規則)** 등에 징계사유, 징계방법, 징계수위 등을 정할 수 있고, 이를 근거로 근로자를 징계할 수 있다. 따라서 근로자의 징계처리는 취업규칙 또는 단체협약에 정직, 감봉, 강등, 견책, 경고, 출근정지 및 징계해고 등에 관한 규정을 두어야 한다. 징계에 해당하는 행위를 나열하면 다음과 같다.

- 근로계약에 협의된 사항의 불이행이나 성과(성적)의 부진
- 부당한 파업/태업/준법투쟁/불매운동 등을 주동하거나 가담한 행위
- 노조협약사항이나 노사중재사항을 이행하지 않는 행위,
- 상사에 대한 부당한 또는 의도적인 불복종 및 반항행위
- 서류 및 정보의 고의적인 손상이나 훼손 및 위·변조행위
- 빈번한 부당 결근 및 지각 등으로 업무에 지장을 초래하는 행위
- 근무 중 음주, 도박, 폭행, 성추행, 욕설 등 비이성적 행동

- 마약 복용 및 소지 등으로 사회적 물의를 일으키는 행위
- 기술 및 정보의 유출 행위
- 기타 징계가 필요할 때

(3) 징계처리

규정(規程)이나 규칙(規則)을 어기고 책임과 의무를 현저하게 위반함으로 회사와 동료들에게 손해를 입히거나 입힐 가능성이 있는 불법·부당·부정한 행위를 한 근로자에 대한 징계는 「징계규정」에 따라 노사(勞使) 공동으로 구성된 **징계위원회(懲戒委員會)**에서 처리한다. 취업규칙, 단체협약, 사규(社規) 등에 **징계사유(懲戒事由)**를 규정할 때에는 그 규정에 위반한 정도에 따라 징계처분을 내려야 한다. 구체적인 징계사유는 다음과 같다.

☞ 구체적인 징계사유

1. 근태위반	6. 재산손실	11. 부당행위	16. 영업비밀 유출
2. 직무태만	7. 무단반출	12. 부정행위	17. 고의사고
3. 공금유용	8. 규범위반	13. 불법행위	18. 금품수수
4. 공금횡령	9. 규칙위반	14. 범죄행위	19. 형사처벌 행위
5. 기물파손	10. 사규위반	15. 기밀누설	20. 기타 징계대상

근로자가 징계사유에 해당하는 행위를 저질렀을지라도 해당 근로자에 대한 징계처분이 효력을 발생하기 위해서는 다음 요건을 갖추어야 한다.

☞ 징계처분 효력발생요건

ⅰ. 징계규정이 제정되어 근로자에게 충분히 숙지되어야 하고,
ⅱ. 징계의 요건과 종류 및 효과 등이 상세하게 규정되어야 하고
ⅲ. 적법한 절차에 의하여 징계가 행하여져야 하고,
ⅳ. 당해 근로자에게 청문과 소명(疏明)의 기회가 주어져야 한다.

[표 14-7] 징계 종류별 조치 및 통보 내용

징계 종류	조 치 내 용	통 보 내 용
경 고	주의 경고, 인사기록	경고 통보
견 책	경위서 제출, 인사기록	견책 통보
감 봉	임금 감액	징계 통지
직위해제	직책/직위/직무 일시제한	감사 통보 징계 통지
강 등	직급/직책/호봉 하향 조정	
정 직	출근 정지, 임금지급 중지	
해 고	퇴사, 면직	

(4) 징계의 목적 및 효과

어떤 조직이라 할지라도 정해진 규칙과 규정을 지키지 않는 자는 소수의 구성원이다. 그렇다 할지라도 성실하게 근무하는 다수의 구성원들은 소수의 구성원의 불미스러운 일로 말미암아 조직의 질서가 깨지고, 종업원의 사기(士氣)가 저하되고, 조직과 개인의 목표를 달성하는 데 어려움을 겪게 된다. 따라서 조직(회사)은 이러한 역기능(逆機能)을 억제할 필요가 있고, 징계를 통해 어떤 효과를 기대하기에 징계(懲戒) 처분을 내리는 것이다. 회사에서는 다음과 같은 효과를 기대하고 징계를 내린다.

- 예방효과 : 더 이상 징계사유에 해당하는 행동을 하지 않을 것이다.
- 저지효과 : 징계를 당하는 것이 불명예스럽다는 것을 인식하고, 더 이상 불법·부당한 행위나 위반행위를 하지 않을 것이다.
- 개선효과 : 위반행위를 하거나 할 낌새가 보이는 종업원을 대상으로 상담을 하고 징계규정에 대한 교육을 하면 사전에 행동을 중단하거나 개선될 것이다.
- 학습효과 : 징계규정을 위반함으로 얻을 수 있는 이익보다 벌칙으로 받는 불이익이 더 크다는 사실을 체험하게 되면 행동에 변화가 올 것이다.

2) 업무흐름도 및 내용

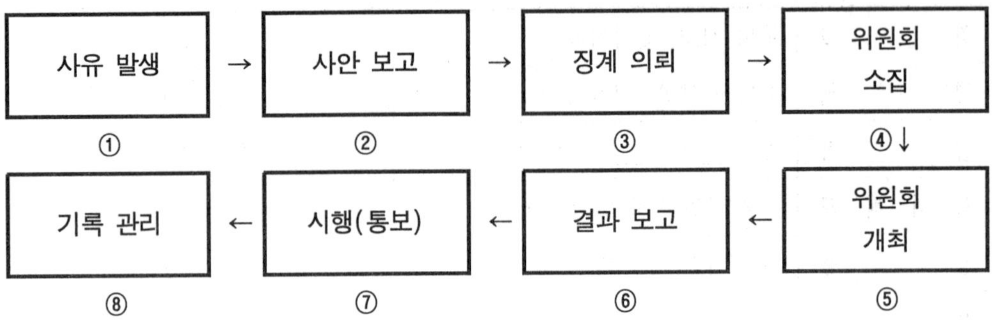

① 사유 발생 : 규정에 의한 징계 사유 발생
- 사고보고서 작성

② 사안 보고 : 사고보고서 사장/이사에게 보고
- 사고보고서 제출 및 사안 보고
- 필요시에는 대상자의 부서장이 보고
- 징계위원회 개최 여부 결정

③ 징계 의뢰 : 사장/이사 지시에 의하여 징계위원회에 징계 심의 의뢰

④ 위원회 소집 : 징계위원회 소집 통보
- 인사(징계)위원회 위원에게 소집 통보
- 징계위원회 자료 작성 : 자료 작성시 관련된 사고에 대한 징계기준을 제시하여 과중 또는 과소한 징계가 되지 않도록 해야 함

⑤ 위원회 개최 : 징계위원회 개최
- 위원 과반수(의사정족수) 참석으로 개회
- 참석위원 과반수(의결정족수) 찬성으로 의결
- 사고 내용에 대한 징계수준을 규칙으로 제정할 필요가 있음
- 과중(過重)한 처벌은 효력이 없음(당근과 채찍)
- 징계위원회 심사 중 대상자 본인에게 반드시 소명의 기회를 제공해야 함

⑥ 결과 보고 : 징계위원회 개최 결과 보고 및 집행
- 징계위원회 결과를 사장에게 보고(의결서 및 심사자료 첨부)
- 사장은 결과를 조정할 수 있음
- 결재에 의하여 징계 집행

⑦ 시행(통보) : 징계 결과(결정 내용)를 대상자에게 통보
- 불복(不服)시 재심 요청 : 재심의(재심) 및 불필요시 기각(棄却)

⑧ 기록 관리 : 징계 결과 및 집행 사실을 기록 관리(인사 D/B)

3) 산출물(실습할 서식)

- 사고보고서
- 소집통보서
- 징계심사 자료
- 결과보고서
- 결과통보서

쉼터(32) 내방객 응대(2) - 약속이 되어 있지 않은 내방객

- ㅇ 상사의 취향을 먼저 파악하여 방문객 선별 원칙을 정해 놓고 응대한다.
- ㅇ 방문객이 입구에서 서성이고 있을 때는 방문객 쪽으로 다가가서 친절하게 응대한다.
- ㅇ 안내해도 좋을지 판단이 서지 않는 방문객에게는 가급적이면 상사의 집무실에서 떨어진 곳에서 응대하되, 상사의 재실 여부를 알려주지 않는다.
- ㅇ 소속, 이름, 용건을 공손하게 묻는다. 상사에게 방문객의 명함 또는 소속과 이름이 적힌 메모를 건네며 내방객의 방문을 알리고 상사의 지시에 따른다.
- ㅇ 상사의 면담 허락을 받지 않는 상황에서는 방문객에게 면담 가능성의 확신을 주지 않도록 신중을 기한다.
- ㅇ 방문객이 자신의 신분을 밝히기를 거부할 때도 끝까지 침착하게 예의를 갖추도록 하고, 캐묻는 식의 말투로 방문객에게 불쾌감을 주지 않도록 한다.

쉼터(33) 내방객 응대(3) - 내방객 전송

- ○ 내방객이 업무를 마치고 돌아갈 때는 하던 일을 멈추고 손님을 전송한다.
- ○ 손님의 물품(코트, 우산 등)을 보관하였으면 잊지 말고 미리 준비하였다가 전한다.
- ○ 손님과 상황에 따라서 어디에서 배웅인사를 할지 정한다.
- ○ 손님이 보이지 않을 때까지 배웅자세를 유지한다.

Q. 상사와 오전 10시에 면담 예약이 된 새우전자의 강호동 전무님이 방문하였다. 다음 대화문을 적절하게 완성하시오.

비 서 : 안녕하세요? 새우전자 강호동 전무님이시죠?
내방객 : 네, 안녕하세요.
비 서 : ______________________________
내방객 : 네, 감사합니다.

비 서 : 사장님, ______________________________
사 장 : 안으로 모시세요.
비 서 : 네, 알겠습니다.

비 서 : 강 전무님, 기다려 주셔서 감사합니다. ______________________________
비 서 : (사장실로 안내하고) 차는 커피와 녹차가 준비되어 있습니다.
____
내방객 : 녹차로 주세요.
비 서 : 네 알겠습니다.

제 15 장
구매 및 입찰 업무

1. 일반구매 업무

1) 업무의 개요

회사에서는 영업활동과 투자활동과 관련하여 많은 물품을 구입하게 된다. 구매(購買) 대상 물품으로는 기계/비품/원재료/부품/소모품 등이다. 회사에서 비리(非理)나 부정(不正)이 가장 빈번하게 일어나는 부분이 바로 구매(購買) 및 자재(資材)와 관련된 업무이다. 구매담당자는 항상 더 좋은 품질의 물품을, 더 좋은 조건으로, 더 낮은 가격으로 구매하기 위해 노력해야 하고, 회사에서도 계약(契約)에서부터 검수(檢受)에 이르기까지 부정과 비리가 발생하지 않도록 내부견제 기능을 강화할 필요가 있다.

구매담당은 가능한 한 많은 거래처(공급자)가 참여함으로 저렴한 가격에 구매할 수 있도록 공개입찰(公開入札)을 통하여 물품을 구매하도록 노력해야 한다. 하지만 경우에 따라서는 구매대행사를 통하여 구매를 하는 것이 시간과 비용(원가)을 절감할 수 있는 방법이 될 수도 있다. 본 업무는 후자에 해당하는 경우이다.

2) 업무흐름도 및 업무의 내용

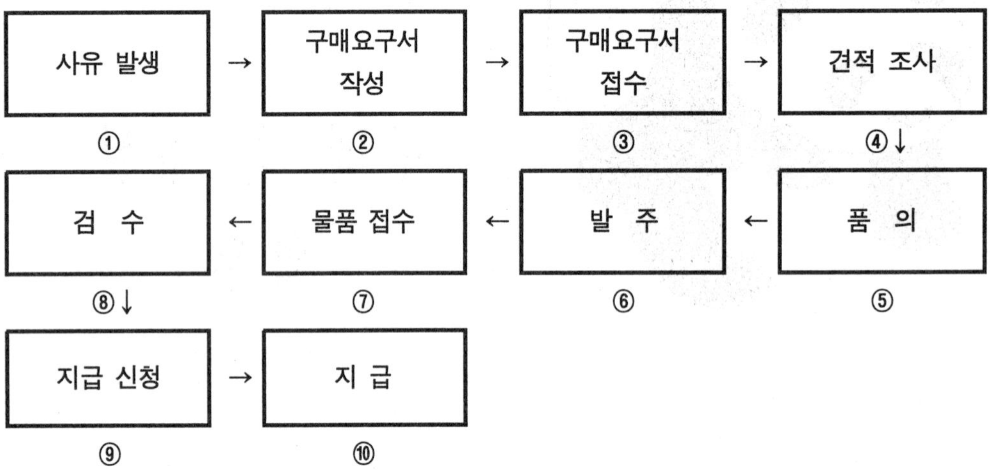

① 사유 발생 : 일반구매 사유에 해당되는 물품 및 용역의 구입계약

> 추정 예정가(豫定價)가 2,000만원 미만이어서 입찰(入札)에 의하지 않고 단순구매(수의계약)에 의해 처리 가능한 일반물품, 용역 (연구용용역 제외) 및 각종 인쇄물을 구입하거나 계약하는 경우

② 구매요구서 작성 : 통합정보시스템에서 구매요구서 작성

통합정보시스템의 [신청관리] → 신청서관리 → 구매요구서 접속 → 구매요구서 작성 → 저장 → 결재 상신 : 구매요구서 화면출력 → 결재선/예산확인, 수신처(구매자산) 지정 후 결재 상신 → 내부결재 후 자동으로 총무과(자재구매과) 이송

③ 구매요구서 접수 : 통합정보시스템의 구매요구서 접수 확인

- 통합정보시스템의 → 구매관리 → 추진품의현황 조회에서 요구서 접수
- 구매요구서 접수 확인 후 2,000만원 이상이면 입찰, 미만이면 견적조사

④ 견적조사 : 3개 업체 이상을 대상으로 견적 조사

- 업체를 무작위(無作爲)로 추출하여 견적조사 실시
- 적격업체 및 1차 가결정(假決定)

⑤ 품의 : 통합정보시스템에서 구매추진 품의

- 구매요구서, 견적서 등을 첨부하여 결재 상신
- 단가에 따른 결재선 : 500만원 미만 부정전결, 이상은 사장 결재

통합정보시스템 [구매관리] → 품의서 작성 → 저장 → 구매추진 품의서 화면 출력 → 결재선 지정 → 결재 상신

⑥ 발주 : 구매추진 품의 결재 완료 후 유선으로 발주(發注)

- 납품일 지정, 지체상금 등 계약서에 명기

⑦ 물품 접수 : 구매 신청한 물품 접수(납품)

- 전자세금계산서 등 확인

⑧ 검수 : 수량. 품질, 납기 등 확인

- 검수조서 작성 : 업무담당자가 검수조서를 작성하여 구매요구자에게 검수 요청

통합정보시스템 [구매관리] → 검수조서 작성 → 구매요구자에게 검수 요구 → 구매요구자 검수서 작성 후 결재 상신 → 내부결재 후 검수서 총무과로 이송 → 구매담당자 확인 → 자산담당에게 검수서 도착 → 자산등록

⑨ 지급 신청 : 물품대금 지급신청서 작성하여 물품대금 신청
- 지급 신청시 첨부 서류 : 구매요구서, 구매품의서, 검수서
- 지급할 대금이 일정 금액(예, 100만원) 이상이면 반드시 사장/이사 결재

⑩ 지급 : 물품대금 지급(가급적 계좌이체)
- 지출결의서 작성 및 결재
- 계좌이체 영수증, 송금확인서 등 정리

3) 산출물(실습할 서식)

- 구매요구서
- 견적서
- 구매추진품의서
- 세금계산서
- 검수조서
- 지급신청서, 지출결의서

쉼터(34) 내방객 응대(4) - 방문객 안내

○ 방문객의 우측 대각선 방향에서 방문객보다 두서너 걸음 앞에서 보조를 맞춘다.
○ 안내를 할 때는 눈과 입, 어깨, 손을 동시에 사용한다. 손은 가지런히 펴고, 엄지손가락은 붙이고, 손바닥을 위로 하여 허리 위치에서 가고자 하는 방향을 가리킨다.
○ 복도의 구부러진 곳이나 계단에 이르렀을 때에는 발걸음을 늦추고 돌아보며 걷는다.
○ 찾기 힘든 부서에 내방객 혼자서 가게 할 경우에는 간단한 약도를 그려 준다.
○ E/V를 타기 전에 먼저 "○층입니다." 하고, 내리는 층을 알려준다.
○ E/V 승무원이 있을 경우에는 손님이 먼저 타고 내리지만, 승무원이 없을 경우에는 비서가 먼저 탄 뒤 손님이 타는 동안 문이 갑자기 닫히지 않도록 '열림' 버튼을 누르고 있다가 목적 층을 누른다. 내릴 때는 손님이 먼저 내리도록 한다.
○ E/C에서는 올라갈 때와 내려갈 때 모두 손님을 먼저 타게 하고, 뒤에서 안내한다.

[표 15-1] 시운전완료보고서

<table>
<tr><td colspan="8">시운전완료보고서</td></tr>
<tr><td>발 주 처</td><td colspan="2"></td><td colspan="2">발주일자</td><td colspan="3">201×년 월 일</td></tr>
<tr><td>제 조 처</td><td colspan="2"></td><td colspan="2">입고일자</td><td colspan="3">201×년 월 일</td></tr>
<tr><td>설 비 명</td><td colspan="2"></td><td colspan="2">설치기간</td><td colspan="3">201×. . .~ . .(일)</td></tr>
<tr><td>설비대수</td><td colspan="2"></td><td colspan="2" rowspan="2">입 회 자</td><td>소속</td><td colspan="2"></td></tr>
<tr><td>설치방법</td><td colspan="2">자체 ( ) 외부의뢰 ( )</td><td>이름</td><td colspan="2"></td></tr>
<tr><td rowspan="2">NO</td><td rowspan="2">사양 및 규격</td><td rowspan="2">수 량</td><td colspan="2">판 정</td><td rowspan="2" colspan="2">요 구 사 항
및
조 치 내 용</td><td rowspan="2">비 고</td></tr>
<tr><td>양 호</td><td>불 량</td></tr>
<tr><td></td><td></td><td></td><td></td><td></td><td colspan="2"></td><td></td></tr>
<tr><td colspan="2">최 종 설 치 시 운 전
완 료 일 자</td><td colspan="6">201×년 월 일</td></tr>
<tr><td colspan="2">설 치 장 소</td><td colspan="6"></td></tr>
<tr><td colspan="8">□ 특기사항
유지보수 및 기타 문제 발생 시는 계약서에 준하여 시행하기로 함.</td></tr>
<tr><td colspan="8">상기와 같이 최종 설치 및 시운전을 완료하였음을 확인합니다.

201×년 ×월 ×일

우리정공(주) 공장장/이사 김 대 한 ㊞</td></tr>
</table>

[표 15-2] 설비(물품) 대금 신청시 구비서류

계 약 명			발 주 품 명	
자 산 번 호			발 주 수 량	
업 체 명			발 주 금 액	
NO	구비서류	구분	첨부 여부	비 고
1	(전자)세금계약서	원본		
2	(전자)계산서	원본		
3	계약품의서	원본		
4	구입품의서	원본		
5	견적서	원본		
6	계약이행보증보험증권	원본		
7	선급금보증보험증권	원본		
8	하자이행보증보험증권	원본		
9	검수완료보고서	원본		
10	설비인수인계서	원본		
11	설비이력카드	원본		
12	기타특약사항			
	1) 도면	원본		
	2) 카타로그	원본		
	3) 구매사양서	원본		
	4) 사용인감계	원본		
	5) 인감증명서	원본		
	6) 예금통장	사본		
	7) 국세완납증명서	원본		
	8) 사업자등록증명원	원본		
	9) 어음할인약정서	원본		
13	결제(VAT포함)			
	1) 결제수단			
	2) 기지급액			
	3) 금회 지급액			
	4) 결제일			
	5) 잔금			
특 기 사 항				

2. 입찰구매 업무

1) 업무의 개요

입찰(入札 tender)이란 공사의 도급(都給)이나 물자(物資)/물품(物品)의 매매계약 체결에 있어 다수의 신청희망자로부터 각자의 낙찰(落札)희망 예정가격을 기입한 신청서를 제출토록 하고[입찰], 그 중에서 가장 유리한 내용, 일반적으로 도급 예정가역이나 판매가격이 최저가격 또는 구매가격이 최고가격인 입찰자를 낙찰자(落札者)로 하여 계약을 체결하는 방식이다.

입찰에 의한 계약체결은 매매행위나 도급계약에 있어 공정을 기한다는 취지에서 실시되는 것으로서, 정부기관/공공기관/일반대기업의 매매행위나 도급의 계약체결에서 실시되는 것이 상례(常例)로 되어 있다. 입찰에 있어 특정인만을 참여하게 하느냐 아니면 많은 사람에게 자유로이 참여하게 하느냐에 따라 **지명경쟁입찰(指名競爭入札)**과 **일반경쟁입찰(一般競爭入札)**로 구분한다. 어느 경우든 사전에 정부(조달청)에서 제시한 **조달가격(調達價格)**을 확인할 필요가 있다.

그리고 매매(賣買), 대차(貸借), 도급(都給) 등을 계약할 때 경매(競賣)나 입찰(入札) 등의 방법에 의하지 않고 적당한 상대방을 임의로 선택하여 맺는 계약을 **수의계약(隨意契約)**이라 한다. 일반경쟁입찰이 불리하다고 인정되는 경우, 계약의 목적이나 성질이 경쟁에 적합하지 아니한 경우, 경매나 입찰이 성립되지 아니한 경우, 계약목적의 가액이 소액인 경우 등 특별한 경우에는 지명경쟁입찰 또는 수의계약으로 계약한다.

따라서 입찰을 통하여 물품을 구매하거나 공사를 발주하기 위해서는 업무담당자가 적어도 시장조사를 통하여 그리고 조달청에서 제시한 조달가격을 통하여 사전에 물품가격이나 공사금액을 확인해야 한다. 그리고 입찰공고를 위한 업무의 흐름을 파악하고 구매요구부서의 업무에 차질이 생기지 않도록 다음 내용을 점검할 필요가 있다.

- 구매요구서는 적절하고 정당하게 작성되었는가?

- 예정가격을 산출하기 위한 자료는 준비하였는가?
- 입찰공고를 내고 발주하기까지의 시간은 충분한가?
- 구매한 물품대금이나 나 공사대금을 지급할 자금흐름은 괜찮은가?

2) 업무흐름도 및 업무의 내용

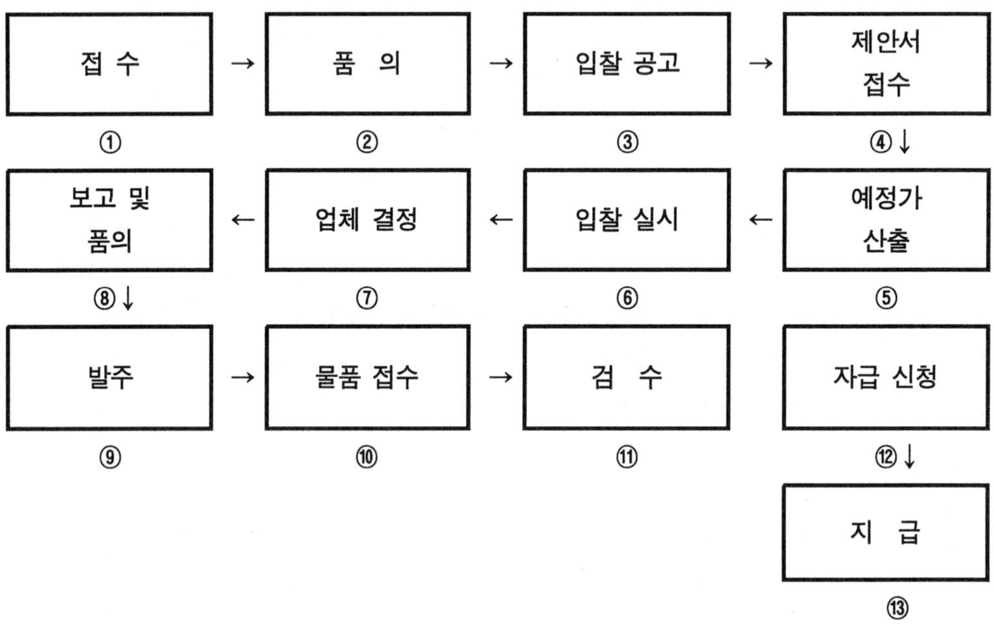

① 접수 : (내자)구매요구서 접수

② 품의 : 입찰추진 품의서 작성

- (내자)구매요구서에 의한 내용을 통합정보시스템에 입력 : [구매관리] → 입찰추진품의서에 입력
- 입찰 공고문을 작성하여 첨부물로 첨부
- 입찰방법 결정 : 일반경쟁입찰, 제한경쟁입찰, 지명경쟁입찰

③ 입찰공고 : 결재 완료 후 입찰공고

- 신문/게시판/홈페이지 등에 입찰공고

• 예정된 일정에 맞추어 설명회 실시

④ 제안서 접수 : 제안서(견적서) 접수 및 평가
• 적격업체 선정(구매요구부서에 의뢰)
• 제안서 제출시 구비서류도 함께 제출토록 조치

⑤ 예정가 산출
• 조달가격 및 원가분석을 통한 예정가격 산출
• 구매담당자는 조달가격, 견적서, 물가시세(시장가격), 소비자가(인터넷가격) 등을 파악하여 예정가격 산출 → 절대보안사항, 유출시 징계사유

⑥ 입찰실시 : 입찰종류별로 업체선정 방법이 다름에 유의

⑦ 낙찰업체 결정

○ 일반입찰(一般入札) : 예정가격 이하 유효 최저가
○ 제한입찰(制限入札) : 기술력, 가격 등 회사의 요구수준을 충족한 적격업체 선정
○ 수의계약(隨意契約) : 수의계약 또는 단독입찰에 의한 가격조정

⑧ 보고 및 품의 : 입찰 결과 보고 및 구매 추진을 위한 품의서 작성
• [구매관리시스템]의 [입찰/계약체결보고서] 접속하여 입찰 결과 입력
• 계약서 표지 출력
• 계약서 세부내력 수기(手記)로 작성
• 계약체결 : 수입인지 부착
• 업체로부터 계약이행보증증권 수령
• 구매추진품의서에 계약서 및 증권을 첨부하여 결재

⑨ 발주
• 구매추진 품의 결재 완료 후 유선으로 발주
• 납품일 지정(지체상금 명기)

⑩ 납부 물품 접수 : 구매 신청한 물품 접수(납품)

• 전자세금계산서 등 확인

⑪ 검수 : 납부 물품 검수
• 수량, 품질, 납기 등을 확인하여 검수조서 작성
• 업무담당자가 검수조서를 작성하여 구매요구자에게 검수 요청

통합정보시스템 [구매관리] → 검수조서 작성 → 구매요구자에게 검수 요구 → 구매요구자 검수서 작성 후 결재 상신 → 내부결재 후 검수서 총무과로 이송 → 구매담당자 확인 → 자산담당에게 검수서 도착 → 자산등록

⑫ 지급 신청 : 물품대금 지급 신청
• 지급신청서 작성 : 첨부문서 확인할 것

○ 구매요구서 ○ 구매품의서 ○ 검수서

• 대금 지급 전 예금 시재 및 자금 흐름 파악

⑬ 지급 : 물품대금 지급(가급적 계좌이체)
• 지출결의서 작성 및 결재
• 계좌이체영수증, 송금확인서 등 정리

3) 산출물(실습할 서식)

• 구매요구서, 입찰추진품의서
• 입창공고문
• 제안서, 견적서
• 예정가격산출서
• 입찰서
• 구매추진품의서, 계약서, 이행증권
• 전자세금계산서, 세금계산서, 계산서
• 검수조서, 지급신청서, 지출결의서

[표 15-3] 표준계약서

<table>
<tr><td colspan="6">표 준 계 약 서</td></tr>
<tr><td colspan="3">계 약 번 호</td><td colspan="3"></td></tr>
<tr><td colspan="3">계 약 명</td><td colspan="3"></td></tr>
<tr><td colspan="3">계 약 금 액</td><td colspan="3">일금 원정 (₩)</td></tr>
<tr><td colspan="3">계 약 보 증 금</td><td colspan="3">예정가격의 10%</td></tr>
<tr><td colspan="3">계 약 기 간</td><td colspan="3"></td></tr>
<tr><td colspan="3">계 약 이 행 장 소</td><td colspan="3">"갑"의 지정장소</td></tr>
<tr><td colspan="3">지 체 상 금</td><td colspan="3">매 지체 일수당 총계약금액의 2.5/1,000(0.25%)</td></tr>
<tr><td colspan="3">하 자 보 수 기 간</td><td colspan="3">검수 완료 후 ( )개월</td></tr>
<tr><td colspan="3">하 자 보 증 금</td><td colspan="3">계약 금액의 ( )%</td></tr>
<tr><td colspan="6">본 계약은 신의와 성실로써 계약 내용을 준수할 것을 확약하고, "갑"과 "을"이 상호 서명 날인한 날로부터 그 효력이 발생하며, 이를 증명하기 위하여 계약서 2부를 작성하여 각각 1부씩 보관하기로 한다.
201×년 월 일</td></tr>
<tr><td rowspan="6">계 약 자</td><td rowspan="3">갑</td><td>주 소</td><td colspan="3"></td></tr>
<tr><td>상 호</td><td></td><td>전화번호</td><td></td></tr>
<tr><td>대 표 자</td><td colspan="3"></td></tr>
<tr><td rowspan="3">을</td><td>주 소</td><td colspan="3"></td></tr>
<tr><td>상 호</td><td></td><td>전화번호</td><td></td></tr>
<tr><td>대 표 자</td><td colspan="3"></td></tr>
<tr><td>첨 부</td><td colspan="5"></td></tr>
<tr><td>특 기 사 항</td><td colspan="5"></td></tr>
</table>

3. 연구용역계약 업무

1) 업무의 개요

본 업무는 회사에서 신제품이나 신기술 개발에 적용할 기술, 디자인, 성능시험 등을 외부 기관(업체)에 맡기는(위탁하는) 경우에 외부기관과의 연구용역계약과 관련된 업무를 처리하는 내용이다. 회사에서 필요로 하는 기술, 감당할만한 자금, 연구용역을 발주할 업체에 대한 업계의 평판이나 신뢰성 등을 감안하여 업체를 선정하고, 계약을 체결하고, 연구용역비를 지급하기까지의 업무를 수행한다.

2) 업무흐름도 및 업무의 내용

연구기관 선정 ① → 계약체결 통보 ② → 계 약 ③ → 지 급 ④

① 연구기관 선정 : 부서간 협의 후 연구용약을 발주할 업체 선정

② 계약체결 통보 : 계약일자 및 구비서류 등을 용역업체에 통보

③ 계약 : 계약체결 품의 후 연구용역 계약체결
- 연구용역계약서 작성 후 계약서 및 이행보증증권 첨부하여 결재

④ 지급 : 용역비 지급(계약금, 중도금, 잔금)
- 계약 체결과 동시에 선급금 지급(지급요청 및 지급절차 확인)
- 검수 → 용역비 지급요청 → 경리과에 지급 신청

3) 산출물(실습할 서식)

- (연구용역)계약서
- 지급신청서, 지출결의서

제 16 장
경리 업무

1. 결의서 작성/처리 업무

1) 업무의 개요

(1) 지출결의서

지출결의서(支出決議書)는 업무와 관련하여 지출이 예상될 때, 그 예상되는 지출액에 대하여 결재를 받을 때 사용하는 양식(樣式)이다. 지출결의서를 작성해서 결제를 맡은 다음 실제로 지출이 일어나면 그에 대한 증빙(證憑)을 지출결의서에 첨부하여 보관한다. 다시 말하면 지출결의서는 기업의 경영활동 중 수익(收益)을 목적으로 지출하는 현금흐름(유출)과 관련하여 자금 관리부서에 자금 사용을 허락 받고, 출납 승인 및 지출에 대한 증빙서류이다. 지출결의서는 의무적으로 작성하는 것은 아니며, 회사의 자금을 통제하는 용도로 사용된다. 지출사유 발생시 지출을 사전에 승인을 요청하는 내부통제, 올바른 회계처리를 위한 기초자료, 대표자나 경영진의 적절한 자금집행 등에 필요한 서식으로, 그 지급 대상에 따라 다양한 종류가 있다.

- 급여/경비/접대비 지출결의서
- 비품/물품 지출결의서

(2) 수입결의서

수입결의서(收入決議書)는 금전(현금)의 수입이 발생하는 경우 사전에 승인을 요청하는 기업의 내부관리 목적으로 작성하는 서류로서 정형화된 양식(樣式)은 없다. 작성부수, 판매품목, 거래처, 입금예정일 등을 기재한다. 수입결의서는 회사에서 발생하는 수입에 대한 결의 내용을 기록하고 수입 내역과 관련된 증빙서류를 첨부하여 결재를 받아야 한다. 회사에 금전이 입금(入金)되는 유형은 제품이나 상품의 판매대금이 주류를 이르고 있기에 수입내역, 수입처, 단가, 수량 등을 기재할 수 있도록 구성되어 있다.

2) 업무흐름도 및 업무의 내용

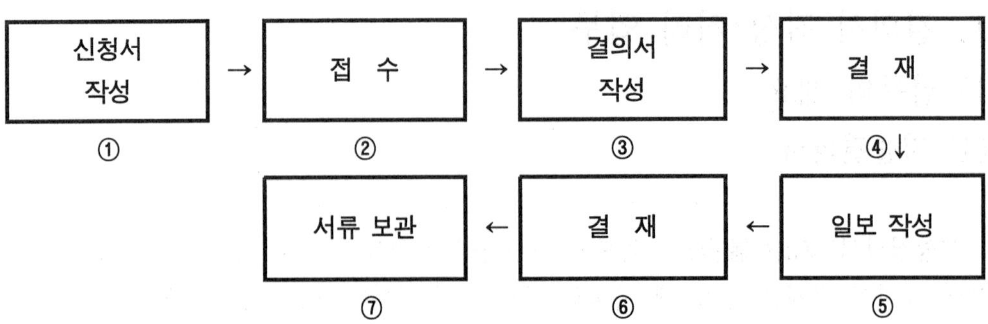

① 신청서 작성 : 수입/지급/가지급신청서 작성

통합정보시스템 [신청관리] → [수입/지급/가지급신청서] 접속 → 신청서 작성 → 저장 → 결재 상신 : 신청서 화면에 출현 → 확인 후 이상 없을 시 결재선/협조선/수신처 지정 후 결재 상신

• 신청자 서명 후 예산통제 전결권자 결재를 거쳐 경리과/총무과로 이송됨

② 접수 : 경리과/총무과 문서수신함에서 문서 접수(출납담당)

③ 결의서 작성 : 기업회계기준 및 회계처리 규정에 따라 결의서 작성

통합정보시스템 [회계관리] → 신청서 조회 접속 → 신청된 목록 출현 → 상태항목에 결재 완료가 된 신청서 중 당일 지급할 항목 선택 → 결의서에 등록(결의서 작성) → 결의서 화면 출현

④ 결재 : 결의서의 [결재상신] 버튼을 클릭하여 결재 상신
• 회계담당을 경유하여 경리과장/총무과장 전결 처리
• 공용문서함에 결의서 저장 → 출납담당이 접수하여 자금 집행

⑤ 일보 작성 : 현금일보 및 예금일보 작성

통합정보시스템 [회계관리] → [현금/예금일보 작성] 접속 → 현금/예금일보 작성 → 저장 → 결재 상신 : 현금일보 화면 출현 → 결재선, 수신처 지정 후 결재 상신

⑥ 결재 : 현금일보/예금일보 결재

⑦ 서류 보관 : 결재된 일보를 출력하여 현금/예금일보철에 보관

3) 산출물(실습할 서식)

• 가지급신청서, 지급신청서, 수입신청서, 수입결의서
• 지출결의서, 현금/예금일보
• 현금/예금일보철

[표 16-1] 지출결의서(1)

<table>
<tr><td colspan="3" rowspan="2">지출결의서</td><td rowspan="2">결
재</td><td>담당</td><td>과장</td><td>부장</td><td>이사</td><td>사장</td></tr>
<tr><td></td><td></td><td></td><td></td><td></td></tr>
<tr><td>성 명</td><td colspan="2"></td><td>부서</td><td colspan="2"></td><td>직위</td><td colspan="2"></td></tr>
<tr><td>지출금액</td><td colspan="8">일금 : 원정(₩)</td></tr>
<tr><td>제 목</td><td colspan="8"></td></tr>
<tr><td rowspan="10">내 역</td><td colspan="3">적요(산출근거)</td><td colspan="3">금 액</td><td colspan="2">비 고</td></tr>
<tr><td colspan="3"></td><td colspan="3"></td><td colspan="2"></td></tr>
<tr><td colspan="3"></td><td colspan="3"></td><td colspan="2"></td></tr>
<tr><td colspan="3"></td><td colspan="3"></td><td colspan="2"></td></tr>
<tr><td colspan="3"></td><td colspan="3"></td><td colspan="2"></td></tr>
<tr><td colspan="3"></td><td colspan="3"></td><td colspan="2"></td></tr>
<tr><td colspan="3"></td><td colspan="3"></td><td colspan="2"></td></tr>
<tr><td colspan="3"></td><td colspan="3"></td><td colspan="2"></td></tr>
<tr><td colspan="3"></td><td colspan="3"></td><td colspan="2"></td></tr>
<tr><td colspan="3">합계금액</td><td colspan="3"></td><td colspan="2"></td></tr>
<tr><td colspan="9">위 금액을 청구하오니 결재 바랍니다.

201×년 월 일

영수인 : (인)</td></tr>
</table>

[표 16-2] 지출결의서(2)

지출결의서	결재	담 당	과 장	부 장	이 사	사 장

지출금액	일금 : 원정(₩)

상기 금액을 다음과 같이 지출하고자 하오니 결재하여 주시기 바랍니다.

계정과목	적 요	금 액	통장인출	예금주	계좌번호	비 고
합계금액						

201×년 월 일

담당자 : (인)

[표 16-3] 수입결의서(1)

수입결의서	결재	담 당	과 장	부 장	이 사	사 장

다음과 같이 수입하고자 합니다.

금 액	일금 : 원정(₩)
계 정 과 목	항 : 목 :

수 입 내 역	수 입 처	금 액
합계금액		

201×년 월 일

담당자 : (일)

[표 16-4] 수입결의서(2)

<table>
<tr><td colspan="3" rowspan="2">수입결의서</td><td rowspan="2">결
재</td><td>담 당</td><td>과 장</td><td>부 장</td><td>이 사</td><td>사 장</td></tr>
<tr><td></td><td></td><td></td><td></td><td></td></tr>
<tr><td colspan="9">다음과 같이 수입하고자 하오니 결재하여 주시기 바랍니다.</td></tr>
<tr><td>작 성 자</td><td></td><td>소속부서</td><td colspan="3"></td><td>작성일자</td><td colspan="2"></td></tr>
<tr><td>수입금액</td><td colspan="8">일금 : 원정(₩)</td></tr>
<tr><td>계정과목</td><td colspan="8">항 : 목 :</td></tr>
<tr><td>수입일자</td><td>수 입 내 역</td><td>수 입 처</td><td>단 가</td><td>수 량</td><td>수입금액</td><td>비 고</td></tr>
<tr><td></td><td></td><td></td><td></td><td></td><td></td><td></td></tr>
<tr><td></td><td></td><td></td><td></td><td></td><td></td><td></td></tr>
<tr><td></td><td></td><td></td><td></td><td></td><td></td><td></td></tr>
<tr><td></td><td></td><td></td><td></td><td></td><td></td><td></td></tr>
<tr><td></td><td></td><td></td><td></td><td></td><td></td><td></td></tr>
<tr><td></td><td></td><td></td><td></td><td></td><td></td><td></td></tr>
<tr><td></td><td></td><td></td><td></td><td></td><td></td><td></td></tr>
<tr><td colspan="5">합계금액</td><td></td><td></td></tr>
<tr><td colspan="7">201×년 월 일

담당자 : (인)</td></tr>
</table>

2. 가지급정산서 작성/처리 업무

1) 업무의 개요

본 업무는 **가지급금(假支給金)**에 대한 정산업무이다. 대표이사나 종업원 등에게 지급한 가지급금을 비롯하여 가수금, 인출금, 현금과부족 등 가계정(假計定)에 대해서는 빠른 정리와 정확한 회계처리가 요구된다. 따라서 가지급된 금액의 용처 및 집행 결과를 알아보고 금액이나 계정과목이 확정되었으며 즉시 정산을 해야 한다.

대표이사에게 지급된 가지급금에 대하여 사용처 및 요도가 불분명한 경우에는 단기대여금a/c으로 처리해야 한다. 그리고 종업원의 출장시 여비 명목으로 개산(概算) 지급한 가지급금에 대해서는 출장이 종료된 즉시 출방복명서와 함께 자금(가지급금) 집행 내용을 확인하여 정산해야 한다.

2) 업무흐름도 및 업무의 내용

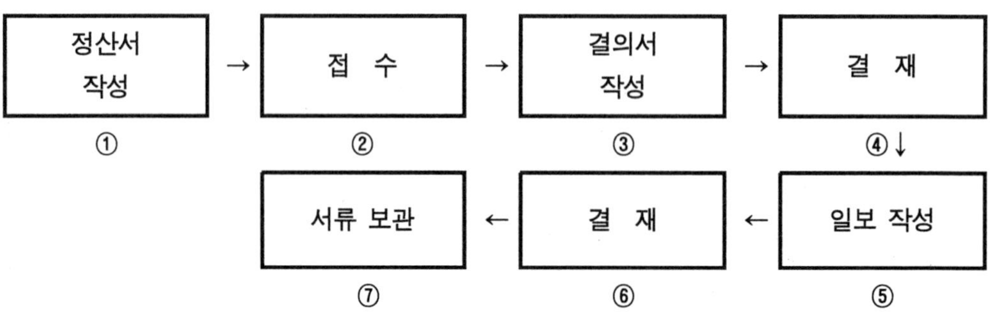

① 정산서 작성 : 가지급 사유 종료 즉시 가지급정산서 작성

통합정보시스템 [신청관리] → 가지급정산서 접속 → 정산 시작 → 저장 → 결재 상신 : 가지급정산서 화면 출현 → 이상 없으면 결재선 및 협조선 지정하고 결재 상신

• 정산자 서명 후 예산확인 및 서류 경리과/총무과로 이송

② 접수 : 경리과/총무과 수신문서함에서 출납담당이 문서 접수

- 출납담당이 전결처리

③ 결의서 작성

- 가지급금 보다 잔액이 남는 경우 입금 처리(수입결의서)
- 가지급금 보다 추가비용이 발생된 경우 : 추가비용 금액 및 발생 사유 기재 후 추가비용 지급(지출결의서)

④ 결재 :(수입/지출)결의서 결재 상신

- 결의서의 결재 상신 버튼을 클릭하면 결재 상신됨
- 회계담당을 경유하여 경리과장/총무과장 전결처리
- 공용문서함에 결의서 저장
- 출납담당이 접수하여 자금 집행

⑤ 일보 작성 : 현금일보 및 예금일보 작성

통합정보시스템 [회계관리] → 현금/예금일보작성 접속 : 현금/예금일보작성 → 저장 → 결재 상신 : 현금/예금일보 화면 출력 → ◦결재선, 수신처 지정 후 결재 상신

⑥ 결재

- 경리담당 → 경리과장/총무과장 → 부장 → 이사 → 사장(대표이사)결재를 거친 후 공용문서함에 저장됨

⑦ 서류 보관 : 결재된 일보를 출력하여 현금/예금일보철에 보관

3) 산출물(실습할 서식)

- 가지급정산서
- 수입/지출결의서
- 현금/예금일보
- 현금/예금일보철

3. 소득세(예수금) 납부 업무

1) 업무의 개요

(1) 원천징수제도의 의의

본 업무는 급여 지급시 근로자로부터 **원천징수(源泉徵收)**한 근로소득세를 세무서에 납부하는 업무이다. 근로자(종업원)에게 급여를 지급하는 사업주는 급여(소득)를 지급할 때 부양가족 수 등을 감안하고 소정의 세율[기본세율]을 적용한 **간이세액표(簡易稅額表)**에 의해 계산한 근로소득세를 당해 소득(급여)에서 직접 징수(徵收)하여 정부(국세청·세무서)에 납부(納付)해야 하는데, 이것을 **원천징수(源泉徵收)**라고 한다. **원천징수제도(源泉徵收制度)**를 도입한 목적은 다음과 같다.

- 소득의 발생원천에서 원천징수함으로 탈세(脫稅)를 방지할 수 있다.
- 조세(租稅) 수입의 조기 확보 및 정부 재정수입의 평준화를 기할 수 있다.
- 원천징수의무자(사업주)가 국가를 대신하여 원천징수함으로써 징세비의 절약 및 징수사무의 간소화를 기할 수 있다.

(2) 원천징수세액의 납부

원천징수세액(원천세)은 원천징수일이 속하는 달의 다음 달 10일까지 원천징수 관할세무서, 한국은행 또는 체신관서(우체국)에 납부해야 한다. **원천징수이행상황신고서**도 함께 제출해야 한다. 다만, 상시고용인원이 20인 이하인 원천징수의무자(금융 및 보험업을 영위하는 자 제외)로서 원천징수 관할세무서장에게 신청한 자는 원천징수일이 속하는 반기(1-6월, 7-12월)의 마지막 달의 다음달(7월, 1월) 10일까지 원천징수세액을 납부할 수 있다.

☞ 원천징수세액 반기납부제도

매월 신고·납부하는 원천세를 1년에 2회만 신고·납부하는 제도로서, 영세한 소규모 사업자의 납세의무이행 부담 완화를 통해 납세 협력비용 절감 목적으로 도입되었다. ○ 01-06월분 원천세 : 07월 10일까지 신고·납부 ○ 07-12월분 원천세 : 12월 10일까지 신고·납부

그리고 원천징수의무자가 원천징수세액을 미납부하거나 미달(과소)납부한 경우 **가산세(加算稅)**를 부과한다.

(3) 지급명세서(원천징수영수증) 제출의무

정부는 세금계산서, 계산서 등을 발행하지 않는 거래에 대해 세원(稅源)을 파악하기 위해 지급명세서(지급조서·원천징수영수증) 제도를 시행하고 있다. 소득세법상 **지급명세서(支給明細書)**는 이자/배당/사업/연금/기타/근로/퇴직소득용 지급명세서(지급조서)가 있다. **원천징수의무자(源泉徵收義務者)**인 사업주는 급여(임금·소득) 지급일이 속하는 과세기간의 다음 년도 2월 말일(근로소득, 퇴직소득, 봉사료는 3월 10일)까지 지급명세서(지급조서·원천징수영수증)를 제출해야 한다.

2) 업무흐름도 및 업무의 내용

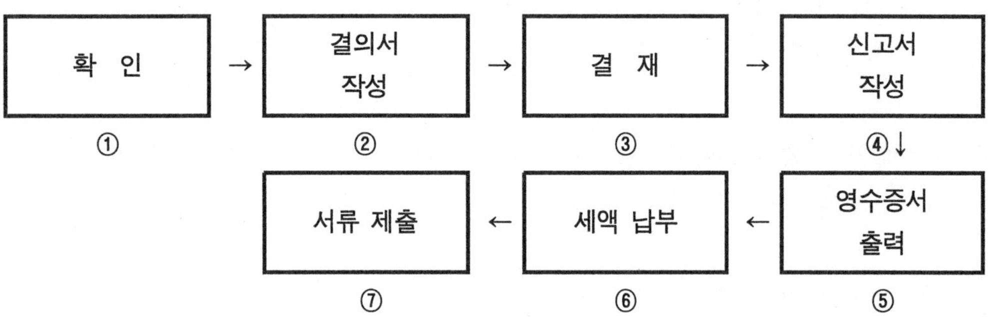

① 확인 : 사원별 원천징수세액 확인 작업
- 정규직, 계약직, 인턴사원, 일용직 인건비 지급시 원천징수한 소득세액
- 기타소득 및 퇴직소득에 대하여 원천징수한 소득세액
- 납부해야할 소득세액 산출

② 결의서 작성 : 지급신청서에 의한 결의서 작성
- 급여 지급시 원천징수한 소득세액 기재

• 기타소득 및 퇴직금 지급시 원천징수한 소득세액 기재

③ 결재 : 경리과장/총무과장에게 결의서 결재 상신

④ 신고서 작성 : 원천징수이행상황 신고서 작성(첨부)

근로소득 귀속년월일, 지급액, 조정환급 세액, 당월 조정환급액, 이월 환급액 등

• 지급조서 제출

⑤ 영수증서 출력 : 국세청에 자료 입력하여 영수증서 출력
• 관할세무서 계좌번호(코드) 및 납세자번호(사업자등록번호) 확인

☞ 국세징수법 시행규칙(별지 제 9호 서식)

○ 영수증서(납세자용) ○ 납부서(수납기관용) ○ 영수필통지서(징수기관용)

⑥ 세액 납부 : 계좌이체(전자납부)
• 관할세무서에 매월 10일까지

⑦ 서류 제출 : 지급조서 및 원천징수신고서 제출
• 관할세무서에 매월 10일까지 제출

3) 산출물(실습할 서식)

• 급여대장
• 결의서
• 지급조서, 지급명세서, 원천징수영수증
• 원천징수이행상황신고서
• 세액(납부)영수증서
• 간이세액표

4. 지방소득세납부 업무

1) 업무의 개요

본 업무는 시·군·구청에서 부과·징수하는 **지방소득세(地方所得稅)** 납부와 관련된 업무이다. 회사에서 납부해야할 지방소득세로는 근로자로부터 원천징수한 근로소득세에 대한 지방소득세, 퇴직근로자로부터 원천징수한 퇴직소득세에 대한 지방소득세, 기타소득세에 대한 지방소득세가 있다. 원천징수한 세액은 다음 달 10일까지 관할 시·군·구청에 납부해야 한다.

또한 2014년부터 지방소득세가 독립세화 되면서 법인세(법인소득세) 과세표준액에 1~2.2%의 차등세율로 법인지방소득세를 납부해야 한다. 법인지방소득세 확정신고는 사업년도 종료일로부터 4개월 내, 연결납부제도를 선택하고 있는 법인은 사업년도 종료일로부터 5개월 내에 사업자 소재지 지방자치단체(시·군·구)에 신고·납부해야 한다.

- 지방소득세는 지방세에 속하는 하나의 독립된 세목이다.
- 지방세의 세목 : 재산세, 취득세, 담배소비세, 도시계획세, 지방소득세, …
- 지방세는 광역시·도 및 시·군·구의 재정(財政)에 귀속된다.

2) 업무흐름도 및 업무의 내용

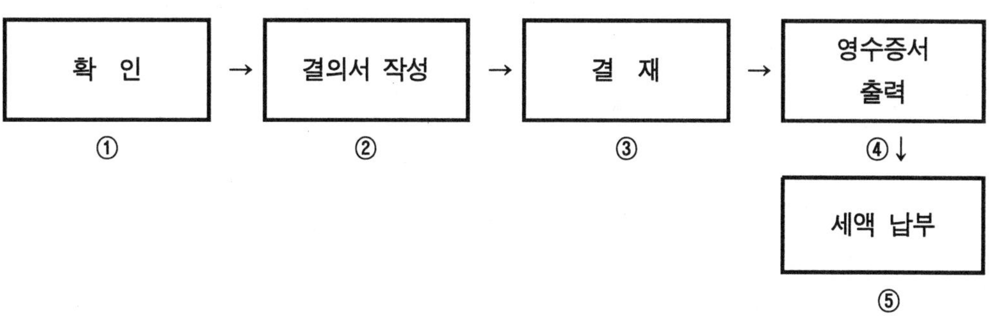

① 확인 : 원천징수세액 확인 작업

- 정규직, 계약직, 인턴사원, 일용직 인건비 지급시 원천징수한 지방소득세액
- 기타소득 및 퇴직소득에 대하여 원천징수한 지방소득세액
- 납부해야할 지방소득세액 산출 : 소득세액의 10%

② 결의서 작성 : 지급신청서에 의한 결의서 작성
- 급여 지급시 원천징수한 지방소득세액 기재
- 기타소득 및 퇴직금 지급시 원천징수한 지방소득세액 기재

③ 결재 : 경리과장/총무과장에게 결의서 결재 상신

④ 영수증서 출력 : 국세청에 자료 입력하여 영수증서 출력
- 인원, 과세표준액, 지방소득세액 등 입력
- 관할세무서 계좌번호(코드) 및 납세자번호(사업자등록번호) 확인

⑤ 세액 납부 : 계좌이체(전자납부)
- 관할세무서에 매월 10일까지

3) 산출물(실습할 서식)
- 급여대장
- 결의서
- 지방소득세 영수증서(납세자용)

5. 급여(임금)지급 업무

1) 업무의 개요

(1) 급여/임금의 의의

본 업무는 종업원에게 급여(임금) 지급과 관련된 업무이다. **급여(給與)** 또는 **임금(賃金)**을 지급해야 할 대상은 정규직, 계약직, 임시직, 일용직, 아르바이트, 기타 일시적으로 고용한 사람 등 다양하다. 급여를 지급함에 있어 반드시 지급하는 급여(소득)에서 세금(소득세), 가불금(단기대여금), 선불금, 건보료, 국민연금, 고용보험료, 노조비, 친목회비 등 공제항목을 확인한 후 지급해야 한다.

급여는 사용자가 근로의 대가로 근로자(종업원)에게 임금, 봉급(俸給), 그 밖에 명칭에 관계없이 지급하는 일체의 금품(金品)을 말한다. 급여 또는 임금은 매월 1회 이상 일정한 날짜를 정하여 지급하여야 하며, 근로자가 사망 또는 퇴직한 경우에는 당사자 간에 지급기일 연장 합의가 없는 한 그 지급사유가 발생한 날로부터 14일 이내에 지급하여야 한다.

[표 16-5] 임금 해당 여부 판단

구 분	수 당	임금여부
직무역량적 금품	기술/자격/면허수당, 특수작업/직책/직무수당, 출납/항공/승무/항해수당, 입갱/생산장려수당, 성과급 성격으로 매월 지급되는 영업수당/판매장려금/판매수당	○
근로환경적 금품	벽지수당, 위험수당, 한냉지근무수당	○
은혜적·호의적 금품	경조금, 위문금 등 임의적・호의적 의미에서 지급되는 금품, QC활동 등에 대한 공로금이나 회사창립일 등 욱일에 호의적으로 지급되는 금품	X
실비변상적 금품	장비・제복・작업복구입비, 작업용품대금, 출장비, 여비, 판공비, 기밀비, 정보비	X
복리후생적 금품	기업의 복지시설물이용, 현물급식제공, 재형저축장려금이나 사보험(민영보험)에 대한 보조금, 학자금, 가족수당	X
기타 금품	해고예고수당(생활권 보장을 위한 부조제도의 변형), 휴업수당(배상책임성)	X

(2) 임금지급 의무

사용자(사업주)는 근로자(종업원)에게 임금을 전액 지급하여야 한다. 손해배상액을 공제(控除)해서는 안 된다. 업무상 과실에 대비한 손해배상액 예정을 금지하고 있다(근기법 제20조). 또한 사용자는 전차금(前借金)이나 그 밖에 근로할 것을 조건으로 하는 **전대채권(前貸債權)**과 임금을 상계하지 못한다(근기법 제21조). 그러므로 사용자는 근로자의 과실(過失)로 말미암은 손해배상은 별도로 청구하여야 한다. 그러나 법령에 따른 근로소득세 등의 공제(원천징수)는 가능하다.

한편 근로자의 귀책(歸責) 사유에 따른 지각·조퇴·결근·휴직 등으로 근로하지 않은 시간(기간)에 대하여는 임금을 지급할 의무가 없다.[(무노동무임금원칙) 또한 임금 계산의 착오(錯誤)나 허위서류 등에 의해 정상금액보다 초과 지급하였을 경우에는 정산(精算) 절차를 거쳐 차액을 반환받거나 임금채권과 상계할 수 있다.

(3) 임금체계

임금체계(賃金體系)는 임금의 구성내용(항목)을 말한다. 임금 항목에는 기본급, 수당, 상여금, 퇴직금이 있다. 종업원들은 자신이 실제로 받는 임금수준 및 회사에서 지급하는 개별임금의 공정성과 관련된 임금체계에 많은 관심을 가지고 있다. 그러므로 회사에서는 임금체계와 관련해서 크게 다음 두 가지 문제에 고민을 한다.

- 어떤 항목으로 임금체계를 구성할 것인가?
- 개별임금격차를 결장하는 기준을 어떻게 설정할 것인가?

① **기본급(基本給)** : 임금의 구성항목 중 가장 중요한 부분으로, 정상근무수당과 함께 **기준임금(基準賃金)**으로 분류되어 상여금과 퇴직금의 산정기준이 된다. 기본급을 결정하는 요인으로는 생계비, 근속연수, 직무가치, 직무수행능력, 자격증취득 등을 들 수 있다. 기본급의 형태는 어느 부분에 중점을 두고 기본급이 결정되는가에 따라 연령급, 근속급, 직무급, 직능급, 연공급(연령급+근속급)으로 구분하며, 각 임금체계에 따라 종업원의 임금격차를 결정하는 기준이 달라진다.

② **수당(手當)** : 근로기준법에서 지급하도록 규정되어 있는 **법정수당(法定手當)**과 법에는 규정되어 있지 않으나 경영자의 판단과 노사협의(勞使協議)에 의해서 정해지는 **임의수당(任意手當)**이 있다. 이러한 수당은 크게 **정상근무수당(正常勤務手當)**과 **특별근무수당(特別勤務手當)**으로 구분할 수 있다. 정상적인 근무와 관련된 정상임금수당은 **기준임금(基準賃金)**에 포함시키고, 특별근무와 관련된 특별근무수당은 **기준외임금(基準外賃金)**에 포함시키고 있다.

- 정상근무수당 : 직책수당, 특수직무수당, 특수근무수당, 기능수당, …
- 특별근무수당 : 초과근무수당, 당직수당, 숙직수당, 교체수당(교대수당), …

③ **상여금(賞與金)** : 인센티브(incentive) 또는 보너스(bonus)로 불리는 상여금은 근로자에게 기본급과 수당 이외에 부정기적(不定期的)으로 지급되는 임금으로, 본래의 의미는 직무의 초과달성 또는 근무의욕을 북돋우고자 할 때 촉매제의 일환으로 지급하는 항목이다. 그러나 우리나라에서는 상여금이 거의 정기적으로 지급되어 통상임금의 범주에 포함되고 있다.

[그림 16-1] 임금체계의 구성

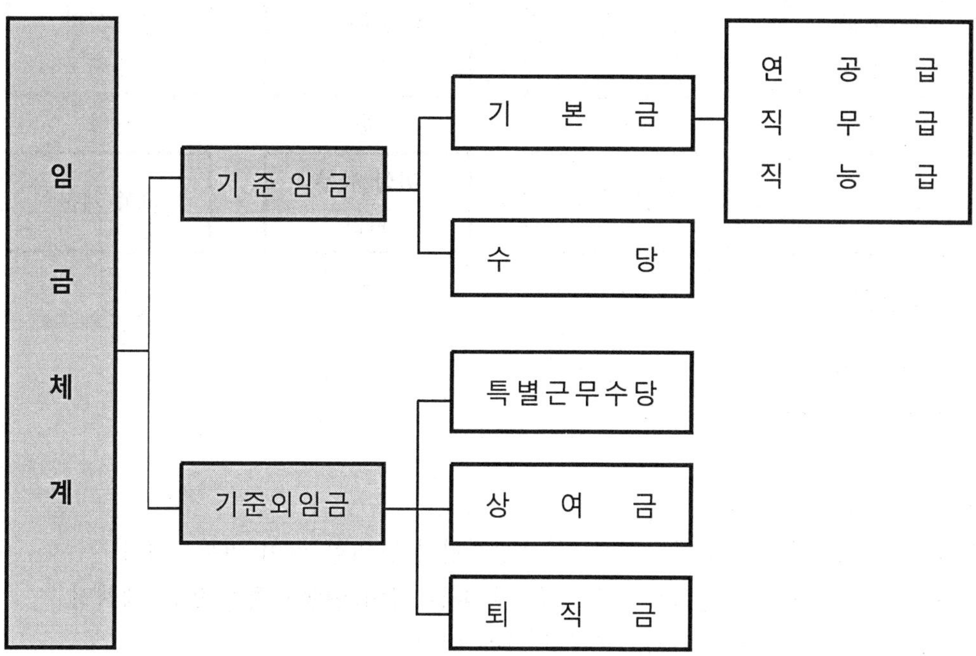

(4) 임금대장

사용자는 사업장별로 **급여대장(給與臺帳)** 또는 **임금대장(賃金臺帳)**을 작성하고, 임금과 가족수당 등의 계산의 기초가 되는 사항, 임금액, 그 밖에 대통령령으로 정하는 사항을 임금을 지급할 때마다 작성해야 한다(근기법 제48조). 급여는 정해진 지급일자에 지급될 수 있도록 하며, 반드시 근로자에게 급여 지급에 대한 영수증이나 지급내역서를 통해 정확한 지급 금액과 지급 사실을 알릴 의무가 있다.

회사에서도 급여 지급에 관한 사실과 내용을 근거로 남겨두기 위해 별도의 문서를 작성하는데, 이 문서를 「급여대장」 또는 「임금대장」이라고 한다. 급여대장에는 근로자의 기본정보사항, 기본급, 수당, 공제금액 등이 기록된다. 임금대장을 작성하지 않으면 어떻게 될까? 1차 30만원, 2차 50만원, 3차 1백만원의 과태료(過怠料) 처분을 받을 수 있다(근기법 제116조 제1항 제2호).

2) 업무흐름도 및 업무의 내용

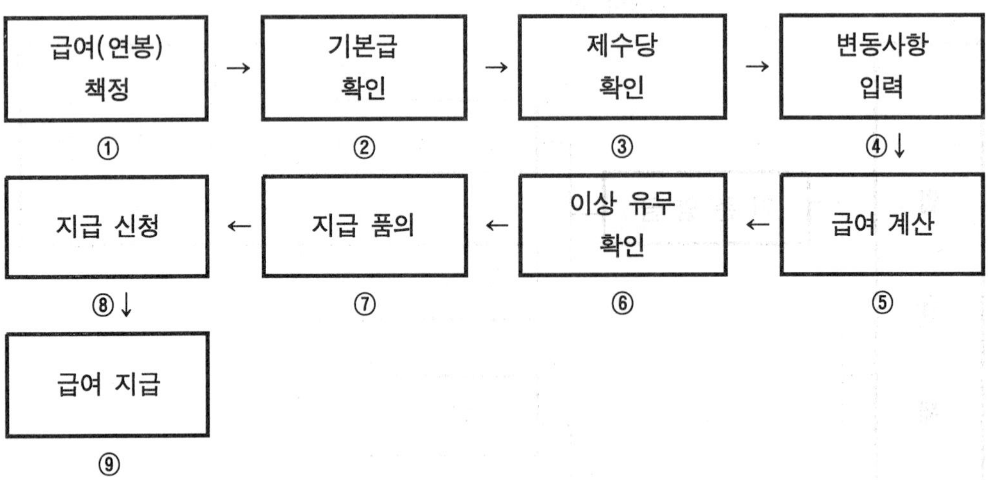

① 급여(연봉) 책정 : 인사발령 및 근무성적평가에 의한 급여(연봉) 책정

- 승격/승호 발령(인사발령시 자동이송)에 따른 급여(연봉) 책정 또는 재책정
- 근무성적평정 : 인사고과시스템에서 자동 이송

② 기본급 확인 : 위 결과가 반영된 기본급(연봉)의 이상 유무 확인
• 승격/승호분, 업적급(성과급) 반영 확인
• 신규채용자 급여 내역 확인

③ 제수당 확인 : 사원별 각종 수당 내용 확인
• 급여관리시스템의 기초정보 : 가족수당, 직책수당, 자격수당, 육아수당, 차량보조비, 학자금보조비, 정보비, 특수활동비 등

④ 변동사항 입력 : 해당 월 변동사항 확인/입력
• 시간외근무수당, 연월차수당
• 연말정산월(2월)에는 연말정산 환급액

⑤ 급여 계산 : 해당 월 급여계산 작업 실시
• 모든 자료 입력 후 「급여관리시스템」의 [급여계산작업] 클릭

⑥ 이상 유무 확인 : 「급여대장」을 출력하여 급여계산 내역 확인

⑦ 지급 품의 : 「급여대장」 첨부하여 급여지급 품의서 작성

⑧ 지급 신청 : 급여지급신청서 작성
• 급여계산 결과에 의해 결재 완료 후 자동으로 작성됨

⑨ 급여 지급 : 계좌이체 및 계좌이체내역서 출력

3) 산출물(실습할 서식)

• 인사발령문
• 급여대장
• 품의서(기안문)
• 지급신청서, 지출결의서
• 계좌이체내역서

[표 16-6] 급여대장

201×년 ○○월분 급여대장

지급일 : 201×년 ○○월 ○○일

연번	직책	지급내역							공제내역				차인 지급액
	성명	기본급 / 직책수당	교통비 / 교육지원	식대 / 육아지원	연구비 / 자가운전보조	상여금 / 부양가족	특근 / 시간외근무	급여계	소득세 / 국민연금	지방세 / 고용보험	노조비 / 건강보험	공제계	
합계금액													

6. 가족수당지급 업무

1) 업무의 개요

본 업무는 근로자가 부양(扶養)하고 있는 가족에 대하여 지급하는 수당과 관련된 업무이다. **가족수당(家族手當)**이란 부양가족의 수에 따라 일정액 또는 일정 비율로 지급되는 수당으로 **부양수당(扶養手當)**이라고도 한다. 참고로 공무원의 가족수당은 가계보전 차원의 수당이면서 동시에 출산(出産) 장려정책의 일환으로 지급되는데, 부양가족수당 지급 인원은 4인으로 제한되어 있다. 하지만 출산장려정책의 일환으로 3자녀 이상인 경우의 자녀의 수는 무제한으로 수당이 지급되고 있다. 현행 가족수당은 배우자는 40,000원, 배우자를 제외한 부양가족은 1명당 20,000원을 지급하고 있다.

2) 업무흐름도 및 업무의 내용

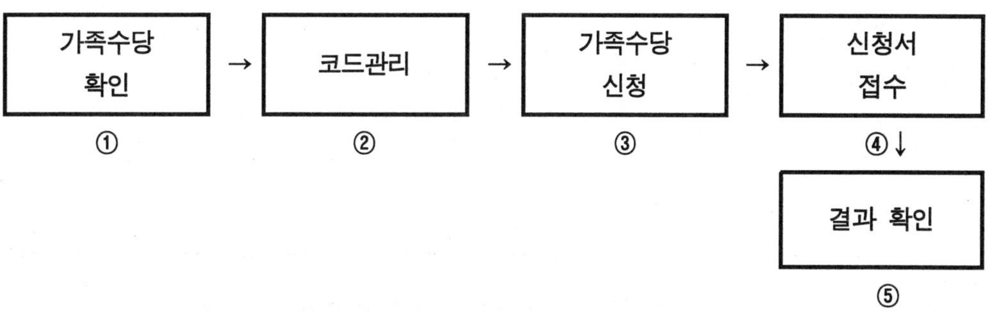

① 가족수당 확인
- 가족수당 지급범위 및 지급금액 확인(급여규정)

② 코드관리
- 가족수당의 기준금액이 변동되었을 경우 가족수당 코드 수정

③ 가족수당 신청 : 가족수당 신청사유 발생시 가족수당 신청
- 가족수당 지급신청서 작성 제출

- 증빙(주민등록등본 또는 가족관계부)을 첨부하여 제출

④ 신청서 접수 : 가족수당 지급신청서 접수

- 부양가족 여부 확인 후 가족수당 급여에 반영
- 급여관리시스템의 개인 기본자료에서 부양가족 수 변경

○ 매월 15일전 접수분은 당월 급여에 반영 ○ 매월 16일 이후 접수분은 익월 급여에 소급 반영

⑤ 결과 확인 : 급여작업 후 변동사항 반영 여부 확인

3) 산출물(실습할 서식)

- 급여지급규정
- 가족수당지급규정
- 가족수당지급신청서
- 주민등록등본
- 가족관계부

쉼터(35) 내방객 응대(5) - 응접실에서의 안내

○ (여닫이문) 왼손으로 문을 열고, "들어가세요." - 손님이 먼저 들어가도록 한다. 비서는 나중에 들어가고, 도어쪽으로 돌아 오른손으로 문을 닫는다. ○ (미닫이문) 왼손으로 문을 밀어서 열고, 먼저 들어가서 "들어오세요." 오른손으로 문을 닫는다. ○ 손님을 테이블까지 안내한다. 손님에게 상석(입구에서 먼 쪽, 전망이 좋은 쪽)을 권하는 것이 원칙이다. ○ 내방객이 여럿일 경우, 상위자에게는 최상석, 나머지는 연령순으로 권한다.

[표 16-7] 가족수당지급규정(예시)

<table>
<tr><td rowspan="4">가족수당지급규정</td><td>부 서 명</td><td>인사부</td></tr>
<tr><td>작 성 자</td><td></td></tr>
<tr><td>문서분량</td><td>1 페이지</td></tr>
<tr><td>제정일자</td><td>201×. . .</td></tr>
</table>

제 1조【목적】

이 규정은 우리정공주식회사(이하"회사"라고 한다)의 사원 직계가족의 안락한 생활을 위하여 생계비지원을 위한 가족수당지급에 관한 사항을 규정함을 목적으로 한다.

제 2조【적용범위】

① 지급대상자는 사원과 주민등록상 세대를 같이하는 다음 각 호에 해당하는 자를 말한다.

1. 배우자
2. 만 60세 이상의 직계존속
3. 만 20세 미만의 직계비속

② 가족수당 지급대상자는 ○명 이내로 한다.

③ 동일한 부양가족에 대하여 부양하는 사원이 2인 이상인 때에는 그 중 1인의 사원에게만 가족수당을 지급한다.

제 3조【지급액】

가족수당지급액은 별도로 정한다. 다만, 지급액이 월 ○○만원을 초과하지 못한다.

제 4조【계산방법】

① 가족수당은 월액으로 지급하며, 계산기간은 매월 ○○일부터 ○○일까지로 한다.

② 사원은 가족수당지급 또는 지급중지사유가 발생하면 즉시 신청서를 제출하여야 한다.

③ 가족수당은 제2항의 규정에 의한 신청서를 제출한 날이 속하는 달부터 지급한다.

④ 가족수당지급중지 사유가 발생한 경우에는 발생한 월분까지 전액을 지급한다.

제 5조【지급일】

가족수당 지급일은 급여 지급일로 한다.

제 6조【급여규정과의 관계】

이 규정에 의하여 지급되는 가족수당은 급여규정에 정하는 보수에 포함되지 않는다.

제 7조【지급의 제한】

사원이 휴직 또는 정직시에는 가족수당의 지급을 중지한다,

제 8조【보칙】

이 규정 시행에 필요한 사항은 사장(대표이사)이 따로 정한다.

부 칙

제 1조【시행일】

이 규정은 201×년 월 일부터 시행한다.

7. 학자금보조비지급 업무

1) 업무의 개요

근로자가 고용주로부터 받는 편익 가운데 현금이나 금전적 보상을 제외한 것을 **부가급여(附加給與 fringe benefit)**라고 한다. 사택이나 차량 제공, 학자금 보조, 주택자금 저리융자, 국민연금이나 퇴직연금 등에 대한 고용주 기여금, 구내식당 제공, 스포츠클럽을 비롯한 회사 내 편의시설 제공 따위가 부가급여에 해당한다. 일반적으로 회사의 「자녀학자금보조비지급규정」에는 “중학교 이상의 학교에 입학 또는 재학 중인 자녀를 가진 직원으로서 학자금을 납입하여야 하는 해당 학기 개시일 현재 근속중인 직원에 대하여 지급한다.” 라고 규정되어 있다.

학자금보조비가 임금총액에 포함되는지에 관하여 단체협약 또는 취업규칙에서 근로조건의 하나로 전 근로자에게 일률적으로 지급하도록 명시되어 있거나 관례적으로 일괄 지급되는 경우에는 임금총액에 포함되나, 2년 이상 근속한 사원의 자녀에게 지급되는 등의 경우에는 전 근로자에게 일률적으로 지급되는 것으로 볼 수 없으므로 임금총액에 포함되지 않는다.

2) 업무흐름도 및 업무의 내용

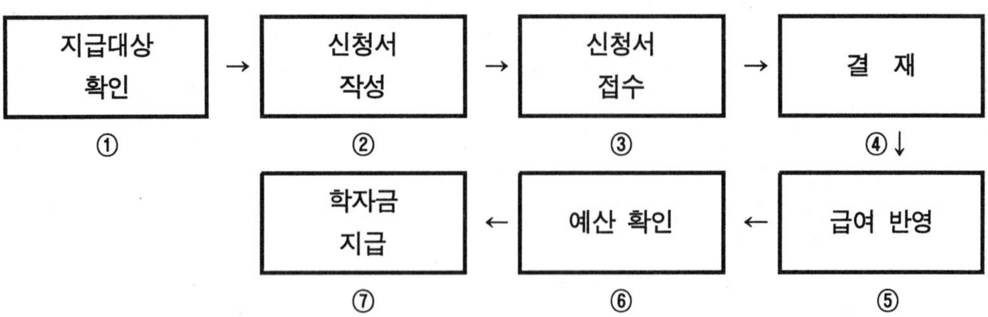

① 지급대상 확인 : 학자금 지급대상 확인
• 대상자 : 취학 자녀를 둔 임직원

- 대상 : 중, 고등학생
- 지원금 : 「등록금고지서」상의 금액 (입학금, 수업료, 육성회비 등)
- 해외유학생의 경우 국내일반수준의 학자금 지급

② 신청서 작성 : 「학자금보조신청서」 작성
- 학자금 신청 사유 발생시 학자금보조신청서 양식을 이용하여 작성
- 신청서 작성 후 급여담당에게 제출

③ 신청서 접수 : 학자금보조신청서 접수
- 학자금보조신청서에 고지서 또는 영수증 첨부
- 이상 유무 확인 후 결재 상신

④ 결재 : 경리과장/총무과장 결재

⑤ 급여에 반영
- 당월 급여 작업 전 신청시 당월 급여에 반영
- 당월 급여 작업 후 신청시 익월 급여에 지급
- 급여관리시스템의 [수시급여입력]에서 학자금 선택 → 신청자 호출 후 금액 입력
- 급여계산 작업 후 반영 여부 확인

⑥ 예산 확인 : 급여 작업 후 당월급여 기안시 같이 예산 확인

⑦ 학자금 지급 : 급여지급일에 학자금보조비 항목으로 지급

3) 산출물(실습할 서식)

- 학자금보조신청서
- 등록금고지서

8. 차량보조비지급 업무

1) 업무의 개요

노동부의 「통상임금 산정지침」에 의하면, 전 근로자에게 정기적·일률적으로 지급하는 통근수당(교통비) 또는 **차량유지비(차량보조비)**는 비록 통상임금에는 포함되지 않더라도 임금에 해당되므로 퇴직금 산정을 위한 평균임금에는 포함된다. 하지만 출근일수에 따라 변동적으로 지급하거나 일부 근로자에게만 지급되는 통근수당(교통비) 또는 차량유지비(차량보조비)는 근로제공에 따른 댓가로서의 임금이 아닌 '실비변상적인 기타금품' 으로 보기 때문에 평균임금에 포함되지 않는다는 입장이다. 월 20만원 이내의 차량보조비(차량유지비·자가운전보조금)는 실비변상적 성질의 급여로서 **비과세근로소득**에 해당된다.

☞ 비과세근로소득에는 어떤 것이 있는가?

① 각종 법률에 의하여 받는 급여 등

- 복부 중인 병이 받는 급여
- 법률에 의하여 동원된 자가 동원직장에서 받는 급여
- 국민연금법에 의하여 사망시에 받는 반환일시금
- 고용보험법에 의하여 받는 실업/육아휴직/산전후휴가급여, 육아휴직수당

② 본인 학자금 : 다음 요건을 충족한 입학금/수업료/기타공납금

i. 당해 근로자가 종사하는 사업체의 업무와 관련 있는 교육·훈련 목적일 것
ii. 사업체의 규칙 등에 의하여 정하여진 지급기준에 따라 지급받을 것
iii. 교육·훈련기간이 6월 이상인 경우, 교육·훈련 후 당해 교육기간을 초과하여 근무하지 아니하는 때에는 지급받은 금액을 반납할 것을 조건으로 할 것

③ 실비변상적 성질의 급여

- 법령 및 조례에 의한 위원회 등의 보수를 받지 아니하는 위원 등이 받는 수당
- 선원법에 의하여 바든 수당
- 월 20만원 이내의 실비변상 정도의 일숙직비/여비/자가운전보조금

- 월 20만원 이내의 선원이 받는 승선수당
- 초·중·등교육법에 의한 교육기관의 교원/정부·지자체 출연기관의 연구원/대학교원이 받는 연구보조비 중 월 20만원 이내의 금액
- 방송/통신/신문사 등의 기자가 받는 취재수장 중 월 20만원 이내의 금액
- 근로자가 벽지(僻地)에 근무함으로 인하여 받는 월 20만원 이내의 벽지수당
- 지방이전 공공기관 공무원의 월 20만원 이내의 이전지원금
- 경찰공무원이 받는 함정근무/항공/화재진화수당
- 법령 및 조례에 의하여 제복을 착용해야 하는 자가 받는 제복/제모/제화
- 병원/시험실/금융기관/공장/광산에서 근무하는 자 또는 특수한 작업/역무(役務)에 종사하는 자가 받는 작업복이나 유니폼
- 광산근로자가 받는 입갱(入坑)/발파(發破)수당
- 근로자가 천재/지변/기타재해로 인하여 받는 급여

④ 생산직근로자가 받는 초과수당 등 : 다음 요건을 충족할 것

i. 공장/광산에서 근로를 제공하는 생산 및 관련 종사자, 운전원 및 관련 종사자, 어업(漁業)을 영위하는 자에게 고용되어 근로를 제공하는 자
ii. 월정액급여 150만원 이하로서 직전과세기간 총급여액이 2,500만원 이하일 것
iii. 통상임금에 가산하여 받는 연장근로/휴일근로/야간근로수당일 것

- 광산근로자·일용근로자 : 초과수당 등 전액 비과세
- 생산직근로자 : 연 240만원 비과세

⑤ 국외에서 근로를 제공하고 받는 급여

- 국외(개성공단 포함)에서 근로를 제공(원양어업선박, 외국항행 선박/항공기 근무 포함)하고 받는 보수 중 월 100만원(해외건설근로자/외항선원/원양어선원은 300만원) 이내의 금액
- 공무원 및 재외공관장의 감독을 받는 자가 국외에서 근무하고 받는 수당 중 당해 근로자가 「국내에서 근무할 경우에 지급받을 금액 상당액」을 초과하여 받는 금액 → 국내에서보다 더 많이 받는 수당

⑥ 건강보험료 등의 사용자부담금

- 각종 건강보험법/고용보험법/노인장기요양보험법에 의하여 국가/자자체/사용자가 부담하는 부담금

⑦ 근로자가 제공받는 식사/식사대

- 사내급식 등을 통하여 근로자가 제공받는 식사 기타 음식물
- 식사·음식물을 제공받ㅈ 아니하는 근로자가 받는 월 10만원 이하의 식사대

⑧ 기타의 비과세소득

- 외국정부(외국의 지자체 및 연방정부 포함) 또는 국제연합과 그 소속기구의 기관에 근무하는 자로서 대한민국 국민이 아닌 자가 받는 급여(상호면세주의 적용)
- 작전임무를 수행하기 위하여 외국에 주둔 중인 군인/군무원이 받는 급여
- 종군한 군인/군무원이 전사(전상으로 사망 포함)한 경우, 그 전사(戰死)한 날이 속하는 연도의 급여
- 근로자 또는 그 배우자의 출산, 6세 이하의 자녀보육관련 급여로 월 10만원 이내의 금액

2) 업무흐름도 및 업무의 내용

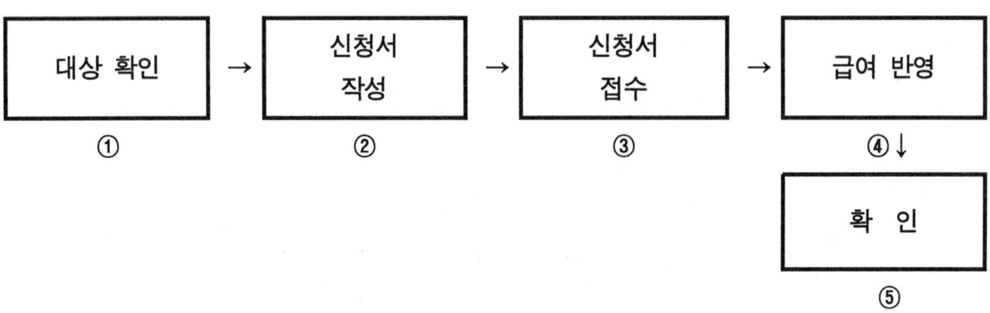

① 대상 확인 : 차량보조비 지급 대상 확인

- 지원 대상 : 일반직원으로서 본인 차량 소유자
- 지원 금액 : 매월 200,000원

② 신청서 작성 : 「차량보조비신청서」 작성

- 문서양식판에서 차량보조비신청서 작성
- 첨부서류 : 차량등록증사본, 운전면허증사본

③ 신청서 접수 : 「차량보조비신청서」 접수
- 업무담당은 차량보조비신청서 접수 후 자격 이상 유무 확인
- 이상 없을시 급여에 반영 : 해당 직원에게 통보

④ 급여 반영
- 차량보조비는 비과세 대상(월 20만원 한도)

⑤ 확인 : 급여 반영 여부 확인
- 신청월 이후부터 계속 급여에 반영

3) 산출물(실습할 서식)
- 차량보조비신청서
- 차량등록증사본

쉼터(36) 내방객 접대 - 차와 다과

○ 쟁반은 왼손으로 쥐고, 오른손으로 노크한다. 회의가 이미 시작되었으면 노 노크.
○ 가볍게 인사한 후 들어간다. → 쟁반을 보조탁자 위에 놓는다. 보조탁자가 없으면 내방객의 하급자 좌측 끝에 놓는다.
○ 차는 내방객의 상급자 순으로 손님에게 먼저, 그리고 테이블 위에 서류가 있을 때는 서류를 한쪽 옆으로 치우고 낸다. 찻잔은 테이블 끝에서 5~10cm 안쪽에 낸다.
○ 먼저 과일이나 과자를 내방객의 좌측에 내고, 다음에 차를 우측에 낸다.
○ 차는 하나씩 들어 손님의 오른편에 서서 반드시 양손으로 낸다.
○ 차를 낸 다음 쟁반은 앞면이 밖으로 보이도록 왼쪽 옆에 낀다. → 뒤로 두세 걸음 물러나 인사를 한다. → 뒤돌아서서 방문을 열고 다시 목례를 하고 나간다.

9. 경조금지급 업무

1) 업무의 개요

본 업무는 회사에 근무하고 있는 종업원의 경조사(慶弔事)에 금전이나 물품(화환)을 지원하는 경우에 처리할 업무를 말한다. 그러므로 경조사가 발생하면 먼저 경조금 지원 대상인지 그 여부를 확인하고 후속 조치를 수행하여야 한다. 대부분의 회사에서는 「경조사지침서」 또는 「**경조금지급규정**」을 만들어 그 대상과 지원 범위를 정하고 있다. 경조사를 비롯한 복리후생의 대상은 기본적으로 연재 근무하는 종업원이지만 때로는 종업원의 가족을 포함하기도 하고, 과거에 근무했던 퇴직(퇴사) 종업원을 대상으로 하는 경우도 있다.

2) 업무흐름도 및 업무의 내용

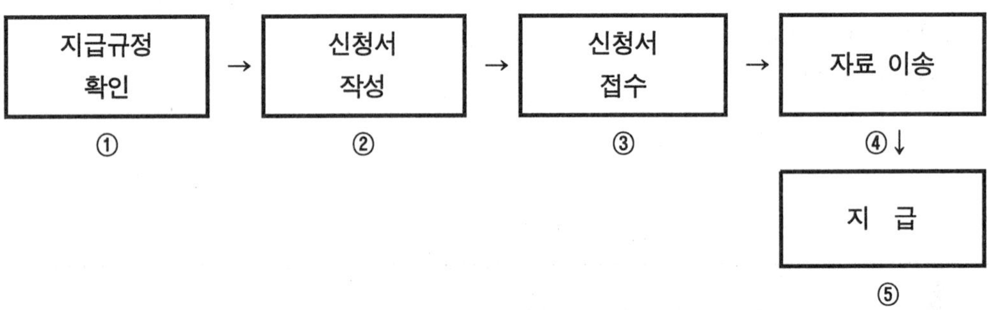

① 지급규정 확인 : 규정에 정해진 경조금 지급 대상 및 조건 확인

② 신청서 작성 : 경조금지급신청서 작성

통합정보시스템 [신청관리] → 휴가신청 접속 → 경조휴가 및 경조금 신청 사항 입력(경조금만 신청 할 수도 있음) → 작성 후 [결재상신] 버튼 클릭 : 경조금지급신청서 화면 출력 → 결재선 및 수신처 지정 후 결재 상신

- 관련(증빙) 서류는 담당자에게 직접 제출
- 휴가를 가지 못할 경우 경조금만 신청 가능
- 예산 확인 및 내부결재 완료 후 총무과로 자동 이송

③ 신청서 접수 : 경조금지급신청서 접수
- 업무담당이 총무과 문서수신함에서 신청서 접수
- 관련서류는 신청자에게 직접 받음
- 신청서 이상 유무 확인

④ 자료 이송 : 이상 없을시 회계담당에게 이송

⑤ 지급 : 경조금 지급
- 신청일로부터 ○일 이내에 경조금 지급

3) 산출물(실습할 서식)
- 경조금지급신청서
- 지출결의서
- 출금전표

쉼터(37) 명함예절 - 명함 교환 및 응대

- ○ 반드시 일어서서 자신의 소속과 이름을 밝히면서, 자신의 이름을 상대방 쪽에서 보이게 두 손으로 건넨다. 방문객이 먼저 명함을 준다.
- ○ 명함을 두 손으로 받아 가슴 높이로 들고 보면서, 회사명/성명/직위 순으로 읽은 후 상대방의 표정을 보면서 확인을 구한다. - **새우전자 강호동 전무님이시군요.**
- ○ 명함 교환 : 아랫사람이 먼저 명함을 내놓는다. 상대가 둘일 경우에는 윗사람에게 먼저 건넨다. - **"우리정공 영업부 대리 송겸손입니다."**
- ○ 마주 교환 : 오른손으로 자신의 명함을 내밀고, 왼손으로 상대의 명함을 받는다.
- ○ 상대방이 보는 앞에서 명함에 메모를 하지 않는다. 메모는 상대방이 돌아간 후에!
- ○ 대화 도중 상대방의 이름이 기억나지 않는 경우 : 받은 명함을 보며 확인해도 된다.
- ○ 대화 도중 명함을 만지작거리거나 손장난을 하지 않도록 한다.

[표 16-8] 경조사지침서(예시)

우리정공(주)	문 서 명	문서번호	제정일자	개정일자	개정차수	Page
	경조사지침서	C-30-007	2001.10.01	2016.9.28	1	1/2

1. (적용범위) 이 지침서는 우리정공주식회사(이하 "당사" 라 한다)에 근무하는 전임직원의 경조사에 대하여 적용한다.

2. (목적) 이 지침서는 임직원의 경조사에 대해 적극적인 지원제도를 마련 운영함으로서 사기앙양과 복리증진을 기하여 "당사" 의 발전에 기여함을 목적으로 한다.

3. 용어의 정의
3.1 경조사 지원 : 임직원의 경조사에 대해 일부의 비용 또는 유급휴가를 지원하는 것을 말한다.

4. 책임과 권한
4.1 총무부서장 : 경조사 지원에 대한 제반사항에 대하여 책임과 권한이 있다.

5. 업무절차
5.1 경조금의 지급 종류 : 이 지침서에 의하여 지급되는 경조금의 종류는 다음과 같다.
5.1.1 결혼축의금
5.1.2 수연축의금
5.1.3 조의금
5.1.4 재해위로금

5.2 지급기준
5.2.1 경조금 지급은 경조금 지급기준(별첨 1)에 따른다.

<table>
<tr><td rowspan="2">우리정공(주)</td><td>문 서 명</td><td>문서번호</td><td>제정일자</td><td>개정일자</td><td>개정차수</td><td>Page</td></tr>
<tr><td>경조사지침서</td><td>C-30-007</td><td>2001.10.01</td><td>2016.9.28</td><td>1</td><td>2/2</td></tr>
</table>

5.2.2 5.2.1의 경조금 외에 별도로 정하는 바에 따라 “당사” 대표이사의 명의로 조화 또는 축하화환(화분)을 지급할 수 있다.

5.2.3 결혼을 이유로 여사원이 퇴사 후 1개월 이내에 결혼하는 경우에는 결혼 축의금을 지급한다.

5.3 지급제한 : 휴직, 정직 중인 자는 경조금을 지급하지 않는다.

5.4 지급절차

5.4.1 경조사 지원에 의한 지급사유가 발생하였을 때에는 본인 또는 대리인은 관련 증빙서류를 첨부하여「경조금 지급신청서」(양식 1)를 작성하여, 소속부서장의 확인을 받아 총무과에 신청하여야 한다.

5.4.2 총무과는 경조금 지급신청서를 접수하면, 사실 여부를 확인한 후 승인을 얻어 지급한다.

5.4.3 경조금은 신청일로부터 3일 이내에 현금으로 지급한다.

5.5 (수급권자) 경조금은 본인에게 지급함을 원칙으로 한다. 단, 본인 사망의 경우에는 그 배우자 또는 직계존비속에게 지급한다.

6. 관련표준

6.1 경조금지급 지침서

7. 기록관리

8. 첨 부

[별첨 1] 경조금지급기준

[양식 1] 경조금지급신청서

[표 16-9] 경조금 지급기준(예시)

[별첨 1]

경조금 지급기준

(금액 단위 : 천원).

구 분	대 상	휴가일수	지급액	증빙서류	비 고
결 혼	본 인	6	200	결혼청첩장	경조화환(화분)지급 1) 결혼 2) 수연 3) 조의 4) 대표이사의 별도 허가를 얻은 경우
	자 녀	2	200		
	형제/자매	1	100		
칠 순	부 모	2	200	칠순안내문 주민등록등본 (가족관계부)	
	배우자부모	2	200		
출 산	자녀출산	1	1,000	주민등록등본	
조 의	본 인	-	500	사망신고서 주민등록등본 (가족관계부)	
	부 모	6	200		
	배우자	6	200		
	자 녀	6	300		
	형제/자매	3	100		
	조부모	3	100		
	배우자부모	5	200		
	백숙부모	2			
탈 상	배우자	1			
	부 모	1			
	조부모	1			
	배우자부모	1			
재 해	가옥 전파	정상 참작			

[표 16-10] 경조금지급신청서

[양식 1]

<table>
<tr><td colspan="3">경조금지급신청서</td></tr>
<tr><td rowspan="3">1. 내 용</td><td>가. 결 혼 ( )</td><td>나. 칠 순 ( )</td></tr>
<tr><td>다. 출 산 ( )</td><td>라. 조 의 ( )</td></tr>
<tr><td>마. 재 해 ( )</td><td></td></tr>
<tr><td>2. 본인과의 관계</td><td colspan="2"></td></tr>
<tr><td>3. 발생 년 월 일</td><td colspan="2"></td></tr>
<tr><td>4. 장 소</td><td colspan="2"></td></tr>
<tr><td>5. 지 급 금 액</td><td colspan="2"></td></tr>
<tr><td colspan="3">위와 같이 경조금 지급을 신청합니다.
201× 년 월 일
(소 속) 부(실)
신 청 인 : ㊞
소속장확인 : ㊞</td></tr>
<tr><td colspan="3">첨부서류 : 해당증빙서류 1통</td></tr>
</table>

쉼터(38) 형식에 따른 회의명칭

프리토킹	• 형식에 구애받지 않고 문제를 제기하고 자유롭게 이야기하는 방식 • 반드시 결론에 도달해야 하는 것은 아님 cf. 김제동의 토크쇼
브레인스토밍	• 토의 참가자가 자유롭게 정보나 의견을 내고 사회자는 제기된 아이디어를 전원(全員)이 볼 수 있도록 적어가면서 진행하는 회의형식 • 독창적인 것을 찾아내어 문제해결을 하고자 할 때, 새로운 아이디어를 얻고자 할 때 많이 사용
세미나	• 학회 등에서 지명된 몇몇 회원의 연구발표를 바탕으로 토론하는 연구활동
패널	• 토의 주제를 놓고 5~8명 정도의 대표자가 청중 앞에서 사회자가 진행으로 상호 토의를 한 후 청중으로부터 질문을 받고 답을 하는 형식 • 시야를 넓혀 좀 더 풍부한 지식을 쌓으려는 경우에 적합
심포지엄	• 보통 3~5명 정도의 전문가가 특정 의제에 대하여 개별적으로 의견을 발표하고, 청중이나 사회자로부터 질문을 받고 답변하는 형식 • 즉시 결론이 나는 문제가 아니라 다양한 의견이 필요할 때 적합 • 패널과의 차이점은 상호 토의가 없음
포럼	• 패널과 심포지엄의 혼합 형태 • 발표자들이 개별적으로 자신의 의견을 발표한 후 발표자들 간에 상호 토의를 거친 후, 청중으로부터 질문을 받는 형식
비즈세션	• 다수의 인원을 소그룹으로 나누어 정해진 짧은 시간에 토의된 내용을 그룹 대표가 전체 앞에서 발표하여 전체의 의견을 통합해 나가는 형식
의회형 회의	• 의사록에 상정된 안건에 대하여 찬반(贊反) 결정을 위한 회의 형식 • 토론보다 체결 중시
화상회의	• 면대면 회의와 유사하며, 출장으로 인한 시간과 비용을 줄일 수 있음 • 오디오, 비디오, 통신기술의 통합으로 멀리 떨어진 사람과 상대방을 화면으로 보면서 회의하는 방식
전화회의	• 각각 다른 지역에 있는 여러 사람이 사전에 시간을 조율한 후, 전화선을 이용하여 의견을 교환하는 회의 방식

제 17 장
정산 및 자금 처리 업무

1. 연말정산 업무

1) 업무의 개요

(1) 연말정산의 의의

일용근로자 외의 근로소득자(회사의 종업원은 근로소득자임)에게 근로소득(급여·임금·수당·상여)을 지급하는 경우에 매월분의 급여(임금) 또는 상여 지급시 「근로소득 간이세액표」에 의하여 소득세를 원천징수하고 **연말정산(年末精算)**을 실시해야한다.

☞ 지급대상 기간이 있는 상여 지급시 원천징수세액의 계산(소득세법 제136조)

$(\frac{\text{상여액+지급대상기간의 상여 외의 급여액}}{\text{지급대상기간의 월수}})$에 대한 간이세액) × (지급대상기간 월수) - (지급대산기간의 상여 외의 급여에 대한 원천징수세액)

연말정산(年末精算)이란 근로자에게 지급한 연간 총근로소득에 대한 소득세액을 계산하여, 매월 근로소득 지급시 원천징수한 세액과의 차액을 추가로 징수하거나 환급(還給)하는 절차를 말한다. 주된 근무지의 원천징수의무자가 당해 연도의 다음 연도 2월분 근로소득을 지급하는 때 또는 퇴직자의 퇴직하는 달의 근로소득을 지급하는 때에는 연말정산을 해야 한다. 2월분 근로소득을 2월 말일까지 지급하지 아니하거나 2월분의 근로소득이 없는 경우에는 2월 말일까지 연말정산을 해야 한다.

○ 매월 급여 지급시 :「근로소득 간이세액표」에 의한 근로소득세 원천징수 ○ 2월 급여 지급시 : 전년도 총근로소득에 대한 연말정산

(2) 연말정산의 세액 계산

근로자의 급여(상여금, 제수당 포함)에 대한 과세표준 및 세액을 계산하는 구조는 다음과 같다.

[1단계] 급여총액(비과세 제외) - 근로소득공제 = 근로소득금액 [2단계] 근로소득금액 - 소득공제 = 과세표준 [3단계] 과세표준 × 기본세율(5단계 초과누진세율) = 산출세액 [4단계] 산출세액 - 세액공제·감면 = 결정세액 [5단계] 결정세액 - 기원천징수세액(기납부세액) = 원천징수세액(△환급세액)

- 비과세소득에는 어떤 것이 있는가?
- 근로소득공제는 어떻게 계산하는가?
- 소득공제항목과 세액공제항목에는 어떤 것이 있는가?

[표 17-1] 기본세율표(5단계 초과누진세율)

과 세 표 준 구 간	적용세율 및 산출세액	누진공제액
1,200만원 이하	과세표준의 6%	-
1,200만원 ~ 4,600만원 이하	72만원+(1,200만원 초과금액의 15%)	108만원
4,600만원 ~ 8,800만원 이하	582만원+(4,600만원 초과금액의 24%)	522만원
8,800만원 ~ 1.5억원 이하	1,500만원+(8,800만원 초과금액의 35%)	1,490만원
1억 5천만원 초과	3,760만원+(1.5억원원 초과금액의 38%)	1,940만원

□ 20( )년도 근로소득 귀속분 적용 세율

과 세 표 준 구 간	적용세율 및 산출세액	누진공제액

• 납부할 세액이 1천만원을 초과하는 경우에는 다음 금액을 납부기한이 지난 후 2개월 이내에 분할납부할 수 있다.

① 납부할 세액이 1천만원을 초과 2천만원 이하인 경우 : 1천만원을 초과하는 금액 ② 납부할 세액이 2천만원을 초과하는 경우 : 해당 세액의 20% 이하의 금액

【예제 17-1】 경리과 김과장의 근로소득금액(=급여액-근로소득공제)은 6천만원이다. 소득공제액이 1,200만원이라면, 과세표준과 산출세액은 각각 얼마인가?

① 과세표준:
② 산출세액:

(3) 소득공제 및 세액공제신고서 제출

근로소득자(종업원)는 당해 연도의 다음 연도 2월분 급여액을 지급받기 전(퇴직한 때에는 퇴직한 달의 급여액을 지급받기 전)에 자기의 소득세를 징수하는 주된 근무지(회사)의 원천징수의무자(급여담당)에게 「소득공제신고서」를 제출해야 한다. 「소득공제신고서」를 제출하지 아니한 경우에는 근로소득자 본인에 대한 기본공제 및 표준세액공제만을 적용한다.

- **소득공제(所得控除)** : 기본공제, 추가공제(경로우대/장애인/부녀자/한부모), 연금보험료, 주택담보노후연금이자비용, 특별공제(건보료/고용보험료/주택자금/신용카드)

(4) 연말정산 간소화

증빙서류 발급기관(금융/교육/의료기관)이 자료집중기관(협회/정부)을 통해 소득공제증빙을 제출하면, 납세자는 국세청전산망을 이용하여 신고가 가능하다.

☞ 연말정산 간소화 대상

○ 보험료 : 보장성보험
○ 교육비, 직업훈련비 : 초·중·고·대학교 수업료, 유치원·보육시설 수업료
○ 의료비(장애인보장구, 안경, 보청기 제외)
○ 연금저축, 퇴직연금, 개인연금저축
○ 신용카드, 직불카드, 현금영수증 등 사용액
○ 주택담보노후연금이자비용
○ 주택마련저축 불입액, 주택차입금 원리금 상환액, 장기주택저당차입금 이자상환액
○ 기부금, 소기업·소상공인 공제부금

(5) 일용근로자에 대한 원천징수

원천징수세액 = (일급여액/일당 - 10만원) × 8% - 근로소득세액공제(55%)

☞ 종합소득세 과세표준 신고 및 납부계산서 작성 순서

1. 종합소득의 종류별 종합소득금액을 확인한다.
2. 종합소득공제 내역을 「소득공제신고서」를 통해 확인한다.
3. 특별세액공제 및 그 밖의 세액공제액을 「소득공제신고서」를 통해 확인한다.
4. 기납부세액을 확인한다.
5. 「과세표준확정신고 및 납부계산서」를 작성한다.

• 근로소득세 외에 임대소득이 있는 근로자는 5월 중에 종소세 신고해야 함
• 5월은 종합소득세 과세표준 신고 납부의 달

(6) 퇴직소득에 대한 원천징수

퇴직소득(退職所得)에 대한 원천징수세액은 퇴직소득 산출세액에서 퇴직소득세액공제를 한 금액으로 한다. 이 경우 동일 연도에 2회 이상 퇴직한 퇴직자의 경우에는 전근무지의 퇴직소득과 당해 **원천징수의무자(源泉徵收義務者)**가 지급할 퇴직소득을 합산한 금액에 대하여 퇴직소득세(退職所得稅)를 정산한다.

[그림 17-1] 근로소득자 연말정산절차

구분	근로자	회사	회사
서식	소득공제신고서 의료비명세서 기부금명세서	근로소득원천징수영수증	원천징수이행상황신고서 근로소득지급명세서
	↑	↓	
자료 출력	「국세청 연말정산 간소화 서비스」에서 소득공제자료 출력	「국세청 연말정산 자동계산」 프로그램 활용 대조	
일정	1월말	2월 급여 지급전	3월 10일

2) 업무흐름도 및 업무의 내용

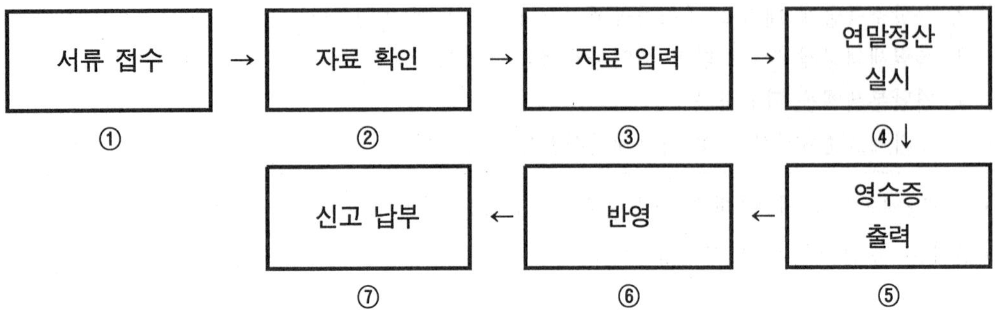

① 서류 접수 : 종업원으로부터 연말정산 서류접수

- 매년 연말정산 교육 이수(변동사항 확인)
- 당해 연도 변동사항을 통합정보시스템에 반영
- 연말정산 안내문 배포
- 매년 12월에서 익년 1월초까지 서류 접수

② 자료 확인 : 사원별 접수된 자료 확인

- 개인이 제출한 서류의 이상 유무 확인

③ 자료 입력 : 사원별로 연말정산 자료 입력

통합정보시스템 [급여관리] → [정산관리] → [소득공개자료관리] → [연말정산기초자료등록] 화면에 접속하여 개인별 자료 입력 → 입력사항 확인 및 조회

④ 연말정산 실시

- 급여관리시스템의 연말정산계산 클릭
- 연말정산 결과 화면 조회

⑤ 영수증 출력

- 샘플 조사 후 이상 없을 시 원천징수영수증 출력

- 원천징수부 출력
- 개인 확인 작업 실시 : 오류자 수정 작업 실시 및 재확인

⑥ 반영 : 정산 결과 당월 급여에 반영
- 급여코드관리에서 연말정산 결과를 정기지급으로 선택
- 급여대장에서 적용 유무 확인

⑦ 신고납부 : 관할세무서에 신고 및 납부
- 익월 10일까지 세무서 신고 및 차액 납부
- 집계표, 원천징수영수증 또는 파일

3) 산출물(실습할 서식)

- 소득공제신청서
- 원천징수영수증
- 급여대장
- 집계표

쉼터(39) 신문 스크랩 방법

○ 스크랩하고자 하는 주제를 분류한다.
○ 주제별로 관련된 신문의 기사, 사진 등을 수집한다.
○ 필요한 부분을 오리거나 복사하여 분야별로 배치한다.
○ 모은 자료에 관련된 설명을 기록해 둔다. 출처, 중요한 내용에 밑줄 긋기
○ 모은 자료를 같은 종류끼리 차례대로 보기 좋게 스크랩한다.
○ 표지에 알맞은 제목을 붙인다.
○ 보관과 폐기의 주기를 정한다.

2. 연월차정산 업무

1) 업무의 개요

(1) 평균임금

임금(賃金)은 사용자가 근로(노동)의 대가로 근로자(종업원)에게 임금, 봉급, 그 외의 어떠한 명칭으로든지 지급하는 일체의 금품을 말한다(근기법 제2조). 근로기준법(勤勞基準法)은 임금을 평균임금과 통상임금으로 구분하고 있는데, 연월차수당은 통상임금을 기준으로 산정한다.

평균임금(平均賃金)은 사용자가 근로(노동)의 대가로 근로자에게 정기적(定期的)·일률적(一律的)·계속적(繼續的)으로 지급하는 임금(봉급), 수당 및 그 밖의 일체의 금품으로 근로기준법상의 임금 범위에 포함된 금품을 말하며, 근로기준법에서 사용자에게 퇴직금(제34조), 휴업수당(제46조), 연차유급휴업수당(제60조), 재해보상(제79~83조), 감급액(제95조) 등을 산정할 때 적용하고 있다.

평균임금은 이를 산정할 사유가 발생한 날 이전 3개월간에 그 근로자에 대하여 지급된 임금(봉급)총액을 그 기간의 총일수로 나눈 금액이다(근기법 제2조). 다시 말하면 평균임금은 일정기간 실제로 제공한 근로의 대가로 사용자가 근로자에게 정기적 계속적으로 지급하는 임금(賃金), 봉급(俸給), 그 밖의 일체의 금품(金品)으로 근로기준법(勤勞基準法) 상의 임금(賃金) 범위에 포함된 금액을 말한다.

1일 평균임금 = (사유발생일전 3개월간 임금총액) ÷ (사유발생일전 3개월간 총일수)

• 평균임금의 범위(평균임금 산정에 포함되는 것)

○ 근로자에게 실제 지급하는 정기적 제도적으로 지급하는 임금
○ 단체협약, 취업규칙, 관행에 따라 모든 근로자에게 일률적·정기적으로 지급하는 임금
○ 유급휴일수당, 연차유급휴가수당, 사용자 귀책사유 부담금 등
○ 임금채권으로 확정된 임금 등

• 평균임금에서 제외되는 것 : 임시적·은혜적으로 지급하는 것, 통화 이외의 것으

로 지급하는 것

- 평균임금 산정 기준일 : 퇴직금은 근로계약해지일, 재해보상금은 재해발생일, 휴업수당은 휴업개시일
- 평균임금 산정기간에서 제외되는 경우 : 다음 기간에 지급된 임금은 평균임금 산정에서 제외한다.

○ 수습기간 ○ 사용자 귀책(歸責)의 휴업기간 ○ 산전·산후 휴가기간 ○ 업무상 재해의 휴업기간 ○ 육아휴직기간 ○ 쟁의행위기간 ○ 병역법, 향토예비군설치법, 민방위기본법에 의한 의무이행을 위하여 휴직하거나 근무하지 못한 기간으로 임금을 받지 않은 경우(임금을 받은 기간은 제외) ○ 업무상 부상과 질병, 기타의 사유로 사용자의 승인을 얻어 휴직한 기간

(2) 통상임금

연월차수당, 연장근로수당, 야간근로수당, 휴일근로수당, 산전후휴가수당, 해고예고수당 등의 산정에 임금단위로 사용되는 **통상임금(通常賃金)**은 근로자에게 정기적·일률적으로 소정의 근로에 대하여 지급하기로 정해진 시간급(시급). 일급, 주급, 월급 또는 **도급금액(都給金額)**을 말한다(근기령 제6조). 통상임금은 시간급(時間給)으로 산정함이 원칙이며, 일급금액으로 산정할 때에는 시간급 금액에 1일의 근로시간의 수를 곱하여 계산한다. 통상임금의 범위는 통상임금의 판단기준 예시(例示)인 「통상임금 산정지침」 또는 「고용노동부 예규」에 따라 판단한다.

☞ 통상임금의 범위(통상임금 산정에 포함되는 것)

○ 근로의 대가로 정한 월급, 일급, 주급, 시간급 ○ 근로계약이나 연봉계약에서 정한 월정 기본급여 ○ 기타 고정적·의무적으로 지급하는 일반임금

- 통상임금에서 제외되는 것 : 복리후생비, 실비변상적/비일률적/비정기적 임금

[표 17-2] 통상임금과 평균임금의 판단기준
(통상임금산정지침/고용노동부예규 제47호, 2012. 09. 25.)

판 단 기 준 예 시	통상 임금	평균 임금	기타 금품
1. 소정근로시간 또는 법정근로시간에 대하여 지급하기로 정하여진 기본급 임금	○	○	
2. 일·주·월 기타 1 임금산정기간 내에 소정근로시간 또는 법정근로시간에 대하여 일급·주급·월급 등의 형태로 정기적·일률적으로 지급하기로 정하여진 고정급 임금			
① 담당업무나 직책의 경중 등에 따라 미리 정하여진 지급조건에 의해 지급하는 수당 : 직무수당(금융수당, 출납수당), 직책수당(반장수당, 소장수당) 등	○	○	
② 물가변동이나 직급간의 임금격차 등을 조정하기 위하여 지급하는 수당 : 물가수당, 조정수당 등	○	○	
③ 기술이나 자격·면허증소지자, 특수작업종사자 등에게 지급하는 수당 : 기술/자격/면허/특수작업/위험수당 등	○	○	
④ 특수지역에 근무하는 근로자에게 정기적·일률적으로 지급하는 수당 : 벽지수당, 한냉지근무수당 등	○	○	
⑤ 버스/택시/화물자동차/선박/항공기 등에 승무하여 운행·조종·항해·항공 등의 업무에 종사하는 자에게 근무일수와 관계없이 일정한 금액을 일률적으로 지급하는 수당 : 승무수당, 운항수당, 항해수당 등	○	○	
⑥ 생산기술과 능률을 향상시킬 목적으로 근무성적에 관계없이 매월 일정한 금액을 일률적으로 지급하는 수당 : 생산장려수당, 능률수당 등	○	○	
⑦ 그 밖에 제①부터 제⑥까지에 준하는 임금 또는 수당	○	○	
3. 실제 근로 여부에 따라 지급금액이 변동되는 금품과 1 임금 산정기간 이외에 지급되는 금품			
① 「근로기준법」과 「근로자의 날 제정에 관한법률」 등에 의하여 지급되는 연장근로수당, 야간근로수당, 휴일근로수당, 월차유급휴가근로수당, 연차유급휴가근로수당, 생리휴가보전수당 및 취업규칙 등에 의하여 정하여진 휴일에 근로한 대가로 지급되는 휴일근로수당 등		○	
② 근무일에 따라 일정금액을 지급하는 수당 : 승무수당, 운항수당, 항해수당, 입갱수당 등		○	

판 단 기 준 예 시	통상임금	평균임금	기타금품
③ 생산기술과 능률을 향상시킬 목적으로 근무성적 등에 따라 정기적으로 지급하는 수당 : 생산장려수당, 능률수당 등		○	
④ 장기근속자의 우대 또는 개근을 촉진하기 위한 수당 : 개근수당, 근속수당, 정근수당 등		○	
⑤ 취업규칙 등에 미리 지급금액을 정하여 지급하는 일·숙직수당		○	
⑥ 상여금			
가. 취업규칙 등에 지급조건, 금액, 지급시기가 정해져 있거나 전 근로자에게 관례적으로 지급하여 사회통념상 근로자의 당연히 지급 받을 수 있다는 기대를 갖게 되는 경우 : 정기상여금, 체력단련비 등		○	
나. 관례적으로 지급한 사례가 없고, 기업이윤에 따라 일시적·불확정적으로 사용자의 재량이나 호의에 의해 지급하는 경우 : 경영성과배분금, 격려금, 생산장려금, 포상금, 인센티브 등			○
⑦ 봉사료(팁)로서 사용자가 일괄관리 배분하는 경우		○	
4. 근로시간과 관계없이 근로자에게 생활보조적·복리후생적으로 지급되는 금품			
① 통근수당, 차량유지비			
가. 전 근로자에게 정기적·일률적으로 지급하는 경우		○	
나. 출근일수에 따라 변동적으로 지급하거나 일부 근로자에게만 지급하는 경우			○
② 사택수당, 월동연료수당, 김장수당			
가. 전 근로자에게 정기적·일률적으로 지급하는 경우		○	
나. 일시적으로 지급하거나 일부 근로자에게만 지급하는 경우			○
③ 가족수당, 교육수당			
가. 독신자를 포함하여 전 근로자에게 일률적으로 지급하는 경우		○	
나. 가족 수에 따라 차등 지급하거나 일부 근로자에게만 지급하는 경우(학비보조금, 근로자 교육비 지원 등의 명칭으로 지급)			○
④ 급식 및 급식비			
가. 근로계약, 취업규칙 등에 규정된 급식비로써 근무일수에 관계없이 전 근로자에게 일률적으로 지급하는 경우		○	
나. 출근일수에 따라 차등 지급하는 경우			○

2) 업무흐름도 및 업무의 내용

현황 파악	→	수당 계산	→	계산결과 확인	→	수당 지급
①		②		③		④

① 현황 파악 : 연월차 사용 현황 파악
- 통합정보시스템에서 개인별 현황을 자동으로 관리

② 수당계산 : 연월차수당 계산
- 급여항목코드관리에서 정기지급으로 선택
- 당월 급여 작업시 자동으로 계산되어 산출됨

연월차수당 = 통상임금 × 1.84/180 × 8 × 미사용일수

☞ 연월차수당 계산 Tip

- ○ 월차는 12월까지 발생분을 통합하여 사용한 일수만큼 공제 후 계산
- ○ 연차는 당해 연도 만근을 함으로서 발생된 개수를 정산하는 것이므로 시스템에서 보여주는 개수와는 차이가 있으므로 실 개수를 확인하여 작업

③ 계산결과 확인 : 급여대장에서 계산된 결과 및 이상유무 확인

④ 수당 지급 : 급여지급일에 지급

3) 산출물(실습할 서식)
- 급여대장
- 연월차수당지급규정

3. 퇴직정산 업무

1) 업무의 개요

사용자(회사)는 퇴직하는 근로자(종업원)에게 계속근로기간 1년에 대하여 30일분 이상의 **평균임금(平均賃金)**을 퇴직금(퇴직급여)으로 지급할 수 있는 하나 이상의 퇴직금제도(퇴직금여제도/퇴직연금제도)를 설정하여야 한다. 다만, **계속근로기간**이 1년 미만인 근로자, 4주간을 평균하여 1주간의 소정근로시간이 15시간 미만인 근로자에 대해서는 퇴직금을 지급할 필요가 없다. **퇴직금제도**는 「근로자퇴직급여보장법」에 따르게 되어 있는데, 이 법은 근로자를 사용하는 모든 사업장에 적용된다. 다만 동거(同居)의 친족만을 사용하는 사업(가족기업) 및 가사사용인(가정부, 파출부, 유모, 집사 등)에게는 적용하지 아니한다.

(1) 퇴직금 산정

사용자(회사)는 퇴직하는 근로자에게 그 지급사유가 발생한 날로부터 14일 이내에 계속근로기간 1년에 대하여 30일분 이상의 평균임금(平均賃金)을 **퇴직금(退職金)**으로 지급하여야 한다. 따라서 퇴직금을 산정하기 위해서는 평균임금, 임금총액 및 근속기간(근속연수) 계산이 필요하다.

퇴직금 = 30일분의 평균임금 × 근속기간(근속연수)

- 평균임금 : (퇴직일 전 3개월간 임금총액) ÷ (퇴직일 전 3개월간의 총일수)
- 임금총액 : 3개월간의 월급여액(월봉) + 연간상여금의 1/4 + 연차수당의 1/4
- 근속기간 : 재직일수 ÷ 365

근속기간(근속연수)란 근로자가 입사(入社)하여 퇴사(退社)까지의 근무기간을 연간 단위로 계산한 기간으로 고용관계와 근로자 신분을 유지하는 기간을 말한다. 따라서 퇴직금을 산정하려면 근무기간이 **계속근로기간(繼續勤務期間)**에 포함 여부를 알아야 한다.

☞ 계속근로기간에 포함 안 되는 경우

- ○ 정년퇴직 후 재입사한 경우
- ○ 자의퇴직(의원면직) 후 1개월이 지나서 재입사한 경우
- ○ 군복무기간 단시간 근로자(1주 15시간 미만 근로)가 정규직으로 입사한 경우

☞ 계속근로기간에 포함되는 경우

- ○ 결근일
- ○ 수습기간
- ○ 쟁의행위기간
- ○ 업무상 부상과 질병으로 휴직한 기간
- ○ 업무상 재해로 휴업한 기간
- ○ 사용자의 귀책으로 휴업한 기간
- ○ 단체협약 및 취업규칙에서 계속근로기간으로 정한 기간

[표 17-3] 퇴직금 산정시 확인사항

확인 사항	확 인 할 내 용	증 빙 자 료
근 속 기 간	근로개시일, 근로종료일, 계속근로기간	근로계약서, 임금명세서, 사직서, 해고통지서
평 균 임 금	급여명세서, 제수당, 금품지급근거	근로계약서, 임금명세서, 취업규칙단체협약
중 간 정 산	중간정산기간, 중간정산요건 확인	퇴직금중간정산신청서, 퇴직금지급명세서
제 외 기 간	휴직/휴업/휴가기간, 근로제외기간	휴직서, 쟁의행위신고서, 휴업통지서, 휴가신청서
제 외 임 금	비정기·비고정 상여금, 수당, 보조금, 기타 금품	임금명세서, 급여명세서

(2) 퇴직금 중간정산

퇴직금은 특별한 경우를 제외하고는 **중간정산(中間精算)**을 금지하고 있다. 그러

나 근로자의 경제적 사유 및 기타 사유에 해당하는 경우에는 퇴직금 중간정산을 할 수 있다.(근퇴령 제3조) 퇴직금을 중간정산을 할 수 있는 경우는 다음과 같다.

1. 무주택자인 근로자가 본인 명의로 주택을 구입하는 경우
2. 무주택자인 근로자가 주거를 목적으로 민법 제303조에 따른 전세금 또는 주택임대차 보호법 제3조의2에 따른 보증금을 부담하는 경우. 이 경우 근로자가 하나의 사업 또는 사업장(이하 "사업"이라 한다)에 근로하는 동안 1회로 한정한다.
3. 근로자, 근로자의 배우자 또는 소득세법 제50조 제1항에 따른 근로자 또는 근로자의 배우자와 생계를 같이하는 부양가족이 질병 또는 부상으로 6개월 이상 요양을 하는 경우
4. 퇴직금 중간정산을 신청하는 날부터 역산(逆算)하여 5년 이내에 근로자가 「채무자 회생 및 파산에 관한 법률」에 따라 파산선고를 받은 경우
5. 퇴직금 중간정산을 신청하는 날부터 역산(逆算)하여 5년 이내에 근로자가 「채무자 회생 및 파산에 관한 법률」에 따라 개인회생절차개시 결정을 받은 경우
6. 고용보험법에 따른 임금피크제를 실시하여 임금이 줄어드는 경우
7. 그 밖에 천재지변 등으로 피해를 입는 등 고용노동부장관이 정하여 고시하는 사유와 요건에 해당하는 경우

사용자는 퇴직금을 미리 정산하여 지급한 경우(중간정산을 한 경우) 근로자가 퇴직한 후 5년이 되는 날까지 관련 증명서류를 보존하여야 한다. 퇴직금 중간정산 증빙서류는 중간정산 사유별로 다르다.

① 무주택 근로자의 주택구입

□ 무주택자 여부 확인 서류
- 현거주지 주민등록등본
- 현거주지 건물등기부등본 또는 건축물관리대장등본
- 재산세 (미)과세증명서

□ 주택구입 여부 확인 서류
- 주택구입의 경우에는 부동산 매매계약서(분양계약서)사본, 주택신축의 경우에는 건축 설계서 및 공사계약서 등
- 구입한 주택에 대한 건물등기부등본 또는 건축물관리대장등본

② 무주택 근로자의 전세금 또는 임차보증금

□ 무주택자 여부 확인 서류 : 앞과 동일
□ 전세금 또는 임차보증금 필요 여부 확인 서류
○ 전세 및 임대차계약서 사본
○ 전세금 또는 임차보증금을 지급한 경우에는 지급영수증(잔금지급일로부터 1월 이내) : 잔금지급 후 신청시

③ 근로자와 부양가족의 질병 및 부상

□ 요양 필요 여부 확인 서류
○ 의사의 진단서 또는 소견서 또는 건강보험공단의 장기요양확인서 등 6개월 이상 요양의 필요 여부를 확인할 수 있는 서류 : 병명, 요양기간(6개월 이상)확인
○ 요양종료일과 치료비를 부담했음을 확인할 수 있는 서류 : 요양이 종료된 경우
□ 부양가족 확인 서류
○ 가족관계증명서 등 배우자, 생계를 같이하는 부양가족 여부를 확인할 수 있는 서류

④ 근로자의 파산선고 · 개인회생 결정

□ 파산 여부 확인 서류
○ 최근 5년 이내 법원의 파산 선고문 등 파산 여부를 확인할 수 있는 서류
□ 회생절차 개시 여부 확인 서류
○ 최근 5년 이내의 회생절차 개시 결정문, 개인회생절차변제 인가확정증명원 등 회생절차 개시 여부를 확인할 수 있는 서류

⑤ 임금피크제 시행

○ 취업규칙, 단체협약 등 임금피크제 실시 여부를 확인할 수 있는 서류
○ 근로계약서(연봉계약서), 급여명세서, 등 임금피크제를 적용받는 근로자임을 확인할 수 있는 서류

⑥ 천재지변 등 피해

□ 천재지변 등의 물적 피해
- ○ 행정기관의 피해조사(확인) 자료
- ○ 피해사실확인서(자연재해대책법 시행규칙 제29조 별지 제16호 서식)
- ○ 자연재난 피해신고서(재난구호 및 재난복구비용 부담기준 등에 관한 규정 제9조 별지 제1호 서식)
- ○ 발급처 : 시·군·구청 또는 읍·면장(피해 정도가 50% 이상이야 함)

□ 천재지변 등의 인적 피해
- ○ 자연재난 피해신고서에 따른 관련 행정기관의 피해조사(확인) 자료
- ○ 15일 이상 입원사실 확인서
- ○ 사망·실종 증명서 또는 사망·실종이 정리된 가족관계부

쉼터(40) 출장 준비물 목록

- ○ 여권(복사본도 준비)
- ○ 교통편, 숙박, 렌트카 등의 예약확인서
- ○ 출장일정표 및 휴대용 일정표
- ○ 관련 서류 및 자료(만일을 대비해서 복사본 준비)
- ○ 짐표(상사의 비행기 편명 및 연락처 미리 기재)
- ○ 명함(해외출장일 경우 반드시 영문으로 된 명함 준비)
- ○ 필기도구, 메모지, 편지지, 축하금 봉투, 상사 diary 등
- ○ 목적지의 지도 및 안내도, 시계시차표(필요한 경우)
- ○ 신용카드, 현금, 여행자수표, 방문국 돈
- ○ 소형계산기, 노트북 컴퓨터(필요한 경우)
- ○ 회사 리플렛, 제품 설명서 등 출장 목적에 따른 준비물
- ○ 안경 착용시 여분의 안경, 비상 약품 등
- ○ 기타 상사의 지시에 따른 준비물

[표 17-4] 퇴직금 중간정산 신청서

퇴직금 중간정산 신청서

성 명	김 대 한	주민등록번호	750303 - 1624525
소 속	경영기획실	직 위	부장
입 사 일 자	2000. 01. 01.	연 락 처	010-3527-7158
주 소	서울시 중구 장충로 123 102동 123호(장충동, 서울타운)		

☐ **퇴직금 중간정산 대상기간** : 2000년 01월 01일 ~ 201×년 09월 30일

☐ **퇴직금 중간정산 신청사유** : ① 무주택자의 주택 구입

① 무주택자의 주택구입 ② 무주택자의 전세금 또는 임차보증금 부담 ③ 본인, 배우자, 부양가족의 6개월 이상의 요양 ④ 최근 5년 이내에 파산선고 ⑤ 최근 5년 이내의 회생절차 개시 결정 ⑥ 임금피크제 시행 ⑦ 천재지변 등에 의한 피해

본인은 우리정공(주)에 근무하는 사원으로 퇴직금 중간정산 대상 요건 중 (① 무주택자의 주택 구입)의 사유로 상기 퇴직금 중간정산 대상기간에 대한 퇴직금을 지급받고자 증빙서류를 첨부하여 상기와 같이 중간정산을 신청합니다.

신청일 : 201×년 09월 30일

신청자 : 홍 길 동 (서명)

※ 첨부서류 : 1. 무주택근로자 주택구입 서류

우리정공(주) 대표이사 귀중

(3) 퇴직연금

2005년 12월 1일부터 시행된 **퇴직연금제도(退職年金制度)**는 기업이 사내에 적립하던 **퇴직준비금(退職準備金)**을 매년 퇴직금 상당 금액을 금융기관에 적립(예치·투자)하여 근로자가 퇴직할 때 연금 또는 일시금으로 지급받도록 한 제도이다. 사업주(회사)는 근로자가 퇴직금을 받을 수 있도록 **확정급여형퇴직연금제도(DB)**, **확정기여형퇴직연금제도(DC)**, **개인형퇴직연금제도(IRR)** 중 하나 이상의 제도를 선택하여 운용해야 한다.

그러므로 퇴직연금제도를 선택하거나 결정하는 경우 근로자 대표의 동의를 얻어 「퇴직연금규약」을 작성하여 고용노동부장관에게 신고해야 한다. 그러나 취업규칙(규약)에 그 내용이 포함되어 있는 경우에는 별도 작성을 생략할 수 있다. 퇴직연금규약을 작성한다는 것은 개별 사업장의 퇴직연금제도를 설계(設計)하는 것으로 노사(勞使) 양자가 매우 중요시하는 내용이다.

① **확정급여형(Defined Benefit)** : 퇴직시 근로자에게 지급할 급여수준 및 내용을 노사(勞使)가 사전에 약정(約定)하고, 근로자가 퇴직시 사전에 약정된 퇴직금(퇴직급여)를 지급하는 제도로서, 사용자가 적립금을 운용하는 주체이다.

- 근로자가 받을 퇴직연금급여가 사전에 확정된다.
- 적립금을 운용 및 정산의 책임은 사업주에게 있다.
- 자산운용능력이 있는 대기업이나 중견기업에 유리한 제도이다.
- 적립금의 회계처리는 퇴직연금운영자산a/c(자산)으로 처리한다.

② **확정기여형(Defined Contribution)** : 기업의 부담금 수준을 노사(勞使)사 사전에 확정하고, 근로자가 일정 연령에 도달하면 운용결과에 따라 퇴직금(퇴직급여)를 수형하는 제도이다.

- 사용자의 부담금이 사전에 확정된다.
- 근로자의 받을 연금급여는 적립금 운용결과에 따라 변동된다.
- 퇴직연금의 운용주체는 근로자이고, 그 결과 또한 근로자의 책임이다.

• 자금운용에 한계가 있는 중소기업이나 연봉제 기업에 유리한 제도이다.
• 회계처리는 퇴직급여a/c(비용)으로 처리한다.

③ **개인형**(Individual Retirement Pension) : 근로자(종업원) 개인이 일시금이나 사용자 또는 가입자가 납입한 부담금을 적립·운용하기 위하여 설정한 퇴직연금제도로서, 급여나 부담금의 수준이 확정되지 아니한 퇴직연금제도를 말한다. 상시 10명 미만의 근로자를 사용하는 사업자는 근로자의 동의를 받거나 근로자의 요구에 따라 **개인형퇴직연금제도(IRR)**를 운용할 수 있다. 운용방법은 확정기여형과 같다.

☞ 개인형퇴직연금제도(IRR) 가입대상

○ 10인 미만 사업장(소기업) ○ 자영업자(2017년부터) ○ DB형 또는 DC형 가입자 중 자기부담으로 추가가입자 개인

[표 17-5] 확정급여형과 확정기여형의 비교

구 분	확정급여형(DB)	확정기여형(DC)
운 용 주 체	회사 책임 운용	근로자 책임 운용
계 좌 형 태	회사 연금운용계좌	근로자 연금계좌
적 립 금 액	퇴직급여 예상액의 60% 이상 의무적립, 현행 퇴직급여충당금의 일정액을 외부에 적립하는 형태	연간 총 급여의 1/2 이상 적립
퇴 직 금 액	퇴직급여 + 운용수익액	퇴직정산금 + 적립금(연금운용실적)
원 천 징 수	사용자가 원천징수	운용사가 원천징수

• 소규모 사업장이라 할지라도 사업주는 금융기관의 홍보에 무조건 가입할 것이 아니라 퇴직연금제도의 특징 및 장단점을 먼저 파악해야 한다.
• 우리 회사의 자금운용능력 등을 고려하여 종업원과 상의 후 가장 적합한 제도를 선택한다.

(4) 퇴직소득세 계산구조

[1단계] 퇴직소득금액 - 퇴직소득공제 = 퇴직소득 과세표준

[2단계] $\frac{\text{퇴직소득 과세표준}}{\text{근속연수}} \times 5 \times \text{기본세율} \times \frac{1}{5} \times \text{근속연수}$ = 퇴직소득 산출세액

[3단계] 퇴직소득 산출세액 - 외국납부세액공제 등 = 퇴직소득 결정세액

[4단계] 퇴직소득 결정세액 - 기납부세액 = 퇴직소득 차감납부세액

- 퇴직소득금액은 퇴직소득 총수입금액으로 한다. 임원 퇴직소득금액이 일정한도(2012. 1. 1. 이후 근무기간은 3배)를 초과하는 근로소득으로 본다.
- 퇴직소득공제는 기본공제(정률공제), 근속연수공제 순으로 공제한다.

○ 기본공제(정률공제) : 퇴직급여액×40%
○ 근속연수공제 : 근속연수는 역(歷)에 따라 계산하되, 1년 미만은 1년으로 본다.

- 당해 연도에 2회 이상 퇴직한 경우, 과세표준은 합산하여 계산하며, 퇴직소득공제는 퇴직소득금액 합계액에서 1회에 한하여 적용한다.
- 퇴직소득 산출세액 계산에 있어, 2012. 12. 31. 이전 근무기간에 대해서는 5배수를 적용하지 아니한다.
- 퇴직소득은 원천징수의무자가 그 지급할 퇴직소득 과세표준에 원천징수세율을 적용하여 원천징수함으로 납세의무가 종결된다.

[표 17-6] 퇴직소득공제

근 속 연 수	공 제 액
5년 이하	( )만원×근속연수
5년 초과 10년 이하	( )만원 + (근속연수 - 5년)×( )만원
10년 초과 20년 이하	( )만원 + (근속연수 - 10년)×( )만원
20년 초과	( )만원 + (근속연수 - 20년)×( )만원

(5) 퇴직소득 원천징수

원천징수의무자(源泉徵收義務者)가 퇴직소득을 지급할 때에는 그 퇴직소득 과세표준에 원천징수세율을 적용하여 계산한 소득세(퇴직소득세)를 **원천징수(源泉徵收)** 한다. 퇴직소득 원천징수의무자는 그 지급일이 속하는 달의 다음 달 말일까지 퇴직소득의 금액과 그 밖에 필요한 사항을 적은 원천징수영수증을 퇴직소득을 받은 사람에게 발급해야 한다. 그러나 다음의 **이연퇴직소득(移延退職所得)**에는 대하여는 원천징수하지 아니한다.

- 퇴직일 현재, 연금계좌에 있거나 연금계좌로 지급되는 경우
- 지급받은 날부터 60일 이내에 연금계좌에 입금되는 경우

$$\text{이연퇴직소득세} = \text{퇴직소득산출세액} \times \frac{\text{연금계좌로 이전되는 퇴직소득}}{\text{퇴직소득금액}}$$

2013년도부터 발생한 이연퇴직소득을 **연금외수령(年金外受領)**하는 경우에는 **이연퇴직소득세(移延退職所得稅)**를 원천징수하여야 한다.

$$\text{원천징수세액} = (\text{연금외수령 당시 이연퇴직소득세}) \times \frac{\text{연금외수령한 이연퇴직소득}}{\text{연금외수령한 당시 이연퇴직소득금액}}$$

(6) 소득세법상 퇴직일시금과 퇴직연금의 세무처리

퇴직연금제도별로 일시금을 선택한 경우, 연금을 선택한 경우, 타회사의 확정기여형(DC)이나 개인형(IRP)으로 입금을 신청한 경우에 따라 회사가 원천징수 여부가 달라진다. 제도별로 요약하면 다음과 같다.

① 퇴직급여제도

- 일시금을 선택한 경우 : 회사가 원천징수
- 타회사의 확정기여형(DC)이나 개인형(IRP)으로 입금을 신청한 경우 : 과세이연에 해당 → 퇴직소득에 해당하지 않음 → 원천징수 필요 없음

② **확정급여형(DB)**

- 일시금을 선택한 경우 : 퇴직소득에 해당 → 회사에서 원천징수
- 연금을 선택한 경우 : 연금소득에 해당 → 연금수령시 DB사업자가 연금소득으로 3-5% 원천징수
- 개인형(IRP)으로 입금을 신청한 경우 : 과세이연에 해당 → 퇴직소득에 해당하지 않음 → 원천징수 필요 없음

③ **확정기여형(DC)**

- 일시금을 선택한 경우 : 퇴직소득에 해당 → DC사업자가 원천징수
- 연금을 선택한 경우 : 연금소득에 해당 → 연금수령시 DC사업자가 연금소득으로 3-5% 원천징수
- 타회사의 확정기여형(DC)이나 개인형(IRP)으로 입금을 신청한 경우 : 과세이연에 해당 → 퇴직소득에 해당하지 않음 → 원천징수 필요 없음

2) 업무흐름도 및 업무의 내용

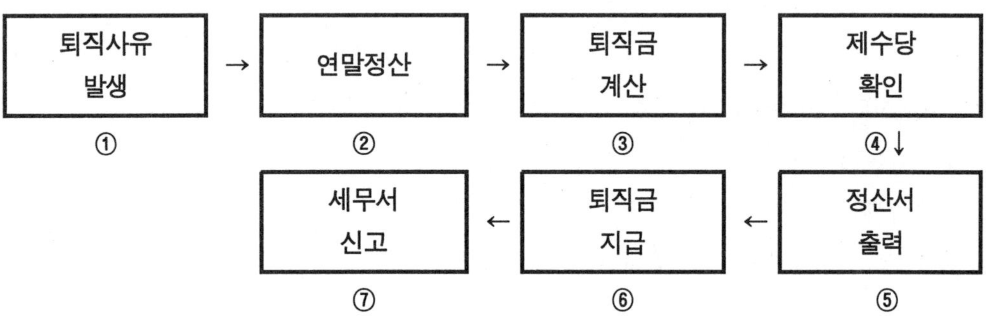

① 퇴직사유 발생 : 퇴직자가 발생하여 퇴직중간정산 요구시

② 연말정산 : 중도연말정산 실시
- 당해년도 근무기간 만큼 연말정산 실시

• 정산결과 퇴직금에 반영

③ 퇴직금 계산
• 급여관리시스템에서 퇴직금 계산(자동으로 계산됨)
• 계산의 정확성 검토

④ 제수당 확인 : 지급해야 할 각종 수당 반영 여부 확인
• 연월차수당 반영 확인
• 국민연금, 퇴직충당부채 확인
• 연말정산 환급금 확인

⑤ 정산서 출력
• 퇴직금 내역서 출력
• 퇴직소득원천징수영수증 출력
• 대상자에게 지급

⑥ 퇴직금 지급 : 사유발생일로부터 14일 이내

⑦ 세무서 신고 : 익월10일까지

3) 산출물(실습할 서식)

• 원천징수영수증
• 퇴직정산서
• 퇴직소득원천징수영수증(소득세신고서 포함)

[표 17-7] 퇴직금산정내역서

<table>
<tr><td colspan="6">퇴직금산정내역서</td></tr>
<tr><td>성 명</td><td></td><td>주민등록번호</td><td></td><td>소 속</td><td></td></tr>
<tr><td>입사일</td><td></td><td>퇴사일</td><td></td><td>근속기간</td><td></td></tr>
<tr><td rowspan="5">최 근
3개월
급 여</td><td>지급연월</td><td>부 터</td><td>까 지</td><td>금 액</td><td>비 고</td></tr>
<tr><td></td><td></td><td></td><td></td><td></td></tr>
<tr><td></td><td></td><td></td><td></td><td></td></tr>
<tr><td></td><td></td><td></td><td></td><td></td></tr>
<tr><td colspan="3">합 계</td><td></td><td></td></tr>
<tr><td rowspan="5">최 근
1년간
상 여
등 의
금 액</td><td>지급연월</td><td colspan="2">지 급 명 목</td><td>금 액</td><td>비 고</td></tr>
<tr><td></td><td colspan="2"></td><td></td><td></td></tr>
<tr><td></td><td colspan="2"></td><td></td><td></td></tr>
<tr><td></td><td colspan="2"></td><td></td><td></td></tr>
<tr><td colspan="3">합 계</td><td></td><td></td></tr>
<tr><td rowspan="4">평 균
임 금
계 산</td><td>적 요</td><td colspan="3">계 산</td><td>금 액</td></tr>
<tr><td>①급여평균액</td><td colspan="3">(최근 3개월 급여합계)÷(최근 3개월)</td><td></td></tr>
<tr><td>②상여등평균액</td><td colspan="3">(최근 1개년의 상여 등의 합계)÷12개월</td><td></td></tr>
<tr><td>③평균임금 합계</td><td colspan="3">①+②</td><td></td></tr>
<tr><td rowspan="5">퇴 직
급 여
계 산</td><td>④연분퇴직금</td><td colspan="3">(평균임금 합계액)x근속연수</td><td></td></tr>
<tr><td>⑤월분퇴직금</td><td colspan="3">(평균임금합계액)x근속월수</td><td></td></tr>
<tr><td>⑥일분퇴직금</td><td colspan="3">(평균임금 합계액)x근속일수</td><td></td></tr>
<tr><td>⑦기타금액</td><td colspan="3"></td><td></td></tr>
<tr><td>⑧퇴직급여 합계</td><td colspan="3">④+⑤+⑥+⑦</td><td></td></tr>
<tr><td rowspan="2">소 득
공 제
계 산</td><td>퇴직소득세</td><td>농어촌특별세</td><td>주 민 세</td><td>연금전환금</td><td>⑨합 계</td></tr>
<tr><td></td><td></td><td></td><td></td><td></td></tr>
<tr><td>퇴직금</td><td colspan="3">⑩차인 퇴직금 실수령액 (⑧−⑨)</td><td colspan="2">(₩ 원정)</td></tr>
</table>

4. 자금처리 업무

1) 업무의 개요

(1) 업무의 요약

본 업무는 기업의 자금계획, 곧 자금의 조달(調達)과 운용(運用)에 관한 업무이다. 자금(資金)은 기업의 경영활동을 유지하는 동력이다. 자금(fund)이라는 용어가 사용되는 범위는 매우 광범위하다. 자금의 의미는 경우에 따라서 자산(資産)이라는 의미로 사용될 때도 있고, 자본(資本)이라는 의미로 사용될 때도 있고, 단순하게 돈(money)이라는 의미로 사용될 때도 있다.

- 기업자금 : 현금, 현금성자산, 단기금융상품 등을 망라하여 기업이 보유하고 있는 모든 금융자산 및 재무자원 전체
- 시설자금 : 기업의 영업활동(제조 및 판매)에 필요한 시설을 구입하기 위한 자금
- 운전자금 : 기업의 영업활동에 필요한 급여 등의 판매관리비
- 유동자금 : 급여 지급, 외상매입금 반제, 지급어음 결제, 단기차입금 상환 등에 사용될 자금

(2) 기업의 자금흐름

자금흐름(fund flow)은 자금의 유입(流入 inflow)과 자금의 유출(流出 outflow)을 말한다. 자금의 발생원천에 따라 재무활동에 의한 자금흐름, 영업활동에 의한 자금흐름, 투자활동에 의한 자금흐름으로 구분한다.

- 재무활동(財務活動) : 사업에 필요한 자금의 조달(자본금, 차입금) 및 배당금 지급과 차입금 상환
- 영업활동(營業活動) : 원재료를 구입하고, 제품을 생산하고, 판매하는 과정에서 발생하는 자금 흐름 및 차입금 이자 상환(지급이자 또는 이자비용)
- 투자활동(投資活動) : 사업에 필요한 공장, 시설, 설비, 기계 등의 고정자산 구입 및 잉여자금의 주식 투자, 장기 대여금

(3) 기업의 자금관리

위의 자금흐름의 내용을 기초로 하여 기업의 **자금관리(資金管理)**의 개념을 정리하면, 「받을 돈과 줄 돈이 얼마인지, 들어올 돈과 나갈 돈이 얼마인지, 앞으로 얼마의 돈이 어디에 필요한지 등을 예측하여 모자라면 조달(調達)하고, 남으면 적절한 투자처에 투자(投資)해서 회사가 잘 돌아가도록 자금을 잘 운용(運用)하는 재무관리(財務管理)」라고 하 수 있다. 이런 의미에서 자금관리(資金管理)의 주요 업무는 다음과 같다.

- 수납관리, 지급관리
- 유동성관리, 운전자본관리, 리스크관리
- 외환관리, 무역금융, 국제자금관리
- 자금분석, 자금계획
- 자금조달, 자금운용

(4) 기업의 자금계획

자금계획(資金計畫)이란 자금의 유입과 유출의 규모, 유출입의 결과 얼마의 자금이 남을 것인지 아니면 부족할 것인지, 부족하면 어디서 어떻게 조달하고, 남으면 어디에 어떻게 운용할 것인지에 대한 대책을 수립하고 실행하기 위한 계획을 말한다. 다시 말하면 자금계획은 자금을 적시에 적절한 방법으로 조달하고 운용하기 위한 재무계획(財務計畫)이라고 할 수 있다.

① **단기자금계획** : 대개 2~3개월 미만의 기간에 대한 자금흐름에 대하여 일, 주, 월 단위로 자금의 유입과 유출을 계획한 자금수지표(資金收支表) 또는 자금일정표(資金日程表)를 말한다. 단기자금계획을 작성하과 관리하는 절차는 다음과 같다.

- 과거 2~3개월의 실적과 동향을 분석한다.
- 영업활동에 의한 현금흐름의 자료를 수집하고, 이를 활용하여 자금수지표 또는 자금일정표를 작성한다.

- 예상되는 지금의 수입과 지출에 대해 수지 가능성을 건별·거래처별로 확인한다.
- 기간별(일별/주별/월별) 자금흐름을 사전에 파악하여 부족액에 대한 자금 조달방법 및 잉여액(剩餘額)에 대한 운용방안을 수립한다.

② **중장기자금계획** : 경영계획 및 사업계획에 따라 분기, 반기, 연간 또는 그 이상의 기간을 단위로 미래의 자금흐름을 추정하는 자금계획이다. 중장기자금계획의 기능과 역할을 요약하면 다음과 같다.

- 자금의 잉여액과 부족액을 추정하고 그에 대한 윤곽(輪廓)을 파악하여 경영계획 및 사업전략을 사전에 조율
- 증자(增資), 시설투자, 설비투자, 신규 사업 진출 여부를 결정하는 판단자료
- 회사 성장의 잠재력과 건전성을 평가하고 기업가치경영의 기준지표

2) 업무흐름도 및 업무의 내용

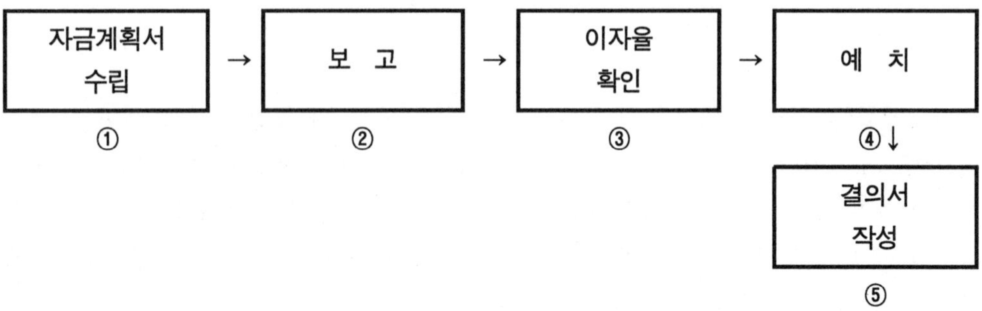

① 자금계획서 수립 : 수입금액과 지출금액을 비교 후 자금계획서 작성
- 분기별 입금액 확정 후 지출계획 수립 → 현금흐름(cash flow) 아주 중요

② 보고 : 자금계획서 보고

③ 이자율 확인 : 금융기관별 이자율 및 금융비용 등 확인

④ 예치(預置) : 수익률, 대출, 금융비용 등을 고려하여 금융기관에 예치

⑤ 결의서 작성 : 예치결의서 작성

3) 산출물(실습할 서식)

- 자금계획서(유입과 유출, 수입과 지출)
- 자금처리계획서
- 자금예치결의서

쉼터(41) 문서 및 명함 정리

○ 가나다식 문서정리 : 파일링(filing)할 문서를 상호별, 대표자별, 지역별 등으로 분류하여 가나다순으로 정리하는 방법
- 명칭별 정리 : 거래처 대표자나 회사명의 첫 글자를 기준으로 가나다순으로 정리
- 지역별 정리 : 거래처의 지역이나 범위에 따라 가나다순으로 정리
- 주제별 정리 : **파일기준표**를 만들어 주제결정발식 및 분류기준표를 일관성있게 정리

○ 번호식 문서정리 : 파일의 표제에 번호를 기입하여 번호순으로 정리하는 방법
○ 형식별 문서정리 : 보고서, 계약서, 의사록 등 문서의 형식별로 정리하는 방법
○ 표제별 문서정리 : 견적서, 판매일보, 조사월보 등 문서의 표제에 따라 동일표제의 문서는 한 파일에 모으는 방법
○ 명함 분류 : (1) 성명을 가나다순으로 분류 (2) 회사명을 가나다순으로 분류
○ 명함의 뒷면에 받은 일시, 그 사람의 특징, 상황 등을 메모하여 둔다.
○ 주소, 연락처, 직함, 회사명 등이 바뀐 명함은 폐기하고, 가장 최근의 명함을 구비

쉼터(42) 문서정리 순서

검 사	• 문서가 파일을 해도 괜찮은지 검사한다. • 파일될 문서에 「문서정리인」을 날인하고, 당당자의 날인과 처리연월일을 기입한다.
주 제 표 시	• 문서를 어떤 제목으로 철할 것인가를 결정한다. • 다른 사람도 주제를 알 수 있도록 컬러펜으로 밑줄을 긋는다. • 문서 내용 중에 주제가 없다면 문서의 우측 상단 여백에 제목을 따로 기재하고, 밑줄을 그어준다.
상 호 참 조 표 시	• 주제를 결정하는 과정에서 해당 문서가 다른 주제로도 요구될 것 같은 경우에는 주된 주제의 폴더(folder)에 원본을 넣어두고, 관계가 적은 주제의 폴더에는 복사본 또는 「상호참조표」를 넣어 둔다. • 상호참조를 위한 제목에는 밑줄을 그어주고 옆에 × 표시를 한다.
분 류	• 주제를 결정한 뒤 체계적인 「문서분류법」에 의해 문서를 가나다순 또는 번호순으로 배열한다. → 이것을 분류라 함
저 장	• 분류된 문서를 저장하기 위해서 서류함 외부의 색인표를 보고, 적절한 서랍을 연다. • 가이드(guide)와 폴더의 표제를 보고 해당 폴더를 찾아 바른 위치에 넣는다.

Q. 명함의 양이 많은 경우, 어떤 명함정리 도구를 사용하는 것이 좋을까요?

Q. 우리 회사는 개 사료를 제조 판매하는 회사이다. 제품의 종류가 30여 가지이며, 전국에 99개의 판매대리점을 갖고 있다. 주문서를 비롯한 각종 문서가 하루에도 50여건이 접수되고 있다. 문서를 효율적으로 관리하기 위한 방법을 무엇일까요?

제 18 장
결산 및 세무 회계 업무

1. 결산 업무

1) 업무의 개요

(1) 업무의 요약

회계연도 종료시점(결산일/재무제표작성일/보고일)에 장부를 마감하여 자산, 부채, 자본의 상태를 조사하고, 당기에 발생한 수익과 비용을 비교하여 당시순손익을 정확하게 구하는 절차를 **결산(決算)**이라고 한다. 결산은 예비절차, 본절차, 보고서 작성 절차 세 가지로 구분할 수 있다. 결산의 의의를 요약하면 다음과 같다.

- 당기의 순손익 계산
- 장부 마감
- 재무보고서(재무제표) 작성

[표 18-1] 결산절차

결산단계	내 용
예비절차	○ 결산일까지의 거래에 의한 수정전시산표 작성 ○ 재고자사 및 결산정리사항 정리 ► 재고조사표 작성 ○ 결산정리분개 및 전기 ► 회계처리 및 기장 ○ 수정후시산표 및 정산표(가결산서) 작성
본 절 차	○ 비용과 수익을 대체하기 위한 집합손익계정 설정 ○ 수익과 비용을 손익계정으로 대체(당기순손익 결정) 및 당기순손익을 자본으로 대체 ► 이익잉여금 처분 및 결손금 처리 ○ 장부(원장, 분개장, 보조부) 마감 ○ 이월시산표 작성
보 고 서 작성절차	○ 손익계산서, 재무상태표, 현금흐름표, 자본변동표 작성 ○ 이익잉여금처분계산서, 결손금처리계산서 작성 ○ 부속명세서 작성

(2) 결산서류 준비

결산업무에 들어가기 전에 결산에 필요한 제반서류를 준비해야 하는데, 준비할 서류는 기업의 특성, 영위하는 업태와 종목, 임직원의 구성형태 등에 따라 다르지만 일반적으로 준비해야 할 서류는 다음과 같다.

□ 회사 기본서류
- 법인등기부등본
- 정관(定款)
- 주주명부(株主名簿)

• 주주총회 의사록(議事錄)
• 사업자등록증

☐ 회계 관련 서류
• 재고자산명세서
• 거래처별채권채무잔액명세서
• 퇴직금추계액명세서

☐ 세무 관련 서류
• 원천징수이행상황신고서
• 부가가치세신고서
• 법인세중간예납신고서

(3) 결산정리사항

수익(受益)과 비용(費用)을 **발생주의(發生主義)**로 인식하기 위하여 비용은 당기에 발생한 금액을, 수익은 당기에 실현된 금액을 각각 당기의 비용과 수익으로 계상하여야 하고, 자산과 부채는 결산일 현재의 장부금액을 정확한 금액으로 수정하여야 한다.

☐ 손익계정의 결산정리사항

○ 수익과 비용의 인식 ► 미수수익, 미지급비용
○ 수익과 비용의 이연 ► 선수수익, 선급비용
○ 소모품 정리 ► 소모품비 → 「보수주의(안전성)」의 원칙

☐ 자산·부채계정의 결산정리사항

○ 가계정 정리 : 가지급금, 가수금, 현금과부족, 인출금 등
○ 각종 채권에 대한 대손충당금 설정 ► 대손상각비, 기타의대손상각비
○ 유가증권의 평가 : 만기보유증권, 단기매매증권, 매도가능증권 평가
○ 재고자산의 평가 : 정상 여부 확인 ► 재고자산감모손실

- ㅇ 유형자산의 감가상각, 무형자산의 상각 ► 감가상각비, 무형자산상각비
- ㅇ 퇴직급여충당부채 설정 : 확정기여형(비), 확정급여형(자)
- ㅇ 외화채권·채무의 평가 ► 외화환산손익
- ㅇ 장기의 채권·채무의 유동성항목으로 대체
- ㅇ 부가가치세계정의 정리 : 부가세예수금과 부가세대급금 상계
- ㅇ 당기의 법인세 계상 ► 미지급세금

2) 업무흐름도 및 업무의 내용

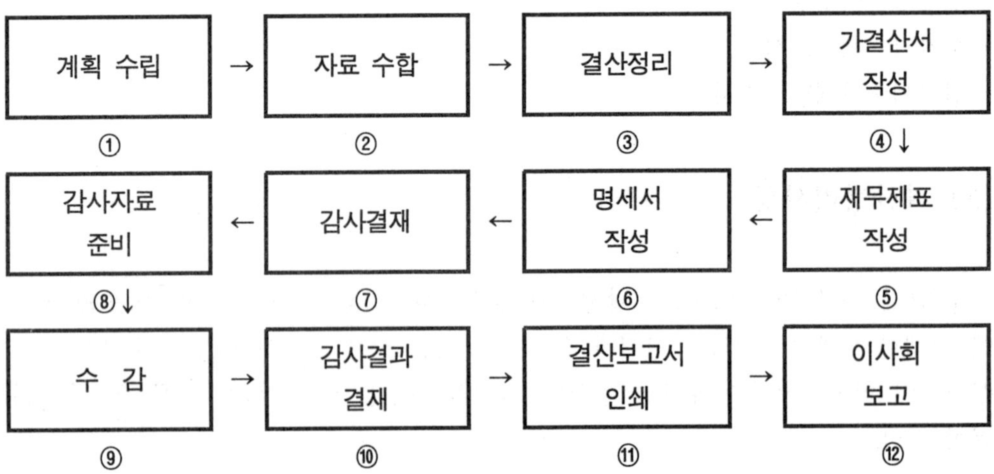

① 계획 수립 : 결산계획(분기/반기/연차) 수립

② 자료 수합 : 결산자료 수합

- 결산자료 수합을 위한 거래처 및 금융기관에 협조공문 발송/통보
- 시산표 및 재고조사표(결산정리사항일람표) 작성
- 미지급비용, 미수수익, 선급비용, 선수수익 계상

- ◦ 부속서류 점검
- ◦ 미지급비용명세서, 미수수익명세서 작성 → 미지급비용, 미수수익 계상
- ◦ 선급비용명세서, 선수수익명세서 작성 → 선급비용, 선수수익 계상

• 예수반제 및 정산 체크

◦ 소득세, 지방소득세(주민세) ◦ 가지급금, 국민연금, 건강보험 ◦ 기타예수금, 선수금, 선수수익, 가수금 등

• 유형자산 감가상각, 무형자산 상각 및 퇴직급여충당부채 등 계상

◦ 자산관리대장과 대조 ◦ 감가상각비 계상 및 감가상각누계액 설정 ◦ 무형자산상각비 계상 ◦ 퇴직급여충당부채 등 부채성충당금 설정

③ 결산정리 : 결산정리사항에 대하여 결산정리(수정)분개 및 전기

④ 가결산서 작성
• 재무제표를 작성하기 전에 경영성과 및 재무상태를 파악하기 위해 정산표 작성
• 수정전(결산전) 시산표에 결산정리사항을 기입하여 정산표(가결산서) 작성

⑤ 재무제표 작성 : 재무제표 및 부속명세서 작성
• 손익계산서, 재무상태표, 현금흐름표, 자본변동표 작성
• 이익잉여금처분계산서(안) 작성
• 사업부별 재무제표 작성
• 재무제표 부속명세서 작성

⑥ 명세서 작성 : 자산 및 부채 관련 명세서 작성
• 자산항목 명세서 작성
• 부채항목 명세서 작성

○ 현금명세서, 예금명세서, 유가증권명세서 ○ 미수수익명세서, 미지급비용명세서, 선급비용명세서, 선수수익명세서 ○ 선납법인세명세서, 선급금명세서, 예수금명세서 ○ 전신전화가입권 및 사용권 명세서

○ 재고자산명세서, 임차보증금명세서, 고정자산명세서 ○ 퇴직급여충당부채명세서, 감가상각누계액명세서 ○ 합계잔액시산표, 자산관리대장

⑦ 감사 결재 : 감사를 받기 위하여 결재

⑧ 감사자료 준비

⑨ 수감 : 외부기관(공인회계사)으로부터 감사
- 회계감사 후 보완(수정 및 추가) 작업 실시
- 추가 정리분개 및 결산분개 후 마감

⑩ 감사결과 결재 : 전체 연차결산보고서 작성 후 결재

⑪ 결산보고서 인쇄

⑫ 이사회 보고
- 결산결과(재무제표) 및 감사결과(감사보고서)를 이사회에 보고
- 이사회의 승인을 받은 후 주총 개최 : 이익잉여금 처분 안건 외

3) 산출물(실습할 서식)
- 연차결산계획서
- 재무제표(결산보고서)
- 자산 및 부채 명세서
- 감사보고서
- 수입지출총괄표
- 검사보고서

2. 부가가치세신고 업무

1) 업무의 개요

(1) 업무의 요약

부가가치세(附加價値稅)는 재화(財貨)나 용역(用役)을 공급 받는 최종소비자가 부담하는 소비세이다. 납부의무자는 거래단계별 사업자이다. 부가가치세법상 **과세사업자(課稅事業者)**는 일반사업자와 간이사업자로 구분한다. **일반사업자(一般事業者)**는 재화나 용역을 공급할 때 원칙적으로 **세금계산서(稅金計算書)**를 발급(교부)해야 하고, **간이사업자(簡易事業者)**는 세금계산서를 교부할 수 없고 대신에 **영수증(領收證)**을 발급(교부)해야 한다. 부가가치세 납부의무가 면제되는 **면세사업자(免稅事業者)**는 부가가치세법상의 사업자가 아니라 소득세법/법인세법상의 사업자로서, 재화나 용역을 공급하더라도 세금계산서를 발급(교부)하지 못하고 대신에 **계산서(計算書)**를 발급(교부)한다.

- 세금계산서(전자/종이), 계산서
- 영수증, 현금영수증, 신용카드매출전표
- 영세율세금계산서, 수입세금계산서, 수정세금계산서

[표 18-2] 세금계산서

세 금 계 산 서 (공급받는 자 보관용)	책번호	권	호
	일련번호	-	

공급자	**등록번호**				공급받는자	**등록번호**	- -		
	상 호 (법인명)		**성명**	㊞		상 호 (법인명)		성명	㊞
	사업장 주소					사업장 주소			
	업 태		종목			업 태		종목	

작성			공급가액												세액										비고
년	월	일	공란수	백	십	억	천	백	십	만	천	백	십	일	십	억	천	백	십	만	천	백	십	일	

월	일	품 목	규 격	수 량	단 가	공급가액	세 액	비 고

합계금액	현 금	수 표	어 음	외상미수금	위 금액을 청구/영수 함

[표 18-3] 전자세금계산서

전자세금계산서					승인번호				
공급자	등록번호		종사업장 번호		공급받는자	등록번호		종사업장 번호	
	상호 (법인명)		성명	㊞		상호 (법인명)		성명	㊞
	사업장 주소					사업장 주소			
	업태		종목			업태		종목	
	이메일					이메일			

작성일자	공급가액	세액	수정사유
비고			

월	일	품목	규격	수량	단가	공급가액	세액	비고

합계금액	현금	수표	어음	외상미수금	위 금액을 청구/영수 함

[표 18-4] 계산서

계 산 서 (공급받는 자 보관용)					책번호	권	호
					일련번호		
공급자	등록번호	- -			공급받는자	등록번호	
	상호 (법인명)		성명	㊞		상호 (법인명)	성명 ㊞
	사업장 주소					사업장 주소	
	업태		종목			업태	종목

작성			공급가액											비고
년	월	일	공란수	백	십	억	천	백	십	만	천	백	십	일

월	일	품목	규격	수량	단가	공급가액	세액	비고

합계금액	현금	수표	어음	외상미수금	위 금액을 청구/영수 함

- 세금계산서와 계산서의 차이는 세액(부가가치세)의 유무이다.
- 과세사업자는 반드시 재화나 용역을 공급할 때 부가가치세를 징수해야 한다.
- 공급대가는 공급가액에 세액(부가세)를 더한 금액을 말한다.

[표 18-5] 수입전자세금계산서

수입전자세금계산서					승인번호				
세관장	등록번호		종사업장 번호		수입자	등록번호		종사업장 번호	
	세관명		성명	세관장		상호 (법인명)		성명	
	세관주소					사업장 주소			
	수입신고번호 또는 일괄발급기간(총건)					업태		종목	

납부일자	과세표준	세액	수정사유	비고

월	일	품목	규격	수량	단가	공급가액	세액	비고
합계금액								

- 세금계산서는 재화나 용역을 공급하는 자가 발급(교부)하지만 수입세금계산서는 세관장(稅關長)이 발급한다.
- 간이과세자는 영수증을 발급하는데, 공급대가(부가세 포함)를 기입한다.
- 거래대금 등을 받은 확인증으로 입금표를 발급 교부한다.

[표 18-6] 영수증

영 수 증 (공급받는자용)					
귀하					
공급자	사업자 등록번호				
	상 호		성 명	㊞	
	사업장 주 소				
	업 태		종 목		
작성년월일	공급대가총액		비 고		
위 금액을 정히 영수(청구)함					
월일	품 목	수 량	단 가	금 액	

[표 18-7] 입금표

입 금 표 (공급받는자 보관용)				
귀하				
공급자	사업자 등록번호			
	상 호		성 명	㊞
	사업장 주 소			
	업 태		종 목	

작성			금 액										세 액							
년	월	일	공란수	억	천	백	십	만	천	백	십	일	천	백	십	만	천	백	십	일

합 계	십	억	천	백	십	만	천	백	십	일

[내 용]

위 금액을 정히 영수함
영수자 : ㊞

(2) 합계표 제출

재화(財貨)나 용역(用役)을 공급하는 사업자는 「매출처별세금계산서합계표」를, 공급받는 사업자는 「매입처별세금계산서합계표」를 해당 예정신고기한 또는 확정신고기한 내에 「부가가치세신고서」와 함께 관할 세무서에 제출해야 한다.

구 분	예 정 신 고		확 정 신 고	
	예정신고기간	신고기한	확정신고기간	신고기한
제 1기	1/1 ~ 3/31	4/25	4/1 ~ 6/30	7/25
제 2기	7/1 ~ 9/30	10/25	10/1 ~ 12/31	1/25

다만, **전자세금계산서(電子稅金計算書)**를 발급하거나 발급받고 전자세금계산서 발급 명세를 해당 재화나 용역의 공급시기가 속하는 과세기간(예정신고의 경우에는 예정신고기간) 마지막 날의 다음달 11일가지 국세청장에게 전송(電送)한 경우에는 해당 예정신고시 또는 확정신고시에 「○○세금계산서합계표」를 제출하지 아니할 수 있다.

「○○세금계산서합계표」의 내용은 국세청 전산시스템에 입력되어 매출 자료와 매입 자료의 상호 대조를 통해 그 적정성(適正性) 여부가 검증되므로 「○○세금계산서합계표」를 정확하게 작성하여 제출하지 않으면 나중에 **가산세(加算稅)** 등의 불이익이 발생한다.

- 미등록및거짓등록가산세
- 신고불성실가산세(무신고/과소신고)
- 납부불성실가산세
- 결정경정기관확인매입세액공제가산세
- 영세율과세표준신고불성실가산세

또 면세사업자가 발급하였거나 면세사업자로부터 발급받은 **계산서(計算書)**에 대해서는 매출처별계산서합계표 및 매입처별계산서합계표를 다음 기한 내에 제출해야 한다. 다만, 전자계산서 발급명세를 국세청장에게 전송하거나 세관장(稅關長)이 수입(輸入)되는 재화에 대해 계산서를 발급한 경우에는 「계산서합계표」 제출을 생략할 수 있다.

- 개인사업자 : 해당 과세기간의 다음연도 2월 10일
- 법인사업자 : 매년 2월 10일

(3) 부가가치세신고서 부속서류

여기서는 **부속서류(附屬書類)**의 내용 및 작성방법 등은 생략한다. 그러니 부가가치세신고서를 제출할 적에 어떤 부속서류가 있는지 정도만 학습한다.

① **수출실적명세서** : 수출재화는 세금계산서 발급 의무가 없으며, 영세율을 적용받은다. 수출하는 재화의 공급시기는 선적일(기적일)이다. 다만, 원양어업(遠洋漁業)의 경우에는 수출재화의 공급가액이 확정되는 때가 공급시기이다. 수출신고필증, 선하증권(Bill of Lading), 기준환율 등의 이해가 필요하다.

② **대손세액공제신고서** : 재화나 용역을 외상으로 매출한 경우 공급자는 받을 매출대금(VAT 포함)을 받지 못했을 경우에도 공급시기인 인도일이 속하는 과세기간에 매출세액을 신고·납부해야 하니 공급자는 얼마나 억울한가? 대손세액공제를 적용받기 위한 요건은 다음과 같다.

i. 일반과세자의 부가세 과세대상 채권일 것
ii. 대손사유 요건을 충족할 것
iii. 법에 정하는 기간 이내에 대손이 확정되었을 것
iv. 대손세액공제(변제)신고서 등을 제출할 것.

③ **공제받지 못할 매입세액명세서(불공)** : 다음 매입세액은 매출세액에서 공제하지 아니함

○ 매입처별세금계산서합계표의 미제출 또는 부실기재분
○ 세금계산서의 미수취 또는 부실기재분
○ 사업자등록 전 매입세액
○ 공통매입세액 중 면세사업분의 매입세액공제 → 공통매입세액의 정산
○ 토지/접대비/사업무관/소형승용차 관련 매입세액

④ **신용카드매출전표 등 수령금액합계표** : 사업자가 일반과세자로부터 재화 또는 용역을 공급받고 부가세액이 별도로 구분된 신용카드매출전표 등을 발급받은 때에는 다음 요건을 모두 충족한 경우에 매입세액 공제 가능

○ 신용카드매출전표 등 수령명세서를 제출할 것
○ 신용카드매출전표 등을 그 거래사실이 속하는 과세기간에 대한 확정신고를 한 날로부터 5년간 보관할 것
○ 세금계산서발급 금지업종(미용/욕탕/유사서비스업/영화관/동물병원/무도학원/자동차학원)을 영위하는 사업자로부터 발급받은 신용카드매출전표 등이 아닐 것

⑤ **부동산임대공급가액명세서** : 사업자가 부동산 임대용역을 공급하고 전세금(傳貰金)이나 임대보증금(賃貸保證金)을 받은 경우, 금전 이외의 대가를 받은 것으로 보아 전세금이나 임대보증금에 대한 간주임대료를 계산한 금액을 공급가액으로 하여 부가가치세를 납부해야 한다. 따라서 부동산 임대용역을 제공하는 사업자는 부동산 임대용역의 공급내역을 상세하게 기록한 「부동산임대공급가액명세서」를 작성하여 부가가치세신고시에 제출해야 한다.

○ 과세표준 = 임대료 + 간주임대료 + 관리비수입 ○ 간주임대료 = 전세금·임대보증금×(과세대상기간 일수)×정기예금이자율×1/365

⑥ **건물 등 감가상각자산 취득명세서** : 사업설비를 신설/취득/확장/증축하는 경우, 그 감가상각(減價償却) 의제기간이 건물·구축물은 10년, 기계장치 등은 2년으로서 이를 사후관리하기 위한 목적과 부가가치세 조기환급(早期還給)시에 제출해야 할 서류이다.

⑦ **의제매입세액공제신고서** : 사업자가 면세 농·수·축·임산물을 원재료로 하여 재화 또는 창출한 용역의 공급에 대하여 과세되는 경우에 면세 농·수·축·임산물의 가액의 일정률(2/102, 4/104, 6/106, 8/108)에 해당하는 금액을 매입세액으로 공제할 수 있다.

의제매입세액 = 면세농산물 등의 가액 × $\frac{2}{102}$

(1) 과세유흥장소의 음식점업자 : 4/104 (2) (1) 이외의 음식점업자 : 6/106(개인사업자는 8/108) (3) 제조업자(중소기업 및 개인사업자에 한함) 4/104 (4) (1), (2), (3) 이외의 사업자 : 2/102

농어민 등으로부터 직접 농산물 등을 구입하는 경우에는 **제조업자 및 음식점업자에 한하여 공제가 가능**하다.

[표 18-8] 부동산 임대차계약서

부동산 임대차계약서

임대인 ㈜우리정공과 임차인 (유)동국개발 쌍방은 아래 표시 부동산에 관하여 다음 계약내용과 같이 임대차계약을 체결한다.

■ 부동산 소재지 : 서울시 서초구 양재동 말죽거리로 123

■ 토지(지목, 면적) : 대지 5,000㎡

■ 건물(구조 및 용도, 면적) : 1,000㎡

■ 임대할 부분 : 위 토지 및 지상 건물(부속건물 포함) 전체

제1조【목 적】

위 부동산의 임대차에 관하여 임대인과 임차인은 합의에 의하여 임차보증금 및 차임을 아래와 같이 지불하기로 한다.

1. 보증금 : 일금(一金)일억(100,000,000)원정
2. 계약금 : 일금(一金)일천만(10,000,000)원정 계약시 지불하고 영수한다.
3. 중도금 : 일금(一金)오천만(50,000,000)원정 201×년 9월 15일 지불하며,
4. 잔 금 : 일금(一金)사천만(40,000,000)원정 201×년 10월 1일 지불한다.
5. 차 임 : 일금(一金)일천만(10,000,000)원정 매월 1일(선불)에 지불한다.

제2조【존속기간】

임대인은 위 부동산을 임대차 목적대로 사용·수익할 수 있는 상태로 201×년 10월 1일까지 임차인에게 인도하며, 임대차기간은 인도일로부터 201×년 10월 1일까지로 한다.

제3조【차임변경】 차임은 매 1년마다 상호 합의 하에 조정할 수 있다.

(이하 생략)

2) 업무흐름도 및 업무의 내용

세금계산서 등 취합	→	신고서식 작성	→	신고서식 완성	→	부가가치세 신고
①		②		③		④↓

① 세금계산서/계산서 취합
- 매출세금계산서 및 매입세금계산서 취합

② 신고서식 작성 : 부가가치세법에 의한 양식
- 매출처별 세금계산서 합계표 및 매입처별 세금계산서 합계표 작성
- 매입처별 계산서 합계표 작성

③ 신고서식 완성
- 매입처별 세금계산서 합계표
- 매입처별 계산서 합계표
- 매출처별 세금계산서 합계표

④ 부가가치세 신고 : 관할세무서에 부가세 신고
- 제 1기 확정신고 및 납부 : 7월 25일까지
- 제 2기 확정신고 및 납부 : 1월 25일까지

3) 산출물(실습할 서식)
- 세금계산서(전자 및 종이), 계산서(전자 및 종이)
- 매입처별/매출처별 세금계산서합계표
- 매입처별/매출처별 계산서 합계표
- 수출신고필증, 선하증권(B/L)
- 부동산임대차계약서

[표 18-9] 부가가치세신고서(일부/요약)

<table>
<tr><th colspan="2">구 분</th><th>금 액</th><th>세 액</th></tr>
<tr><td rowspan="2">과세표준및
매출세액</td><td>과세
영세
기타</td><td></td><td></td></tr>
<tr><td>소계</td><td></td><td></td></tr>
<tr><td rowspan="4">매입세액</td><td>일반매입
고정자산매입
신용카드매입</td><td></td><td></td></tr>
<tr><td>소계</td><td></td><td></td></tr>
<tr><td>불공제매입</td><td></td><td></td></tr>
<tr><td>차감합계</td><td></td><td></td></tr>
<tr><td colspan="2">납부할세액(환급받을세액)</td><td></td><td></td></tr>
</table>

[표 18-10] 매출처별세금계산서합계표(일부/요약)

<table>
<tr><th rowspan="2">구 분</th><th colspan="2">매출처</th><th rowspan="2">매수</th><th colspan="2">공급가액</th><th rowspan="2">세 액</th></tr>
<tr><th>업체수</th><th>점유율</th><th>금 액</th><th>점유율</th></tr>
<tr><td>전자세금계산서
발급분</td><td></td><td></td><td></td><td></td><td></td><td></td></tr>
<tr><td>전자세금계산서
외발급분</td><td></td><td></td><td></td><td></td><td></td><td></td></tr>
<tr><td>합계</td><td></td><td></td><td></td><td></td><td></td><td></td></tr>
</table>

[표 18-11] 매입처별세금계산서합계표(일부/요약)

<table>
<tr><th rowspan="2">구 분</th><th colspan="2">매입처</th><th rowspan="2">매수</th><th colspan="2">공급가액</th><th rowspan="2">세 액</th></tr>
<tr><th>업체수</th><th>점유율</th><th>금 액</th><th>점유율</th></tr>
<tr><td>전자세금계산서
수취분</td><td></td><td></td><td></td><td></td><td></td><td></td></tr>
<tr><td>전자세금계산서
외수취분</td><td></td><td></td><td></td><td></td><td></td><td></td></tr>
<tr><td>합계</td><td></td><td></td><td></td><td></td><td></td><td></td></tr>
</table>

3. 법인세납부 업무

1) 업무의 개요

(1) 업무의 요약

법인세를 계산하려면 재무회계에서 구한 당기순이익을 세법에서 말하는 사업연도 소득금액으로 조정하는 과정을 거쳐야 하는데, 이러한 세무회계의 절차를 **세무조정(稅務調整)**이라 한다. 왜냐하면 결산을 통하여 구한 당기순이익이 세금을 부과하는 기준인 과세표준이 아니기 때문이다. 과세표준을 구하려면 가장 먼저 당기순이익에 세무조정을 거쳐 **사업연도소득금액(事業年度所得金額)**을 구해야 한다.

[표 18-11] 세무조정절차

기업회계	세무조정	세무회계
수익	+ 익금산입 - 익금불산입	익금총액
-		-
비용	+ 손금산입 - 손금불산입	손금총액
=		=
당기순이익	+ 익금산입 손금불산입 - 손금산입 익금불산입	각사업연도소득금액

- 세무조정은 손익계산서로부터 세무조정을 거쳐 사업연도소득금액으로 조정하는 세부절차이다.
- 세무조정의 실질은 회계처리를 통한 당기순이익(기업회계)과 세법 규정에 의한 사업연도소득금액(세무회계)의 차이를 조정하는 것이다.
- 익금산입과 손금불산입, 차감항목인 손금산입과 익금불산입은 구분의 실익이 없고, 가산조정과 차감조정의 구별이 중요한다.

(2) 결산조정과 신고조정

세무조정은 크게 결산조정과 신고조정으로 구분한다. 결산조정이라 함은 결산서인 재무제표에 반드시 반영하여야 하는 내용을 말하고, 신고조정이라 함은 결산서상에 반영은 되어 있지 않지만 「법인세 과세표준 및 세액신고서」를 작성하는 과정에 반영해도 되는 조정사항을 말한다. **신고조정사항**은 결산조정사항이 아닌 익금 및 손금이 아닌 **세무조정사항**으로, 기업회계와 세법간의 차이를 반드시 의무적으로 조정해야 하는 **강제신고조정사항**과 손금산입 여부를 법인이 선택적으로 적용할 수 있는 **임의신고조정사항**으로 구분된다. 여기서는 결산조정항목만을 나열한다.

- 감가상각비(즉시상각액 포함)
- 대손충당금
- 퇴직급여충당부채, 구상채권상각충당금
- 고유목적사업준비금, 책임준비금, 계약자배당준비금 등
- 파손, 부패 등의 사유로 인하여 정상가격으로 판매할 수 없는 재고자산의 평가손
- 파산 등의 사유로 세법상 손금으로 확정된 회부불능 매출채권에 대한 대손금
- 천재, 지변 등에 의한 고정자산평가손
- 생산설비의 폐기손실

[표 18-12]신고조정사항과 결산조정사항

구 분	신고조정사항	결산조정사항
개 념	장부에 수익, 비용으로 계상하지 않더라도 법인세법상 익금 또는 손금으로 인정되는 항목	특정 손비항목에 대해 장부에 계상한 경우에 한해서 법인세법상 손금으로 인정되는 항목
대 상	결산조정사항을 제외한 모든 세무조정사항(대부분 지출되는 비용)	대부분 외부와의 거래 없이 그 비용 계상 여부가 전적으로 법인의 의사에 달려있는 것
장부미반영시	세무조정을 해야 함	세무조정 불가능
경 정 청 구	가능	불가능

(3) 수익금액조정

수익금액조정은 일반적으로 공정타당하다고 인정되는 기업회계기준 또는 관행에 따라 인식된 회계상의 매출액과 권리의무 확정에 의한 법인세법상의 수입금액과의 차이를 조정하는 세무회계상의 절차이다. **세무조정(稅務調整)**을 통하여 기업회계상의 수입금액을 세법상의 수입금액으로 일치시키는 과정을 나타내는 서식이 수입금액조정명세서이다. 수입금액조정을 위해서는 기업회계기준과 별개로 법인세법상의 손익귀속시기를 검토해야 한다.

(4) 법인세 계산

법인세액을 산출하는 과정을 요약하면 다음과 같다.

구분	내용
당기순이익(결산서)	… 장부상(기업회계) 세전이익
+ **익금산입/손금불산입** - **손금산입/익금급불산입**	] 소득금액조정합계표상 금액
= **각사업연도소득금액**	… 세법상(세무회계) 세전이익
- **이월결손금**	… 10년 이내 발생한 세법상 결손금
- **비과세소득**	
- **소득공제**	
= **과세표준(課稅標準)**	
× **세율**	2억원 이하 10%, 2-200억원 20%, 200억원 초과 22%
= **산출세액**	
- **세액감면/세액공제**	… 최저한세를 고려함
+ **가산세**	
+ **감면분 추가납부세액**	
= **결정세액(총부담세액)**	
- **기납부세액**	… 중간예납세액+원천징수세엑+수시부과세액
= **납부할세액**	… 신고납부기한 내에 납부할 금액

- 법인세액 산출에서 가장 중요한 것은 과세표준을 구하는 것
- 과세표준은 구하려면 먼저 사업연도소득금액을 구해야 한다.
- 사업연도소득을 구하려면 당기순이익에 세무조정을 해야 한다.
- **최저한세(最低限稅)** 대상인 조세감면을 적용받은 후의 세액에 최저한세에 미달하는 경우에는 그 미달액에 대하여는 조세감면을 적용하지 아니한다.

☞ 법인세 과세표준 신고시 제출할 주요 서식

○ 법인세과세표준 및 세액조정신고서 ○ 소득금액조정합계표 ○ 자본금과 적립금조정명세서(갑) → 법인세법상 자본은 별도로 관리 ○ 자본금과 적립금조정명세서(을) → 법인세법상 유보(△유보)를 사후관리

(5) 법인세 납부

법인(회사)은 각 사업연도 종료일일 속하는 달의 말일부터 3월 이내에 해당 사업연도의 법인세 과세표준 및 세액을 납세지 관할세무서에 신고·납부해야 한다. 각 사업연도소득금액이 없거나 결손금이 있는 법인도 신고해야 한다. 그리고 납부할 세액이 1천만원을 초과하는 법인은 1개월(중소기업은 2개월) 이내에 분납(分納)할 수 있다.

2) 업무흐름도 및 업무의 내용

법인세 납부	→	사업소세 납부
①		②

① 법인세 납부 : 당기순이익에 대한 법인세 납부
- 손익계산서에 나타난 당기순이익에 세무조정을 거쳐 소득금액을 계산해야 함
- 비영리법인은 해당 없음 : 은행 예치금액(예금)의 이자수익에서 징수당한(납부

한) 세금 환급 요청
- 환급절차 : 법인세 환급 조정계산서 작성 후 관할세무서에 제출하여 환급 신청 (환급기한 : 차기연도 3월 31일까지)

② 사업소세 납부 : 관할 시·군·구청에 납부
- 종업원할 사업소세 납부

○ 종업원 수가 ( )인을 초과하는 사업자 ○ 납부시기 : 익월 10일까지 ○ 납부처 : 사업장 소재지 시·군·구청 ○ 납부방법 : 납부영수증에 의한 시중은행 및 우체국

- 재산할 사업소세 납부

○ 연면적 330제곱미터(㎡) 초과 사업장 : 연면적 1㎡당 ( )원 ○ 납부시기 : 매년 7/1 ~ 7/10(년1회) ○ 납부처 : 사업장 소개지 시·군·구청 ○ 납부방법 : 납부영수증에 의한 시중은행 및 우체국

3) 산출물(실습할 서식)
- 법인세 과세표준 및 세액 납부 신고서
- 법인세 환급 조정계산서
- 지급신청서
- 납부영수증
- 지급신청서
- 납부영수증

기업사무실무

초판인쇄 2016년 8월 20일
초판발행 2016년 8월 30일

지은이 송석명
펴낸이 박노일

총괄기획 김중용
편 집 심성보·김인숙

펴낸곳 pnc publishing and culture 피앤씨미디어
경기도 고양시 일산동구 강송로 153 310-1501
등록 제396-2012-000203호
전 화 070)7550-3758 팩 스 02)718-8554
홈페이지 www.pncmedia.co.kr 이메일 pnc@pncmedia.co.kr
ISBN 979-11-5730-358-8 93320

정 가 25,000원